Python ライブラリの教科書

立山 秀利
Hidetoshi Tateyama

日経ソフトウエア編

日経BP

はじめに

スマートフォンなどの顔認証や自動翻訳をはじめ、AI（Artificial Intelligence。人工知能）はすっかり身近な存在となっています。そのAI開発で現在主流となっているプログラミング言語が「Python」（パイソン）です。

Pythonは現在、AIやデータサイエンスといった最先端分野の現場で多用されています。しかも文法がシンプルでわかりやすいこともあり、プログラミング入門者にもやさしい言語です。人気のプログラミング言語として、世界じゅうで使われています。

そんなPython人気の大きな理由の1つが、本書のテーマである「ライブラリ」です。

ライブラリとは、プログラムの“部品”の集まりです。プログラムは複数の機能で構成されますが、よく使われる機能は、ライブラリで「関数」（部品）として提供されています。

プログラマーは本来、必要な機能を作るためには何行ものコードをゼロからたくさん書かなければなりません。しかしライブラリがあれば、そこから必要な関数を選び、それをプログラムの中で使うためのコードをほんの1～2行書くだけで目的の機能が作れるのです。ちょっとした画像加工や顔認識のプログラムならば、たった数行のコードで済んでしまいます。

しかも、コードを書く分量を減らせるだけでなく、ライブラリはすでに誤り（専門用語で「バグ」と呼びます）が取り除かれており、かつ、高速で動作するよう最適化されています。そのため、質の高いプログラムを効率的に開発できるのです。

ライブラリは、ファイルやフォルダー（ディレクトリ）操作などの基本機能からAIなど高度なものまで、ジャンルごとに用意されています。Pythonはほかの言語に比べてライブラリが豊富なのが大きな特徴であり、人気の理由なのです。ライブラリの充実がPythonの強みということは、言い換えれば、Pythonではライブラリをいかに使いこなすかが重要だということです。

そこで、Pythonの主要なライブラリの基本的な使い方を初心者向けに解説するために企画されたのが本書です。

本書では、最初にイントロとしてPythonのライブラリの基礎知識を解説します。続けて、プログラムの開発環境を準備します。

第1〜第3章が、本題であるライブラリの解説です。

第1章では、ファイルやフォルダーの操作、日付・時刻処理、テキストなどの操作といった、基本的なライブラリを取り上げます。

第2章では、画像処理およびインターネット関連のライブラリを解説します。これら第1〜第2章で紹介するライブラリを活用するだけでも、日々の仕事のルーチンワークを自動化するプログラムが作れます。

第3章では、グラフ作成にはじまり、データ分析・整形、さらには「機械学習」のライブラリも解説します。機械学習は現在のAIの根幹をなす技術であり、高度な処理を必要とします。しかし、ライブラリを使うことで手軽にプログラムを作れます。第3章の最後では、AIでも使われている「線形代数」を中心とする数値計算のライブラリも取り上げます。

本書の特色は、初心者向けのポイントに絞った解説をしている点です。

それぞれのライブラリにはさまざまな機能が実装されています。それらすべての機能を初心者が最初から使うのは、非常に難しいです。そこで、基本機能の使い方に絞って解説し、サンプルのプログラムも極力シンプルでわかりやすいものにしています。

加えて、巻末に講座として、必要最小限で知っておくべきPythonの文法・ルールを解説しました。Pythonプログラミングの未経験者でも、ここで解説している文法・ルールが把握できれば、第1〜第3章が理解できるでしょう。

本書を通じて、Pythonのライブラリを使いこなせるようになりましょう！

2023年1月吉日

立山 秀利

目次 CONTENTS

第2章 画像・通信 編 93

講座 343

初出
日経ソフトウエア　2019年9月号～2023年1月号 「Pythonライブラリ徹底攻略」
本書は上記連載記事をベースに、補筆・改訂したものです。

本書の活用にあたって

本書で使用するサンプルプログラム（ソースコード）は、サポートサイトからダウンロードできます。下記のサイトのURLにアクセスし、本書のサポートページにてファイルをダウンロードしてください。また、訂正・補足情報もサポートページにてお知らせします。

サポートサイト
https://nkbp.jp/nsoft_books

- 本書に記載の内容は、2023年1月時点のものです。その後のソフトウエアのバージョンアップなどにより、想定した動作にならない可能性があります。また、すべてのパソコンでの動作を保証するものではありません。紹介したWebページやWebサイトは、将来的にはなくなる可能性があります。
- 掲載コードの著作権は、著者が所有しています。著者および日経BPの承諾なしに、コードを配布あるいは販売することはできません。
- いかなる場合であっても、著者および日経BPのいずれも、本書の内容とプログラムに起因する損害に関して、一切の責任を負いません。ご了承ください。

概説

Pythonには豊富なライブラリが用意されています。ライブラリの便利な機能によって、Pythonのプログラミングはとてもスマートに行えます。逆に言えば、ライブラリを使わなければPythonを使うメリットはあまりない、と言えるかもしれません。まずは、ライブラリについて知り、本書で使うプログラミング環境を準備しましょう。

Intro

ライブラリとはなにか

本書では、Pythonのライブラリの使い方を解説します。

しかし、そもそもライブラリとはなんでしょうか？

そして、関数やモジュールなど、聞いたことがあるけれどいまいち意味がよくわかっていない言葉もたくさんあります。

ここではそれらの言葉を理解していきましょう。

ライブラリと関数の関係

ライブラリとはなんでしょうか？

ライブラリを一言で表すならば、「複数の関数をまとめたもの」と言えます（**図1**）。

図1●ライブラリは複数の関数をまとめたもの

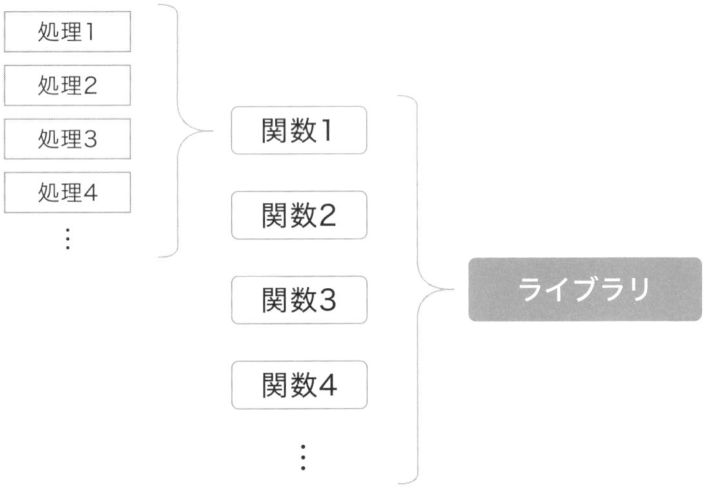

では、関数とはなんでしょう？

本書後半の＜講座＞の章の「Python基礎2」の「関数」でも解説していますが、

関数とは、「複数の処理をまとめたもの」です。

では、なぜ複数の処理をまとめた関数が必要なのでしょうか？

それは、プログラムのコードをより効率よく記述したり、効率よくメンテナンスするためです。

1つのプログラムの中で同じ処理が何度も行われることはよくあります。そのような場合のために、処理を関数としてまとめておくのです。そうしておいて、その関数さえ呼び出せば、その処理を何度も行えるようにするのです。同じ処理のコードを何度も記述しないで済みますし、処理内容を変更する際も、コードの編集は1カ所で済みます。その上、どんな関数を使っているかがわかれば、プログラムを作った人以外がメンテナンスをする際にも楽になります。

さて、前述のとおり、複数の関数をまとめたものがライブラリです。

ライブラリには通常、ある特定の分野で使うプログラムに適するように、複数の関数がまとめられています。例えば、ファイルやフォルダー操作のためのライブラリ、画像処理のためのライブラリ、データ分析や機械学習のためのライブラリ、といったところです。

例えば、ファイルやフォルダー操作のためのライブラリならば、フォルダーの新規作成やファイルのリネームなど、その分野でよく使われる処理の関数がいくつもそろえられているわけです。

こうしておくことで、ファイルを読み込む処理をプログラムに付け加えたいと思ったときは、そのライブラリをプログラムに加えるだけでよいのです。

もしもそうしたライブラリがなかったら、プログラムの作者は「ファイルを読み込む処理」をゼロから自作しなくてはなりません。プログラムのコードをたくさん書くはめになります。

そうした苦労をせずに、ライブラリの関数を呼び出すコードをプログラムに1行追加するだけで済んだりするのです。これは、プログラムを作る人にとっては、大きなメリットです。プログラムに入れたい処理が複雑で高度になるほど、そのメリットは増大します。

組み込み関数とは

Pythonには、「組み込み関数」という関数があります。

組み込み関数とは、文字通り、Pythonというプログラミング言語にあらかじめ組み込まれている関数のことです。「標準関数」と呼ばれることもあります。頻繁に目にする組み込み関数には、print関数（数値や文字を画面に出力して表示する関数）などがあります。本書でも、何度も出てきます。

組み込み関数も、関数という点ではライブラリと同じですが、その立ち位置には違いがあります。

組み込み関数とライブラリの大きな違いは、組み込み関数はどのプログラムでも使われるような汎用的な処理の関数群である、という点です。

それに対してライブラリというのは、特定の分野に特化した関数群です。

そして、使用する際にも大きな違いがあります。

組み込み関数は、いきなりコードに書くことで使い始めることができます。プログラミング言語であるPythonに最初から組み込まれている関数だからです。

一方、ライブラリを使う際は、事前の準備が必要です。その準備とは、本書後半の＜講座＞の「Python基礎2」の「関数」でも解説している「インポート」です。

ライブラリは、前述したように分野ごとに特化している関数群です。分野ごとに特化しているということは、さまざまな種類があること意味します。

また、あらゆるライブラリを最初からPythonに組み込んでおくと、処理が重くなるなど扱いづらくなってしまいます。

そのため、使いたいライブラリだけをプログラマーが選び、作成しているプログラムにインポートして使うようにできているわけです。

標準ライブラリと外部ライブラリ

ここで、Pythonの代表的なライブラリを、主な分野とともに紹介します。1つの分野でも、複数のライブラリが存在するケースが多々あります（**図2**）。

図2●Pythonの代表的なライブラリ

ファイル／フォルダー操作	日付・時刻	テキスト関連
・os **・shutil** **・glob**	**・datetime**	**・csv** **・json**
通信関連	**グラフ**	**データ分析**
・Requests *・Beautiful Soup* *・Selenium*	*・Matplotlib*	*・pandas*
画像処理	**機械学習**	**数値計算**
・Pillow ・OpenCV	*・scikit-learn*	*・NumPy* *・SciPy* **・random**
メール	**Office操作**	**ゲーム**
・smtplib **・poplib** **・imaplib**	*・OpenPyXL* ・python-docx	・Pygame

太字はPython標準ライブラリ
斜体はAnaconda標準の外部ライブラリ
それ以外はAnacondaに含まれない外部ライブラリ

ここで押さえてほしいのが、「標準ライブラリ」と「外部ライブラリ」の違いです（**図3**）。

図3●標準ライブラリと外部ライブラリ

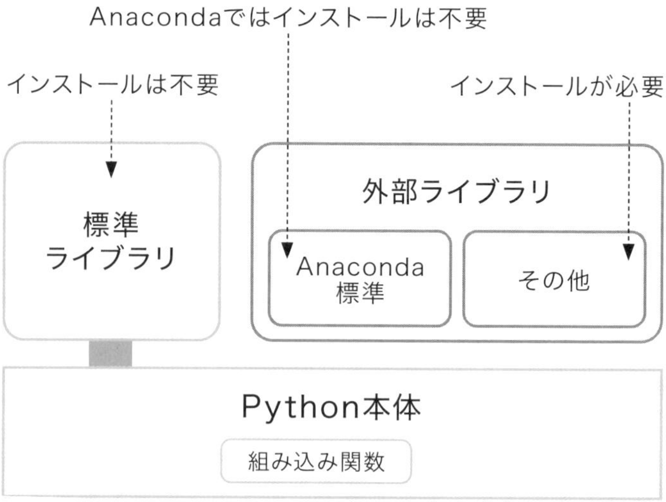

標準ライブラリとは、プログラミング言語であるPythonに、最初から入っているライブラリです。

プログラミング言語に最初から入っているということは、一般的なプログラムを作る際によく使われる関数群をまとめたもの、と言えます。汎用性の高いライブラリです。

標準ライブラリはプログラミング言語であるPythonとセットになっているので、Pythonをパソコンにインストールさえすれば使えます。ただし、使う際は前述のとおり、インポートが必要です。

一方、外部ライブラリとは、プログラミング言語であるPythonとは別に提供されているライブラリです。大学や研究機関、民間企業などが作り、インターネットを介して配布しています。その多くは、無償で配布されています。

外部ライブラリのほとんどは、データ分析や機械学習など特定の分野に特化しています。そうした特定の分野では“事実上の標準”として広く使われているものが多くあります。

外部ライブラリはPythonをパソコンにインストールしただけでは使えません。使いたい外部ライブラリをインターネットからダウンロードするなどして入手し、

Pythonプログラムを作成する開発環境にインストールする必要があります。インストールした上で、標準ライブラリと同じく、インポートしてプログラムで使えるようにします。

このように、外部ライブラリは原則、別途入手・インストールする必要があるのですが、本書で開発環境として用いる「Anaconda」には、最初から主要な外部ライブラリが標準で備わっています。別途入手・インストールすることなく、プログラムにインポートするだけで使い始められます。

また、「Google Colaboratory」など、Anaconda以外のPython開発環境にも、主要な外部ライブラリが標準で備わっています。どの外部ライブラリが備わっているかは、開発環境によって異なります。

なお、前述の図2では、Pythonの標準ライブラリの名称は太字で記載しています。また、「Anacondaに標準で備わっている外部ライブラリ」の名称は斜体で記載しています。

クラスを含むライブラリも多い

Pythonのライブラリには、関数のみならず、「クラス」も含むものが多々あります（クラスについての詳細は、本書後半の＜講座＞の「Python基礎4」の「オブジェクトとクラス」を参照してください）。

したがって、ライブラリをより厳密に言えば、「複数の関数とクラスをまとめたもの」となります。

ライブラリを使うことで、目的のクラスのオブジェクト（厳密にはインスタンス）を生成し、そのメソッドや属性をコードに記述して使うことができます（インスタンスやメソッドなどについても、本書後半の＜講座＞を参照してください）。

ここで、関数とメソッドの違いを簡単に説明します（**図4**）。

図4●関数とメソッドの違い

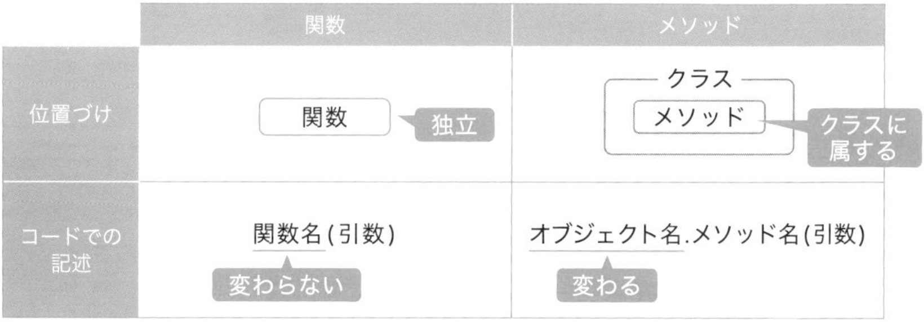

関数もメソッドも本質は同じで、複数の処理をまとめたものです。

メソッドとは、クラスに属している関数であり、いわば“そのクラス専用の関数”という位置づけです。

一方、関数はどのクラスにも属しておらず、独立した位置づけです。

そして、両者はコードの書き方が少し異なります。

引数の指定方法や戻り値の使い方については、関数もメソッドも基本的に同じです。

異なるのは、引数より前の部分の書き方です。

メソッドの場合、目的のクラスからオブジェクトを生成したのち、以下の形式でコードを記述します。

```
オブジェクト名.メソッド名
```

「オブジェクト名」の部分には多くの場合、そのオブジェクトを格納した変数名を書きます。変数名は、プログラマーが付けた名称によって変わります。つまり、「メソッド名」は決められていますが、「オブジェクト名」の部分はプログラマーがどのように命名したかによって異なるのです。

それに対して関数には、そういったプログラマーによってコードが変わる部分はありません。決められている関数名を書くだけです。

ただ、少々ややこしいところもあります。

オブジェクトを変数に格納しないパターンもあります。例えば、Pythonでは文字列もオブジェクトであり、各種メソッドが用意されています。「'」で囲って文字列を書き（文字列リテラル）、その後ろに続けてメソッドを記述する「'文字列'.メソッド名(引数)」という形式です。

ほかにも、関数や別のメソッドの後ろに、さらにメソッドをつなげて書く形式もあります。その場合、関数や別のメソッドの戻り値がオブジェクトであり、そのオブジェクトのメソッドを実行するかたちになります。複数のメソッドが鎖のように連なっているので、この書き方を「メソッドチェーン」と呼びます。

その上、クラスによっては「クラスメソッド」というメソッドを備えるものがあります。

クラスメソッドを使うと、オブジェクトを生成することなく、そのままクラスをプログラムで使えます。

つまり、クラスメソッドを使う場合は、決められたクラスメソッド名を書くだけです。プログラマーによってコードが変わる部分（オブジェクト名、つまり変数名）がないのです。

また、クラスには「属性」というものが備わっています。

属性とは、クラス（厳密には、そのクラスから生成したオブジェクト）の状態を表す仕組みのことです。メソッドがクラスの“動作”を表しているのに対し、属性はクラスの“状態”を表しているのです。

例えば、画像処理のライブラリで画像のクラスから生成したオブジェクトならば、リサイズや上書き保存などのメソッド（動作）とともに、大きさ（縦横のピクセル数）やファイル容量などの属性（状態）が使えるというわけです。

モジュールやパッケージとは

Pythonでライブラリを使う際、「モジュール」や「パッケージ」という用語が登場します。これらは、どういうものでしょうか？

モジュールやパッケージというのは、関数やクラスをどのようにライブラリとしてPythonに実装するのかという、仕組みを指しています（**図5**）。

図5●モジュールとパッケージ

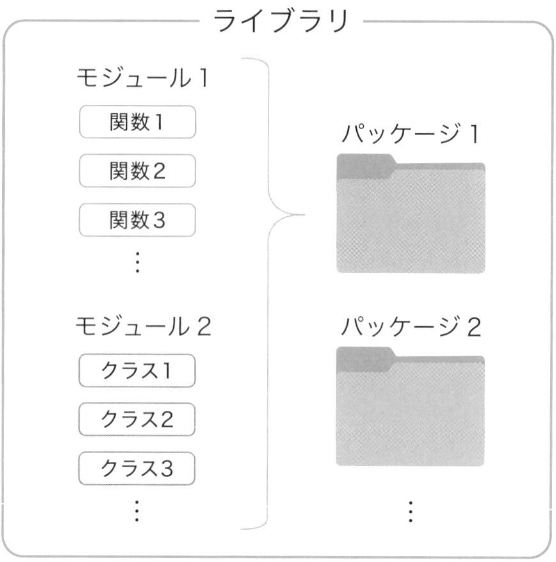

モジュールというのは、複数の関数やクラスを集め、Pythonで使えるようにプログラムを“部品化”したものです。また、1つのライブラリに多数の関数やクラスが含まれる場合、機能の種類ごとなどでそのライブラリの中はさらに細かく分けて管理されています。その際、モジュール単位で管理されているのです。モジュールの実体は、拡張子「.py」のファイルです。

パッケージというのは、モジュールを複数集めたものです。その実体は、複数のモジュールを格納したディレクトリ（フォルダー）です（厳密には、「__init__.py」ファイルを含むディレクトリになります）。

そして一般的には、1つのライブラリは複数のパッケージで構成されています。

ライブラリを図5のような構造にすることでメリットがあります。それは、管理のしやすさに加えて、「ライブラリ全体をインポートするのではなく、モジュール1だけをプログラムで使う」などといったインポートができることです。プログラムにインポートするモジュール（パッケージ）を減らせるので、プログラムの容量を小さくできるのです。

Column　ライブラリとフレームワークの違い

多くのプログラミング言語には、ライブラリに加えて、「フレームワーク」という仕組みがあります。フレームワークとはなんでしょうか？

フレームワークもライブラリと同じく、複数の関数やクラスをまとめたものです。この点に限っては両者は同じです。

違いは、関数やクラスの使い方です（**図6**）。

図6●ライブラリとフレームワークの違いのイメージ

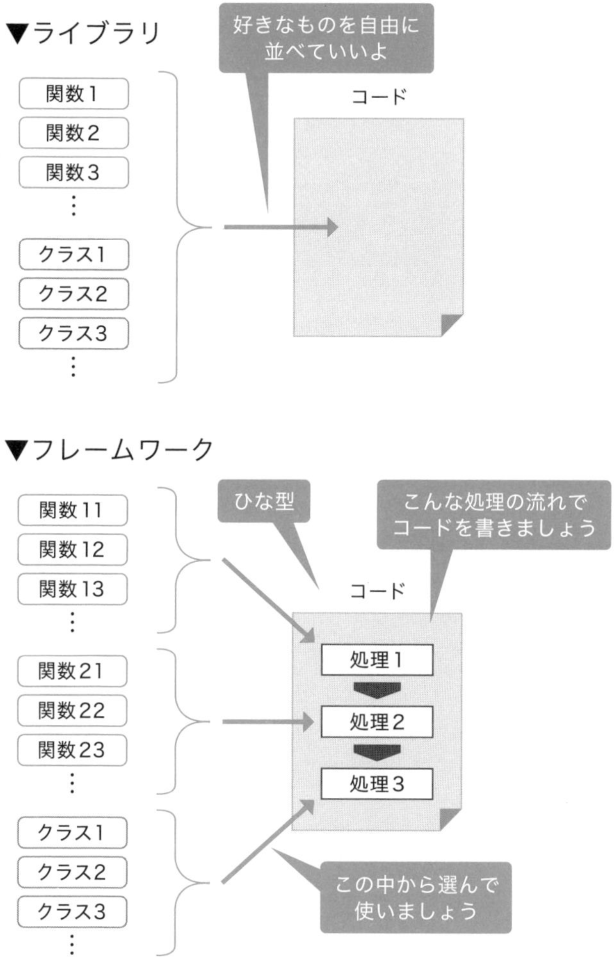

ライブラリでは、プログラマーがそこに含まれている関数やクラスを自由に使えます。どの関数やクラスをどう使うか、どのような流れでコードを書くのか、ということを自分で決められます。プログラマーが自分の裁量で決められる範囲が広いのです。

一方、フレームワークでは、どの関数やクラスをどう使うかという裁量の範囲は限られます。フレームワークというのは、プログラムを作る際の“ひな型”みたいなものです。ですので、裁量の範囲はフレームワークによって決まります。ひな型に沿って処理の流れを組み立てていき、その中で関数やクラスを適宜選んでいくイメージです。自分で裁量が決められる範囲が狭いとも言えますが、ひな型に当てはめていくだけなので、目的の処理を比較的容易に作ることができます。しかも、プログラマーがてんでんばらばらな“個性的な書き方”をできないことになるので、他のプログラマーが見てもわかりやすいコードになる、というメリットもあります。

ライブラリとフレームワークとの違いは境界が曖昧なケースもあるのですが、おおよそこのようなイメージで捉えておけば、実用上は問題ありません。

準備編

Pythonの開発環境を準備しよう

プログラムを作るには、「開発環境」をパソコン上に構築し、それを使ってプログラムを作っていきます。

「開発環境」だなんて、なんだか難しそうに思えますね。

でも、とっても簡単なので、安心してついてきてください。

Anacondaをインストールする

Pythonのプログラムを作るためには、プログラムを作るための「開発環境」をパソコン上に構築する必要があります。開発環境とは、プログラムのコードを書いたり実行したりするためのツール類、およびその裏側で動くソフトウエア一式のことです。

開発環境の種類や構築の手段は、何通りもあります。本書では、「Anaconda」（アナコンダ）を採用します。Pythonのプログラム開発に必要なツール類や主要なライブラリなどがパッケージ化されているので、こまごまとしたインストール作業の手間が省けます。世界中で利用されている定番のソフトウエアです。

Anacondaには、いくつものエディションがあります。本書では、「Anaconda Distribution」というエディションを使います。Anaconda Distributionは、個人の方が無償で利用できるエディションです。ほかに、商用で使う人向けのエディションなどもあります。自分の用途に合わせて、それぞれのエディションのライセンス内容を確認して使うようにしてください。

それでは、Pythonの開発環境を構築する手順を解説します。

本書では、パソコンのOSはWindows 10 64bitで、WebブラウザはGoogle Chromeを使います。画面構成や操作手順などは、本書執筆時点（2023年1月）のものであることをあらかじめご了承ください。

最初にAnacondaの公式サイトのダウンロードページをWebブラウザで開きます。

```
https://www.anaconda.com/products/distribution
```

図1の画面が表示されました。これが、Anaconda Distributionのダウンロードページです。

図1●Anaconda公式のダウンロードページ

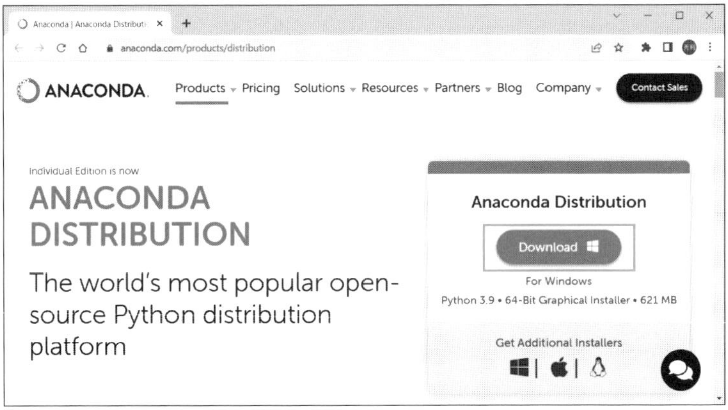

表示された画面で［Download］をクリックして、Anacondaのインストールファイルをダウンロードします。本書執筆時点のインストールファイルは、「Anaconda3-2022.10-Windows-x86_64.exe」です。

もしもWindows以外のOSを使っているならば、［Download］の下にある「Get Additional Installers」以下から、使っているOS用のインストールファイルをダウンロードします。

インストールファイルをダブルクリックすると、インストールウィザードが起動します（**図2**）。［Next］をクリックし、あとは画面の指示に従い、インストールします。

インストールが完了すると、Windowsの［スタート］メニューに、Anacondaの項目（「Anaconda3(64bit)」）が追加されます。

図2●Anacondaのインストールウィザードの初期画面

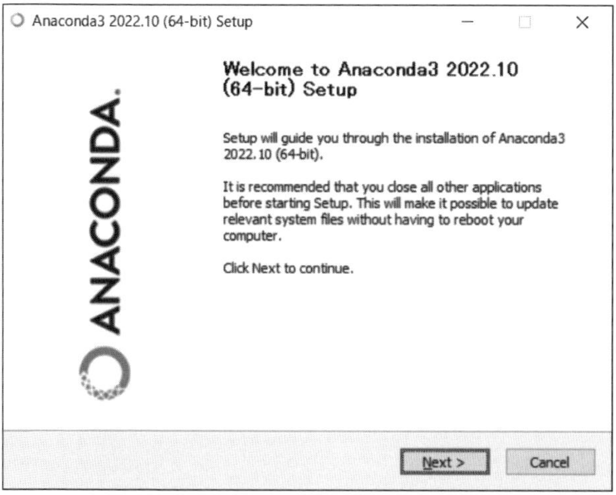

Jupyter Notebookの基本

Anacondaには、Pythonのコードを記述・実行するためのツールが3種類用意されています。本書では、「Jupyter Notebook」（ジュピターノートブック）というツールを使います。Webブラウザベースのツールで、多くのPythonユーザーが使う定番ツールです。

ここでは、Jupyter Notebookを使うために必要な、最低限の操作方法を解説します。

まずはWindowsの［スタート］メニューの［Anaconda3(64bit)］→［Jupyter Notebook(anaconda3)］をクリックします。すると、「Jupyter Notebook(anaconda3)」というコマンドプロンプト風の黒いウインドウが開きます。このウインドウは開いたままにしておいてください。しばらくすると、OS側で設定してある既定のWebブラウザ（ここではChrome）が起動し、その画面上にJupyter Notebookのホーム画面（タブのタイトルは「Home Page～」）が開きます（**図3**）。

図3●Jupyter Notebookのホーム画面

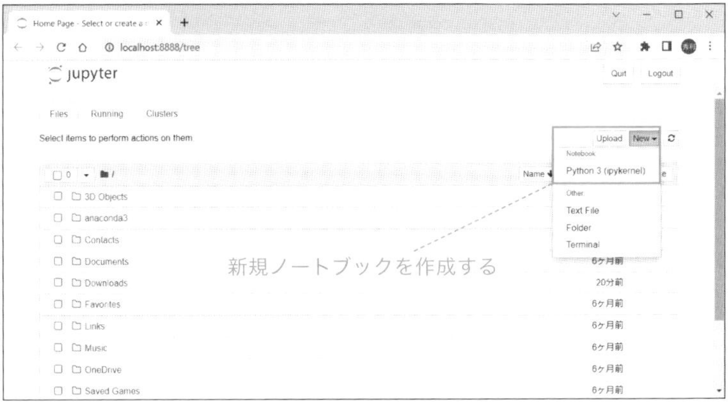

Jupyter Notebookは、「ノートブック」というファイルの単位でコードを記述・保存できます。図3で表示されたホーム画面は、そのノートブックを一覧・管理するのが主な役割です。

初めて起動したデフォルトの状態では、ノートブックは用意されていません。自分で新規にノートブックを作ります。図3の管理画面の右上にある［New］ボタンをクリックし、［Python 3(ipykernel)］をクリックします。すると、Webブラウザの同じウインドウの別タブに、新規ノートブックが開きます（**図4**）。

図4●Webブラウザにタブが追加され、新規ノートブックが開いた

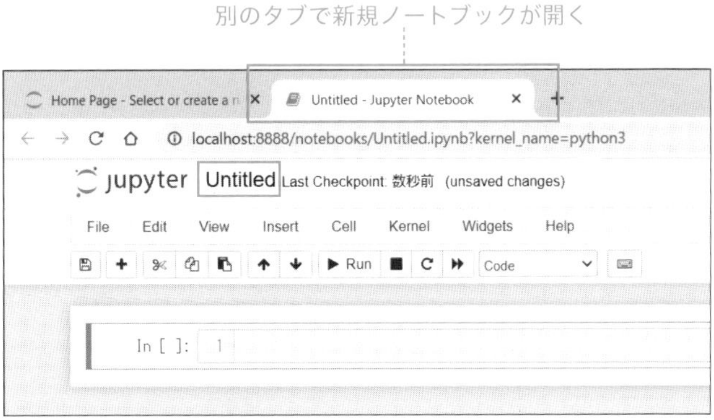

なお、新規に作ったノートブックのタイトルは、デフォルトでは「Untitled」と

いう名前が付けられますが、あとから自由に変更できます。画面左上のJupyterロゴの右にある［Untitled］の箇所をクリックするとノートブックの名前をリネームできるので、やってみてください。本書では［Untitled］のままで進めていきます。

ノートブックで、青色または緑色の枠線に囲まれた部分を「セル」と呼びます。セルの中には、「In[ ]:」と冒頭に表示されているボックスがあり、カーソルが点滅しています。ここにPythonのコードを記述します。記述中はセルの枠線が緑色に変わります。記述したコードを実行するには、ツールバー上の［Run］ボタン（黒い三角形のボタン）をクリックします。

また、本書で以降掲載するノートブックの画面では、コードの行番号がセルの左側に表示してあります。行番号はデフォルト設定では非表示になっています。表示するには、ノートブックのメニューバーの［View］→［Toggle Line Numbers］をクリックしてください（**図5**）。もしくはショートカットキーの［Shift］+［L］でも表示できます。

図5●[View]メニューからコードの行番号を表示

1行コードを実行してみる

ここで、Jupyter Notebookの体験として、1行のみの簡単なコードを入力し、実行してみましょう。以下のコードをセルに入力します。

```
print('こんにちは')
```

これは、「こんにちは」という文字列を「print関数」で出力する処理のコードです。ここで言う「出力」とは、何らかの処理をプログラムで行った結果を出すことを言います。出力の反対の言葉として「入力」があります。これは、何らかのデータをプログラムに入れることを言います。

print関数や「'」（シングルクォーテーション）の意味など、Pythonの基本的な文法やルールがわからないようでしたら、本書の後半の＜講座＞で解説しています。そちらも参照してください。

このコードをJupyter Notebookに入力している最中、「(」を入力すると、対となる「)」が自動で入力されることに気づくでしょう。「'」も同様に、対となる「'」が自動で入力されます。これはJupyter Notebookの補完機能によるものであり、入力の手間やミスを低減してくれます。

入力し終わったら、ツールバー上の［Run］ボタンで実行します。すると、コードを記述したセルのすぐ下に、「こんにちは」と出力されました（**図6**）。同時に、すぐ下に新しいセルが自動で追加されます。

図6●「print('こんにちは')」の実行結果

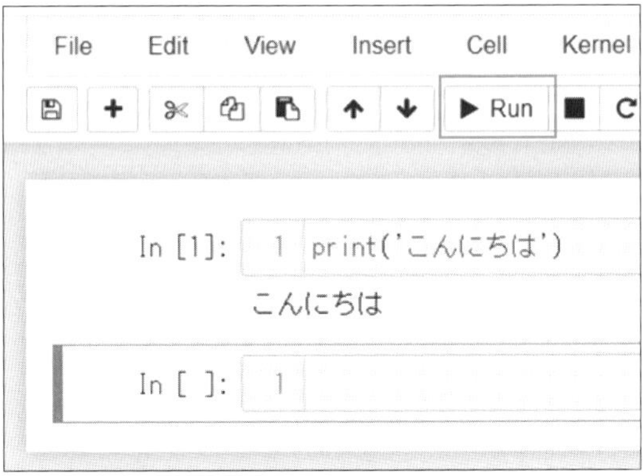

たった1行のコードでしたが、これも立派なPythonのプログラムです。

記述したコードの実行は、ショートカットキー［Ctrl］＋［Enter］でもできます。慣れてきたら、こちらのショートカットキーの方が手軽で便利なので、ぜひおぼえておきましょう。

複数行にわたるプログラムを実行する

「たった1行のプログラムしか実行できないの？」と思った方がいるかもしれません。もちろん、そんなことはありません。複数行にわたるプログラムだって記述・実行ができます。

さらに、複数のプログラムを順番に記述し、その都度実行結果を出力していくことだってできます。つまり、セルにプログラムを入力・実行して、その実行結果を出力。その実行結果を用いて、次のセルに2番目のプログラムを入力・実行して、その実行結果を出力。さらにその実行結果を用いて…といった具合です。データ分析プログラムなどでは、こうした使い方をすることが多いでしょう。本書でも、そうした例が出てきます。複数のプログラムに分けることで、プログラムの実行結果を順番に確認しながら分析を進めていくのです。

ということで、複数のプログラムを記述するために、セルを手動で追加してみましょう。ツールバーの［+］ボタンをクリックすれば、現在のセルの下に新しいセルが追加されます（**図7**）。新しいセルに次のプログラムを入力・実行すれば、実行結果が出力されます。ちなみに、セルの並べ替えは、マウスのドラッグ操作またはツールバーの［↑］［↓］ボタンで簡単にできます。

図7●新しいセルを追加

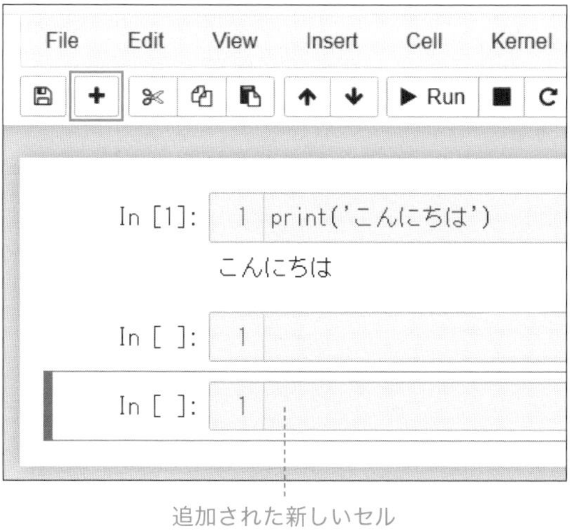

作業の終了

Jupyter Notebookを使い終わったら、ノートブックのメニューバーの［File］→［Close and Halt］をクリックして、ノートブックを閉じます。次に、ホーム画面右上の［Quit］をクリックして、Jupyter Notebook全体を終了します。

作成したノートブックは、記述したコードや実行結果も含めて、「ホームディレクトリ」という場所に拡張子「.ipynb」のファイルとして自動で保存されます。ホームディレクトリとは、Jupyter Notebookの基準となるフォルダー（ディレクトリ）です。Windows 10ならば、Cドライブの「ユーザー」フォルダー以下にあるユーザー名のフォルダーが該当します。

```
C:¥Users¥＜ユーザー名＞
```

また、ホームディレクトリは「カレントディレクトリ」などと呼ばれる場合もあります。

Jupyter Notebookでノートブックを再び開く方法についても紹介します。Jupyter Notebookを起動すると、保存されたノートブックがホーム画面に一覧表示されます。その一覧表示から目的のノートブックを探して、ダブルクリックで開けばOKです。

第1章

基礎編

まずは、ファイルやディレクトリなどの操作を行う、基礎的なライブラリを使ってみましょう。特に、CSVやJSONといったファイルの操作は大事です。プロのプログラマでも頻繁に行う操作です。しっかりとおぼえておきましょう。

1-1 ファイルやディレクトリを操作するライブラリ

本節では、ファイルやディレクトリ（フォルダー）を操作するライブラリを取り上げます。osモジュールおよびshutilモジュール、globモジュールの代表的な関数を紹介します。これらはいずれも、Pythonの標準ライブラリです。

例えば、大量のフォルダーの作成、ファイルの移動やリネームなどは手作業で行うのではなく、Pythonのライブラリで自動化したいものです。また、さまざまなプログラムの中でファイルやディレクトリを処理するケースはよくあり、その際に便利な関数があるので、知っておくとよいでしょう。

複数階層のディレクトリをまとめて作成

まず紹介するのは、osモジュールの「os.makedirs」関数です。ディレクトリを作成する関数です。同じような機能の関数に「os.mkdir」関数がありますが、os.makedirs関数を使うことをオススメします。os.mkdir関数は単一のディレクトリしか作成できませんが、os.makedirs関数なら複数階層のディレクトリをまとめて一気に作成できます。

os.makedirs関数の基本的な書式は次の通りです。引数exist_okは省略可能です。ほかにも省略可能な引数がありますが、本書では基本的な引数以外の説明は割愛します。以下も同様です。

書式

```
os.makedirs(name, exist_ok)
```

引数

```
name      : ディレクトリのパス
exist_ok  : 同名ディレクトリが存在する場合の挙動
```

引数nameには、作成したいディレクトリのパスを文字列として指定します。プログラムのファイル（Jupyter Notebookでは.ipynbファイル）と同じディレクトリ（Windows 10の場合はC:¥Users¥＜ユーザー名＞）に作成するならば、ディレクトリ名だけを記述すればOKです。

例えば、プログラムと同じ場所に「boo」フォルダーがあり、さらにその中に「foo」フォルダーがあるとします。そのfooフォルダー内に「hoge」フォルダーを作成するコードは以下になります（**リスト1-1-1**）。

リスト1-1-1●「boo」フォルダー内の「foo」フォルダー内に「hoge」フォルダーを作成する

```
import os

os.makedirs('boo/foo/hoge')
```

冒頭のimport文にて、osモジュールをインポートしています。本書では以降、同モジュールはインポート済みとします。

os.makedirs関数の引数nameに指定しているのは、「'boo/foo/hoge'」です。「booフォルダー下のfooフォルダー下のhogeフォルダー」ということで、上記の文字列を指定しています。パスの区切り文字は、Windowsは本来「¥」ですが、LinuxやMacと同じ「/」を使うこともできます。ここでは「/」を使うとします(以降、パスに関する指定のルールや扱い方はすべての関数で同様です)。引数exist_okは省略するとします。

リスト1-1-1を実行すると、booフォルダー内のfooフォルダー内に、hogeフォルダーが作成されます。もし、booフォルダーもfooフォルダーも存在していなければ、hogeフォルダーと一緒に、booフォルダーもfooフォルダーも作成されます（**図1-1-1**）。

図1-1-1●os.makedirs関数1つで、複数階層のディレクトリをまとめて作成できる

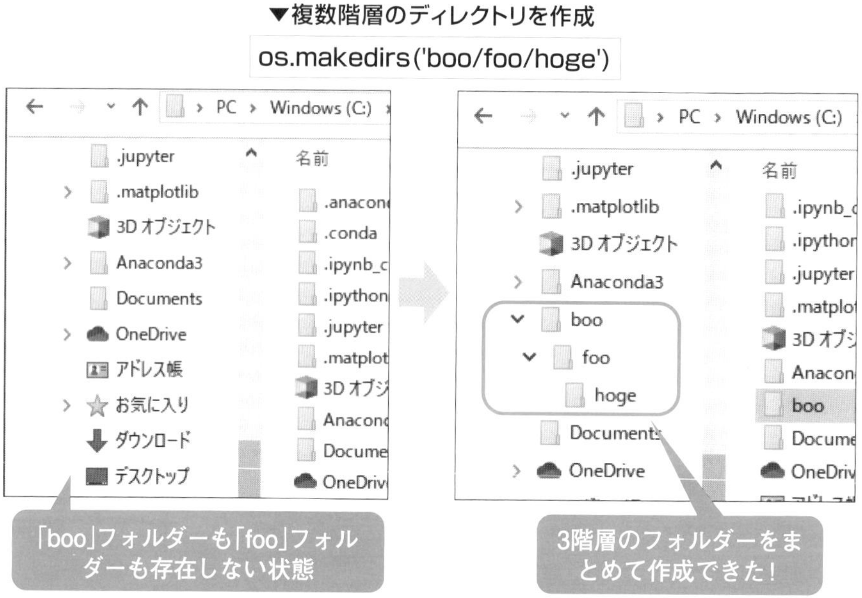

また、上記コードを続けて実行すると、同じ名前のフォルダーがすでに存在するのに作成しようとするため、OSErrorのエラー（例外）が発生します。もし、引数exist_okにTrueを指定したら、OSErrorは発生しなくなり、単にフォルダーが作成されないだけになります。

この機能は例えば、ループなどで連続してフォルダーを作成する際、既存フォルダーがあるなら作成せず、そのまま飛ばしたい場合などに便利です。os.mkdir関数にはこういった機能はないので、いちいち既存フォルダーの存在を判定する処理を別途盛り込まなくてはなりませんが、os.makedirs関数なら引数の設定1つで済むため、コードをよりシンプルにできるのがメリットです。

なお、引数exist_okはその前に、省略可能な引数（mode）が1つあります。その引数を省略するなら、引数exist_okは必ず引数名ありのキーワード引数として指定してください。

ファイルをコピーするには

ファイルをコピーするには、shutilモジュールの「shutil.copy」関数を使います。

書式

```
shutil.copy(src, dst)
```

引数

```
src  : コピー元のファイルのパス
dst  : コピー先のパス
```

例えば、ホームディレクトリにdata.txtというファイルとbooというフォルダーがあるとします。このdata.txtをbooフォルダー内にコピーするコードは以下になります（**リスト1-1-2**）。

リスト1-1-2●data.txtをbooフォルダー内にコピーする

```
import shutil

shutil.copy('data.txt', 'boo')
```

冒頭のimport文にて、shutilモジュールをインポートしています。本書では以降、同モジュールはインポート済みとします。引数srcには目的のファイル名「data.txt」を、引数dstにはコピー先のディレクトリ名「boo」をそれぞれ文字列として指定しています（**図1-1-2**）。

図1-1-2●shutil.copy関数でファイルをコピー

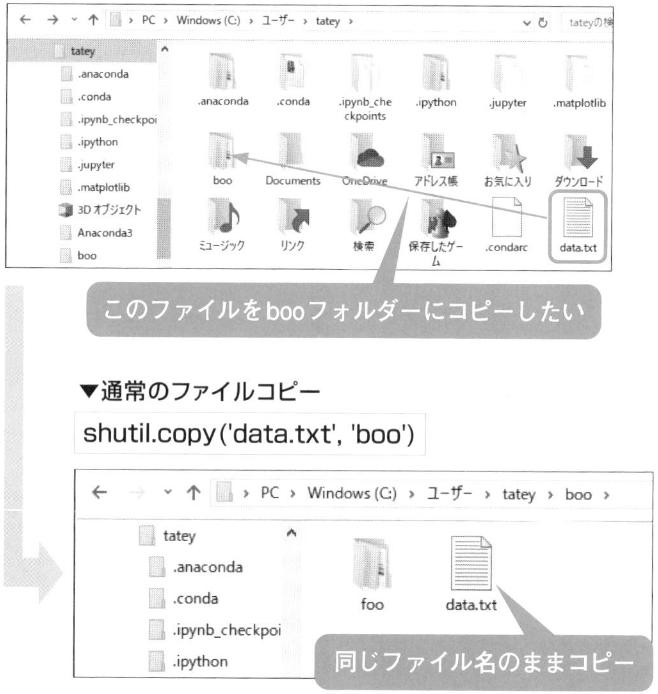

なお、shutil.copy関数は戻り値として、コピーして新しく作成されたファイルのパスの文字列を返します。以降の処理でパスが必要な場合、別途取得する必要がなくなります。

shutil.copy関数は、引数dstに指定するコピー先のパスにファイル名まで含めることで、そのファイル名としてコピーできます。例えば、先ほどの例にて、引数dstの末尾にファイル名として「datacp.txt」を追加し、以下のように記述したとします（**リスト1-1-3**）。

リスト1-1-3●booフォルダーにdatacp.txtというファイル名でdata.txtをコピーする

```
shutil.copy('data.txt', 'boo/datacp.txt')
```

実行すると、booフォルダー以下にdatacp.txtというファイル名でコピーされます（**図1-1-3**）。別名でコピーしたい場合、コピーとリネームが同時に行えます。

図1-1-3●コピーと同時にリネームも行う

▼ファイル名を指定してコピー

```
shutil.copy('data.txt', 'boo/datacp.txt')
```

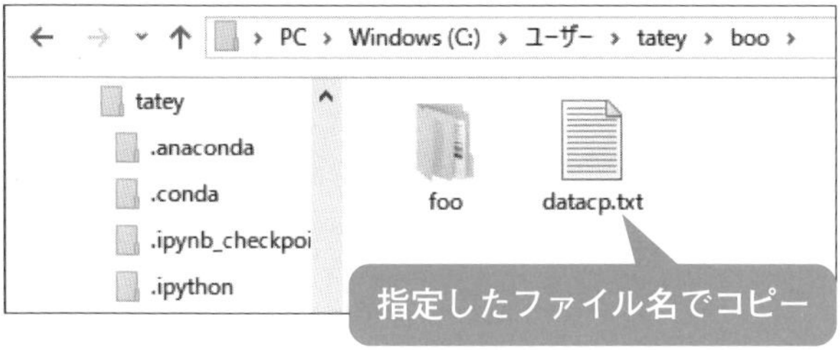

このようにshutil.copy関数では、引数dstのパスが既存ディレクトリで終わるならファイル名は踏襲されてコピーされ、ファイル名で終わるならその名前でコピーされることになります。

また、shutil.copy関数でコピーすると、ファイルの作成日や更新日などのメタデータはコピーした日時のものになります。もし、コピー元の作成日や更新日などを踏襲したければ、shutilモジュールの「shutil.copy2」関数を利用しましょう。引数など使い方はshutil.copy関数と同じです。

例えば、以下のコードを実行すると、datacp.txtの作成日や更新日などはdata.txtのものが踏襲されます（**リスト1-1-4**）。

リスト1-1-4●data.txtの作成日や更新日などを踏襲してコピーする

```
shutil.copy2('data.txt', 'boo/datacp.txt')
```

ディレクトリのコピー

ディレクトリ（フォルダー）のコピーは、shutilモジュールの「shutil.copytree」関数で行います。ディレクトリの中身ごとコピーします。

書式

```
shutil.copytree(src, dst)
```

引数

src　：コピー元のディレクトリのパス
dst　：コピー先のディレクトリのパス

引数dstには、コピーして作成されるディレクトリの名前まで含めてパスを指定します。例えば、ホームディレクトリにbooというディレクトリがあり、同じ場所にwooという名前でコピーするなら、以下のように記述します（**リスト1-1-5**）。

リスト1-1-5●booというディレクトリを同じ場所に wooという名前でコピーする

```
shutil.copytree('boo', 'woo')
```

実行すると、wooというフォルダーが新たに作成され、その中にbooフォルダーの中身が丸ごとコピーされます（**図1-1-4**）。つまり、コピー先のフォルダーは必ず新たに作成されることになります。この点は、引数dstの指定において注意が必要です。

図1-1-4●shutil.copytree関数でディレクトリを中身ごとコピー

▼ディレクトリを同じ場所にコピー

もし、既存のディレクトリを指定してそこにコピーしたければ、引数dstにはその場所とフォルダー名まで含んだパスを指定しなければなりません。

例えば、booフォルダーと同じ場所にhogeというフォルダーが既にあり、そのhogeフォルダーの中にbooフォルダーをwooという名前でコピーしたいとします。その場合は以下のように、引数dstには「hogeフォルダー以下のwooフォルダー」となるよう、「'hoge/woo'」を指定します（**リスト1-1-6**）。

リスト1-1-6の実行結果は、**図1-1-5**です。hogeフォルダーを開くと、wooフォルダーが作成されており、その中身はbooフォルダーであることが確認できます。

リスト1-1-6●booフォルダーと同じ場所にhogeフォルダーがあり、
そのhogeフォルダーの中にbooフォルダーをwooという名前でコピーする

```
shutil.copytree('boo', 'hoge/woo')
```

図1-1-5●別の既存フォルダーの中にコピーする際は引数dstの指定に注意

注意してほしいのは、上記コードでは、引数dstに「'hoge'」とだけ指定し、「shutil.copytree('boo', 'hoge')」と記述しないことです。コピー先の場所であるhogeディレクトリだけを指定したかたちになります。このように指定すると、「同じフォルダーにhogeという名前のフォルダーを新たに作成してコピーする」という意味になります。hogeフォルダーはすでに存在しており、同名フォルダーを作成しようとするのでエラーになってしまいます。図1-1-5の左で示したようになります。

このような理由から、引数dstにはコピー先の場所だけでなく、フォルダー名も必ず含めてください。なお、hogeフォルダー以下に同じ名前booでフォルダーをコピーするなら、「shutil.copytree('boo', 'hoge/boo')」と記述すればよいことになります。場所が異なれば、同名フォルダーとしてコピーできます。

また、shutil.copytree関数は戻り値として、コピーして新しく作成されたディレクトリのパスを返します。

ファイル/ディレクトリの移動

ファイルやディレクトリの移動には、shutilモジュールの「shutil.move」関数を用います。

書式

```
shutil.move(src, dst)
```

引数

```
src  ： 対象となるファイルやディレクトリのパス
dst  ： 移動先のディレクトリのパス
```

例えば、booフォルダー以下にあるファイルdata.txtを、booフォルダーと同じ階層にあるwooフォルダーに移動するなら、以下のように記述します（**リスト1-1-7**）。

実行結果を図示したのが、**図1-1-6**です。

リスト1-1-7●booフォルダーにあるファイルdata.txtを、booフォルダーと同じ階層にあるwooフォルダーに移動する

```
shutil.move('boo/data.txt', 'woo')
```

図1-1-6●shutil.move関数でディレクトリやファイルを移動

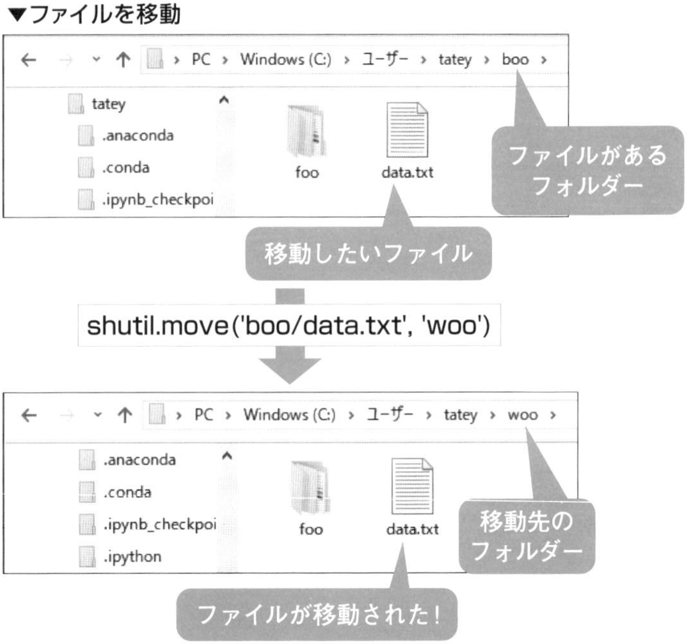

ディレクトリの移動も同様に行えます。例えば、booフォルダーを同じ階層にあるwooフォルダーに移動するなら、「shutil.move('boo', 'woo')」と記述します。また、shutil.move関数は戻り値として、移動先のパスを返します。

ファイル/ディレクトリのリネーム

ファイルやディレクトリのリネームは、osモジュールの「os.rename」関数で行えます。

書式

```
os.rename(src, dst)
```

引数

src　：対象となるファイルやディレクトリのパス
dst　：変更後のファイルやディレクトリのパス

例えば、booフォルダーの名前をhogeフォルダーに変更したければ、以下のように記述します（**リスト1-1-8**）

実行結果を示したのが、**図1-1-7**です。

リスト1-1-8●booフォルダーの名前をhogeフォルダーに変更する

```
os.rename('boo', 'hoge')
```

図1-1-7●os.rename関数でディレクトリをリネーム

▼ディレクトリをリネーム

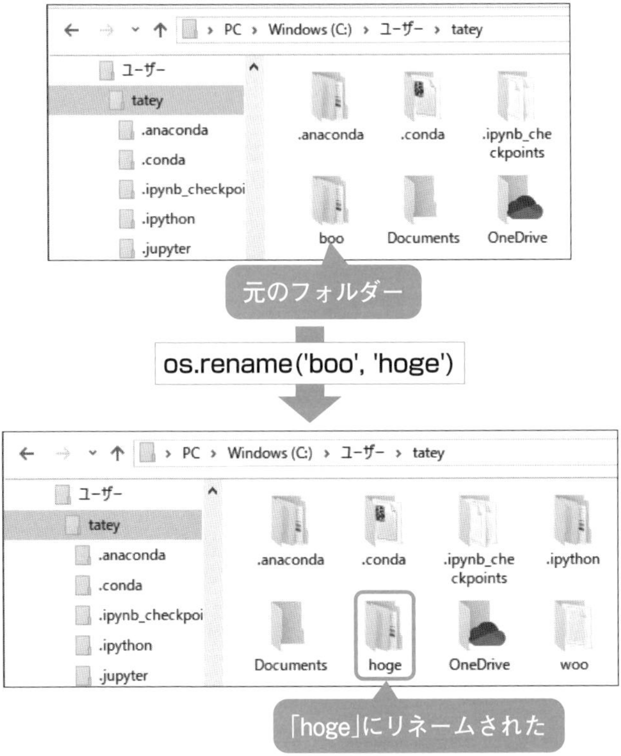

ファイルのリネームも同様に行えます。例えば、booフォルダー以下にあるdata.txtの名前をfoo.txtに変更するなら、「os.rename('boo/data.txt', 'boo/foo.txt')」と記述します。なお、同関数に戻り値はありません。

また、リネームはshutil.move関数でもできます。先ほどファイルやディレクトリを移動する関数として紹介しましたが、引数の設定によってはリネームすることも可能です。引数dstに同じ場所で、変更したい名前を指定します。

例えば、booフォルダー以下にあるdata.txtの名前をfoo.txtに変更するなら、以下のように記述します（**リスト1-1-9**）。

リスト1-1-9●booフォルダーにあるdata.txtの名前をfoo.txtに変更する

```
shutil.move('boo/data.txt', 'boo/foo.txt')
```

shutil.move関数によるディレクトリのリネームも、例えば、booフォルダーの名前をhogeフォルダーに変更したければ、以下のように記述します（**リスト1-1-10**）。hogeフォルダーが同じディレクトリに存在しない前提とします。

リスト1-1-10●booフォルダーの名前をhogeフォルダーに変更する

```
shutil.move('boo', 'hoge')
```

ディレクトリの移動のコードと同じようなコードなので混同しやすいです。大きな違いは、移動の場合は引数dstには既存のディレクトリを指定し、リネームの場合は存在しないディレクトリを指定することです。存在するディレクトリなら、そのディレクトリ以下に移動し、存在しないディレクトリなら、そのディレクトリ名にリネームされます（**図1-1-8**）。

図1-1-8●shutil.move関数はリネームも可能。移動かリネームかは引数dstに指定したディレクトリの存在によって決まる

ファイル/ディレクトリの削除

ファイルの削除は、osモジュールの「os.remove」関数で行えます。

書式

```
os.remove(path)
```

引数

path　：対象となるファイルのパス

例えば、booフォルダー以下にあるdata.txtを削除するなら、以下のように記述します（**リスト1-1-11**）。

リスト1-1-11●booフォルダーにあるdata.txtを削除する

```
os.remove('boo/data.txt')
```

ディレクトリの削除は、shutilモジュールの「shutil.rmtree」関数を使うのが便利です。ディレクトリの中身ごと削除する関数です。

書式

```
shutil.rmtree(path)
```

引数

path　：対象となるディレクトリのパス

例えば、booフォルダーを削除するなら、以下のように記述します（**リスト1-1-12**）。

リスト1-1-12●booフォルダーを削除する

```
shutil.rmtree('boo')
```

パスの組み立てに重宝する関数

プログラムの中でファイルやディレクトリを処理する際、パスを扱うことは多々あります。osモジュール以下のサブモジュールであるos.pathには、パス関係の便利な関数がそろっています。

複数の文字列を連結してパスの文字列を組み立てる処理は、＋演算子を使った方法でもできないことはありませんが、Windowsなら「¥」など、パス区切り文字をOSに合わせて付与したり、エスケープ処理を行ったりしなければならないなど、なにかと面倒です。

そこで利用したいのが「os.path.join」関数です。

書式

```
os.path.join(path1, path2……)
```

引数

path　：連結したい文字列

引数pathに指定した各文字列を、OSに応じたパス区切り文字で挟んだ形の文字列を組み立てて、戻り値として返します。Windowsの場合、パス区切り文字の「¥」はエスケープ処理が必要なのですが、同関数はその処理も自動で行ってくれます。エスケープ処理とは、特定の機能などを、規定された特別な文字列で表す処理のことです。ここでは、目的の記号の前に「¥」を付けています。したがって、パス区切り文字「¥」をエスケープするには「¥¥」と記述します。「¥」が2つ重なる形式であり、前の「¥」がエスケープ処理、後ろの「¥」がパス区切り文字という役割です。

例えば、3つの文字列「boo」、「foo」、「data.txt」を連結してパスを作成したいなら、以下のように記述します（**リスト1-1-13**）。

リスト1-1-13●「boo」、「foo」、「data.txt」を連結してパスを作成する

```
os.path.join('boo', 'foo', 'data.txt')
```

実行すると、Windowsなら「boo¥¥foo¥¥data.txt」という文字列が返されます（**図1-1-9**）。パス区切り文字の「¥」がエスケープ処理された「¥¥」というかたちで、3つの文字列を連結しています。もし、MacやLinux環境で実行すれば、パス区切り文字は「/」が用いられます。

図1-1-9●os.path.join関数を用いて、文字列「boo」、「foo」、「data.txt」を連結してパスを作成した例

▼os.path.join関数によるパスの連結

```
os.path.join('boo', 'foo', 'data.txt')
```

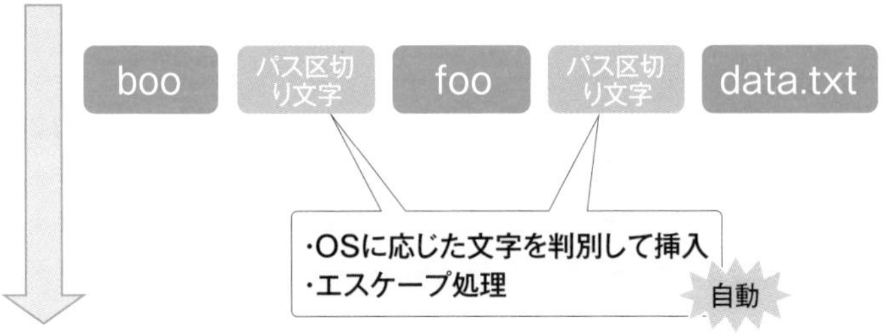


```
boo¥¥foo¥¥data.txt
```

パスを分割した文字列を取得

先ほどのos.path.join関数は複数の文字列を連結してパスを組み立てる関数でしたが、逆にパスの文字列を分割したり抽出したりする各種関数も、os.pathモジュールにいくつか用意されています。

まずは分割する関数を2つ紹介します。1つ目が「os.path.split」関数です。パスを最後の要素（ファイル名や末端ディレクトリ名）と、それより前の部分に分割する関数です。

書式

```
os.path.split(path)
```

引数

path　：パスの文字列

戻り値として、両者のタプルを返します。そのタプルでは、先頭の要素には最後の要素以前の部分、2つ目の要素には最後の要素が格納されます。

例えば、元のパスの文字列を「boo/woo/data.txt」とした場合、os.path.split関数によってパスを最後の要素とそれより前の部分に分割するコードは以下になります（**リスト1-1-14**）。

リスト1-1-14●パスを最後の要素とそれより前の部分に分割する

```
os.path.split('boo/woo/data.txt')
```

実行すると分割され、「('boo/woo', 'data.txt')」というタプルの形式で返されます（**図1-1-10**）。

図1-1-10●os.path.split関数の例。戻り値はタプル形式になる

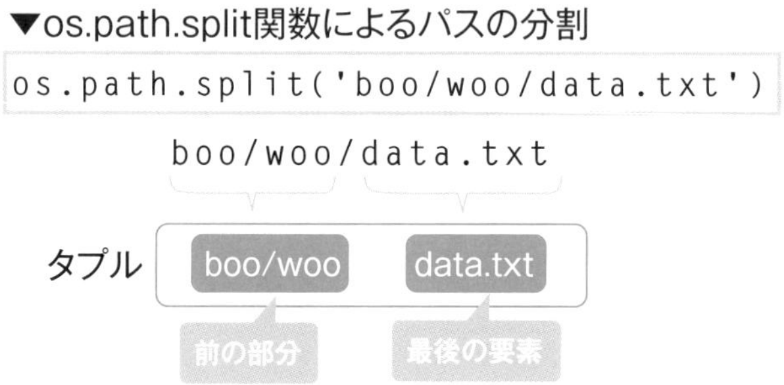

この例では最後の要素がファイルでしたが、フォルダーの場合でも同様に分割できます。例えば、「boo/woo/foo」というパスの文字列なら、分割されて「('boo/woo', 'foo')」というタプル形式で返されます。

パスを分割する関数の２つ目が「os.path.splitext」関数です。最後の要素の拡張子とそれより前の部分に分割する関数です。主に、拡張子を除いたファイル名の部分だけを取得したり、拡張子を調べたりしたい場合に利用する関数です。

書式

```
os.path.splitext(path)
```

引数

path ： パスの文字列

分割した結果は、os.path.split関数と同様のタプル形式で返されます。先頭の要素に拡張子より前の部分、2番目の要素に拡張子が格納されます。

例えば、元のパスの文字列を「boo/woo/data.txt」とした場合、os.path.splitext関数で分割するコードは以下になります（**リスト1-1-15**）。

リスト1-1-15●最後の要素の拡張子の部分と、それより前の部分に分割する

```
os.path.splitext('boo/woo/data.txt')
```

実行すると、拡張子とそれより前の部分に分割され、「('boo/woo/data', '.txt')」というタプル形式で返されます（**図1-1-11**）。

図1-1-11●os.path.splitext関数の例

なお、os.path.splitext関数はスペルは、「splittext」ではない（「t」は1つが正しい）ので間違えないよう注意しましょう。

パスを分割した片方のみを抽出

続けて、パスの文字列から抽出する関数を2つ紹介します。「os.path.basename」関数は、パスの文字列の最後の要素のみを取り出して返す関数です。

書式

```
os.path.basename(path)
```

引数

```
path  : パスの文字列
```

返すのは分割した要素のタプルではなく、最後の要素の文字列のみです。例えば、元のパスの文字列を「boo/woo/data.txt」とした場合、os.path.basename関数で最後の要素を抽出するコードは以下になります（**リスト1-1-16**）。

リスト1-1-16●os.path.basename関数で最後の要素を抽出する

```
os.path.basename('boo/woo/data.txt')
```

実行すると、最後の要素である文字列「data.txt」が返されます（**図1-1-12**）。

図1-1-12●os.path.basename関数の例。戻り値はタプル形式ではなく、単一の文字列になる

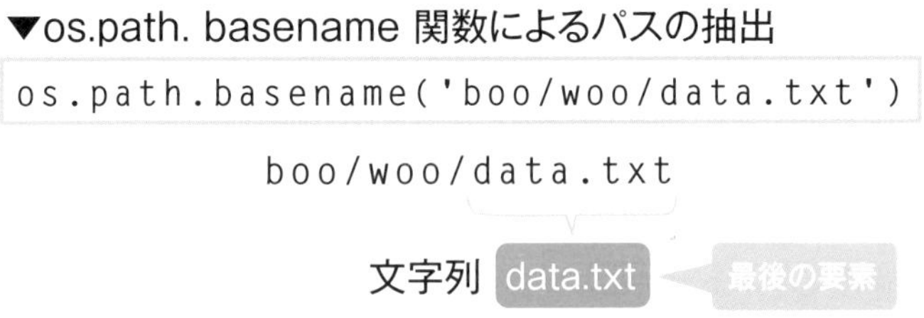

最後の要素がフォルダーであっても、同様にフォルダー名の文字列を抽出できます。例えば、「boo/woo/foo」というパスの文字列なら、文字列「foo」が返されます。

「os.path.dirname」関数は、最後の要素より前の部分（ディレクトリ部分）のみを返す関数です。ちょうどos.path.basename関数とは対になる機能です。

書式

```
os.path.dirname(path)

引数
path  : パスの文字列
```

例えば、元のパスの文字列を「boo/woo/data.txt」とした場合、os.path.dirname関数で最後の要素より前の部分のみを抽出するコードは以下になります（**リスト1-1-17**）。

リスト1-1-17●os.path.dirname関数で最後の要素より前の部分のみを抽出する

```
os.path.dirname('boo/woo/data.txt')
```

実行すると、最後の要素より前の部分として、文字列「boo/woo」が返されます（**図1-1-13**）。

図1-1-13●os.path.dirname関数

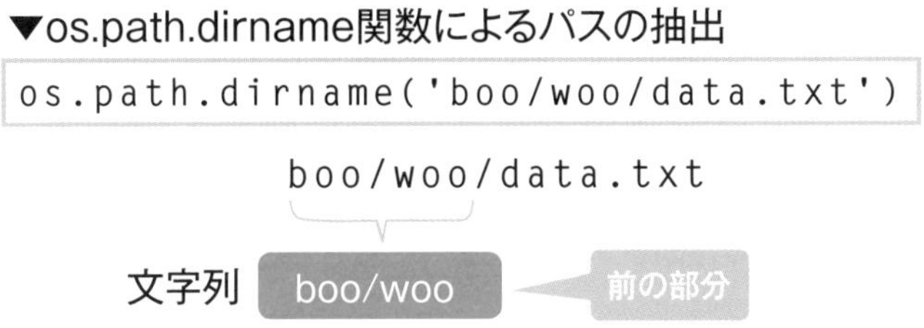

ファイル/ディレクトリの存在を調べる

os.pathモジュールにはほかに、ファイルやディレクトリの存在を調べる関数として「os.path.isfile」関数、「os.path.isdir」関数、「os.path.exists」関数が用意されています。いずれも、引数にはパスの文字列を指定します。

os.path.isfile関数は、そのパスのファイルが存在するならTrueを、そうでなければFalseを返します。あくまでもファイルの存在のみを調べる関数であり、もし同名のフォルダーが存在していてもTrueを返しません。
os.path.isdir関数は、ディレクトリの存在のみを調べます。
os.path.exists関数は、ファイルでもディレクトリでも、存在していればTrueを返します。
例えば、ホームディレクトリにbooフォルダーが存在していて、「boo」という名前のファイルは存在しない状態で、各関数の引数にbooフォルダーを指定したとします（**リスト1-1-18**）。
os.path.isfile関数の場合、Falseを返します。booはフォルダーであり、ファイルではないからです。

リスト1-1-18●「boo」という名前のファイルが存在するかどうかを調べる

```
os.path.isfile('boo')
```

一方、os.path.isdir関数は、ディレクトリの存在を調べるので、Trueを返します（**リスト1-1-19**）。

リスト1-1-19●booフォルダーが存在するかどうかを調べる

```
os.path.isdir('boo')
```

そして、os.path.exists関数は、ファイルでもディレクトリでも構わないので、Trueを返します（**リスト1-1-20**）。

リスト1-1-20●ファイルかディレクトリのどちらかが存在するかどうかを調べる

```
os.path.exists('boo')
```

ディレクトリの中身を調べる

osモジュールには、ディレクトリの中身を調べるのに便利な「os.listdir」関数が用意されています。指定したディレクトリに含まれるファイルとフォルダーの名前のリストを返す関数です。

書式

```
os.listdir(path)

引数
path　：対象のディレクトリのパス
```


例えば、booフォルダーに含まれるファイルやフォルダーの名前のリストを取得するには、以下のように記述します（**リスト1-1-21**）。

リスト1-1-21●booフォルダー内のファイルやフォルダーの名前のリストを取得する

```
os.listdir('boo')
```

このときのbooフォルダーの中身は、**図1-1-14**の上の通りとします。

図1-1-14●os.listdir関数の例

リスト1-1-21を実行すると、図1-1-14の下のようなリストが返されます。リストの要素に格納される順番は、ファイルやフォルダーといった種類は関係なく、名前の昇順になります。文字の種類による違いでは、アルファベット、ひらがな、

カタカナ、漢字の順です。

os.listdir関数で取得したリストと、for文などのループを組み合わせ、ディレクトリ内で順に処理することは、よくある利用パターンです。

os.listdir関数はディレクトリの中のすべてのファイルやフォルダーの名前をリスト化しますが、globモジュールの「glob.glob」関数を利用すると、パターンマッチングによって必要な名前のみのリストを得られます。

書式

```
glob.glob(path)
```

引数

path　：対象のディレクトリのパス

パターンマッチングは、ワイルドカード（*）で行えます。例えば、booフォルダー内で拡張子が.txtのファイル名のみのリストを取得したければ、次のように記述します（**リスト1-1-22**）。もちろん、globモジュールを「import glob」で事前にインポートしておく必要があります。

リスト1-1-22●booフォルダー内で拡張子が.txtのファイル名のみのリストを取得する

```
glob.glob('boo/*.txt')
```

引数pathには、ディレクトリの部分である「boo/」と拡張子の「.txt」の間にワイルドカードを指定することで、booフォルダー内で拡張子.txtのファイルを指定しています（**図1-1-15**）。

図1-1-15●glob.glob関数の例。ワイルドカードによってパターンマッチング

パターンマッチングは正規表現でも行えます。例えば、booフォルダー内で、拡張子が.txtで、かつ、ファイル名の末尾に0～9の数値が使われているファイル名のみのリストを取得したければ、次のように記述します。ワイルドカードに続けて、ファイル名末尾の数値の部分を[0-9]と正規表現で指定しています（**リスト1-1-23**）。

リスト1-1-23●booフォルダー内で、拡張子が.txtで、かつ、ファイル名の末尾に0～9の数値が使われているファイル名のみのリストを取得する

```
glob.glob('boo/*[0-9].txt')
```

実行すると、**図1-1-16**のリストが返されます。ここでの例では、該当するファイルは1つしかありませんが、1つだけでもリストとして返されます。

図1-1-16●glob.glob関数の正規表現によるパターンマッチングの例

glob.glob('boo/*[0-9].txt')

```
glob.glob('boo/*[0-9].txt')
```

```
['boo¥¥議事録1.txt']
```

拡張子が.txtで、末尾が0～9の
数値であるファイル名のリスト！

ディレクトリの中身をすべて調べる

os.listdir関数は、指定したディレクトリの階層だけにあるファイルとフォルダーの名前をリストで返します。しかし、その階層より下のフォルダー（サブディレクトリ）の中身もすべて調べたいケースもあります。その際は、「os.walk」関数を使います。

書式

```
os.walk(top)
```

引数

```
top   :対象のディレクトリのパス
```

引数topに指定したディレクトリよりも下を、走査して調べます。その結果として、戻り値は以下の書式のタプル形式になります。2～3つ目の要素はリストです。

書式

```
(dirpath, dirnames, filenames)
```

要素

```
dirpath      : ディレクトリのパスの文字列
dirnames     : サブディレクトリ名のリスト
filenames    : ファイル名のリスト
```

サブディレクトリがあるならば、そこよりも下のフォルダーやファイルも、同様のタプル形式で返されます。また、サブディレクトリやファイルが1つもなければ、空のリスト（[ ]）が返されます。

os.walk関数の機能や戻り値は、実際の例を見た方が理解が早いでしょう。

例えば、**図1-1-17**のような構成のbooフォルダーがあり、以下のコードを実行したとします（**リスト1-1-24**）。

図1-1-17●os.walk関数の例。サブディレクトリとファイルはリストとして得られる

```
boo
 ├ foo
 │  └ hoge
 │      └ 予算案.xlsx
 │
 ├ photo
 │  ├ img01.jpg
 │  ├ img02.jpg
 │  └ img02.jpg
 │
 ├ data.txt
 ├ スケジュール2.xlsx
 └ 議事録1.txt
```

リスト1-1-24●booフォルダーの中身をすべて調べる

```
for tpl in os.walk('boo'):
    print(tpl)
```

すると、**図1-1-18**のような結果が得られます。

図1-1-18●booフォルダーの中身がすべてタプルおよびリスト形式で出力された

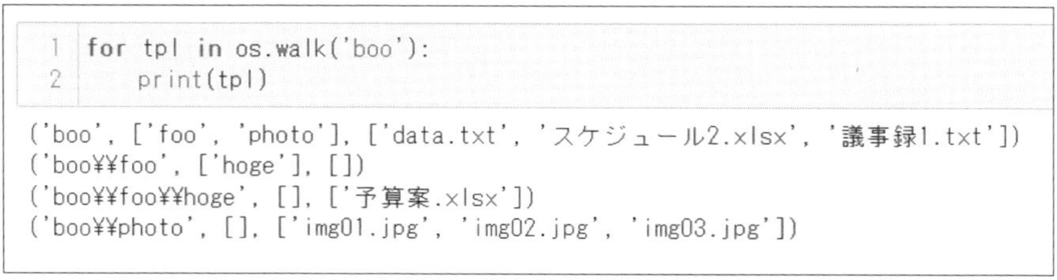
```
for tpl in os.walk('boo'):
    print(tpl)

('boo', ['foo', 'photo'], ['data.txt', 'スケジュール2.xlsx', '議事録1.txt'])
('boo¥¥foo', ['hoge'], [])
('boo¥¥foo¥¥hoge', [], ['予算案.xlsx'])
('boo¥¥photo', [], ['img01.jpg', 'img02.jpg', 'img03.jpg'])
```

走査される順は、基本的には最上位のフォルダーからトップダウンになります。サブディレクトリが複数あるなら、1つのサブディレクトリをすべて走査したあと、次のサブディレクトリを走査します。図1-1-17の例の場合、まずは最上位のbooフォルダーが走査され、次にサブディレクトリのfooフォルダーが走査されます。その次は同じ階層のphotoフォルダーではなく、fooフォルダー以下のサブディレクトリであるhogeフォルダーが走査されます。photoフォルダーはそのあとに走査されます。リスト1-1-24では、for文によって繰り返す度に、順に走査された結果が変数tplに格納され、print関数で出力されます。

なお、省略可能な引数topdownもあります。topdownをFalseに設定すると、**図1-1-19**のように、走査の順番を逆のボトムアップ式にできます。

図1-1-19●引数topdownをFalseに設定した場合の結果

```
for tpl in os.walk('boo', topdown=False):
    print(tpl)
```

```
('boo¥¥foo¥¥hoge', [], ['予算案.xlsx'])
('boo¥¥foo', ['hoge'], [])
('boo¥¥photo', [], ['img01.jpg', 'img02.jpg', 'img03.jpg'])
('boo', ['foo', 'photo'], ['data.txt', 'スケジュール2.xlsx', '議事録1.txt'])
```

ボトムアップで走査される

走査した結果である戻り値のタプル、およびそのタプルの2～3つ目の要素であるディレクトリ名やファイル名のリストから、for文や分割代入などでそれぞれの要素を取り出し、以降の処理に用いましょう。

1-2 日付・時刻の処理に使うライブラリ

Pythonでは日付や時刻を扱うことがしばしばあります。本節ではdatetimeを中心に、日付・時刻の処理に便利なライブラリを取り上げます。

日付や時刻はオブジェクトとして扱う

Pythonで日付や時刻を処理するには、標準ライブラリの1つであるdatetimeを使うのが一般的であり、かつ、なにかと便利です。モジュール名は「datetime」です。

datetimeモジュールでは基本的に、日付や時刻のデータは3種類のオブジェクトで扱います（**表1-2-1**）。

表1-2-1●日付や時刻のデータは3種類のオブジェクトで扱う

オブジェクト	データ
datetime.datetime	日時（日付と時刻）
datetime.date	日付
datetime.time	時刻

「datetime.datetime」オブジェクトは日付と時刻をセットで扱います。同じ「datetime」がピリオドで挟まれて続くかたちになります。「datetime.date」オブジェクトは日付のみ、「datetime.time」オブジェクトは時刻のみ扱えばよい場合に利用します。

最初に、表1-2-1の3種類の日付や時刻のオブジェクトを生成する方法を紹介します。以下の3種類のコンストラクタによって生成でき、戻り値として得られます。

書式

▼日時
```
datetime.datetime(year, month, day, hour, minute, second)
```

```
引数
year     : 年
month    : 月
day      : 日
hour     : 時
minute   : 分
second   : 秒


▼日付
datetime.date(year, month, day)

引数
year    : 年
month   : 月
day     : 日


▼時刻
datetime.time(hour, minute, second)

引数
hour     : 時
minute   : 分
second   : 秒
```

各引数は、整数として指定します。「datetime.datetime」と「datetime.time」のコンストラクタの引数である、hour、minute、secondは省略可能であり、省略すると0を指定したと見なされます。なお、両コンストラクタはほかにも、マイクロ秒やタイムゾーンなど省略可能な引数がありますが、ここでの説明は割愛します。以降のコンストラクタや関数やメソッドも、基本的な引数のみを紹介します。また、厳密には、生成されるのはインスタンスになります。

例えば、「2022年11月25日の15時30分10秒」を日時、日付、時刻それぞれのオブジェクトとして作成し、print関数で出力するコードは以下のようになります（**リスト1-2-1**）。

リスト1-2-1●「2022年11月25日の15時30分10秒」を日時、日付、時刻それぞれのオブジェクトとして作成し、print関数で出力する

```
import datetime ——————(1)

print(datetime.datetime(2022, 11, 25, 15, 30, 10))
print(datetime.date(2022, 11, 25))
print(datetime.time(15, 30, 10))
```


実行結果は**図1-2-1**です。

図1-2-1●生成された日付や時刻のオブジェクトが標準の形式で出力された

```
import datetime

print(datetime.datetime(2022, 11, 25, 15, 30, 10))
print(datetime.date(2022, 11, 25))
print(datetime.time(15, 30, 10))
```

```
2022-11-25 15:30:10
2022-11-25
15:30:10
```

(1)の「import datetime」でdatetimeモジュールをインポートし、以降のコードにて各コンストラクタの引数にそれぞれ目的の日付や時刻の数値を指定しています。実行すると、図1-2-1のような結果になります。日付は「-」、時刻は「:」、日と時の間は半角スペースで区切られたPython標準の形式で出力されます。

なお、各引数は例えば時刻なら0～24以外など、あり得ない日付や時刻の数値を指定すると、ValueErrorが発生します。もし、input関数で手入力するなど、あり得ない日付や時刻の数値が指定される可能性があるなら、値の範囲を事前にチェックするなど対策を施しておくとよいでしょう。以降もValueErrorが発生し得るコンストラクタをいくつか紹介しますが、いずれも同様に対処すればOKです。

現在の日付や時刻を取得する

さらに、datetime.datetimeオブジェクトもdatetime.dateオブジェクトもdatetime.timeオブジェクトも、それぞれdatetime以下のサブモジュールのクラスと

して、さまざまなクラスメソッドや属性（プロパティ）が用意されています。その代表例を紹介します。

まずは現在の日付や時刻の取得です。日時なら「datetime.datetime.now」メソッド（クラスメソッド）、日付なら「datetime.date.today」メソッド（クラスメソッド）を用います。いずれも引数はなしです。また、ともにクラスメソッドなので、前に「オブジェクト名」は付きません。以下も同様です。

なお、以降、クラスメソッドについては、オブジェクトのメソッド（インスタンスメソッド）と区別するため、初出時のみメソッド名の後ろに「(クラスメソッド)」を付けて表記します。

書式

▼日時

```
datetime.datetime.now()
```

▼日付

```
datetime.date.today()
```

「現在の日時」および「現在の日付」を取得し、print関数で出力するコードは以下です（**リスト1-2-2**）。

リスト1-2-2●「現在の日時」および「現在の日付」を取得する

```
print(datetime.datetime.now())
print(datetime.date.today())
```

実行結果は**図1-2-2**です。

図1-2-2●現在の日時および日付をprint関数で出力した結果。日時の秒は小数点以下にマイクロ秒まで含まれる

```
print(datetime.datetime.now())
print(datetime.date.today())
```

```
2022-10-03 11:36:29.830105
2022-10-03
```

ただし、「現在の時刻」だけは、datetime.timeモジュールにはdatetime.datetime.nowメソッドやdatetime.date.todayメソッドのようなメソッドが用意されていないので、少々面倒な方法を取らざるを得ません。まずはdatetime.datetime.nowメソッドで現在の日時のオブジェクト（datetime.datetimeオブジェクト）を取得し、続けてそのオブジェクトの「time」メソッドを実行することで、現在の日時から時刻だけを取り出します。timeメソッドは引数なしになります。

書式

```
datetime.datetimeオブジェクト.time()
```

具体的なコードの例は以下です（**リスト1-2-3**）。なお、datetimeモジュールはインポート済みとします。インポートについては、以下も同様です。

リスト1-2-3●現在の日時から時刻だけを取り出す

```
print(datetime.datetime.now().time())
```

上記コードの実行結果は**図1-2-3**です。時刻のみ取り出したため、オブジェクトの種類はdatetime.timeになります。

図1-2-3●datetime.datetime.nowメソッドで取得した現在の日時から、timeメソッドで時刻のみを取り出した

```
print(datetime.datetime.now().time())
```

```
11:37:04.934485
```

また、上記コードはメソッドチェーンのかたちになっています。メソッドチェーンとは、異なるメソッドを連結して記述することで、連続して実行する方法です。まずは前に書かれたメソッドを実行し、戻り値としてオブジェクトを取得します。あとに書かれたメソッドは、その取得したオブジェクトのメソッドに該当し、それが連続して実行されます。もちろん現在の日時をいったん変数に格納し、その変数に対してtimeメソッドを実行するかたちのコードでも構いません。

さらに日時のdatetime.datetimeオブジェクトに対して、日付のみをdatetime.dateオブジェクトとして取り出すには、「date」メソッドを利用します。例えば「現在の日時」から「日付」のみを取り出すには、メソッドチェーンの形式なら、「datetime.datetime.now().date()」と記述します。

年や月などを個別に取得するには

日付や時刻のオブジェクトから年や月などを個別に取り出すには、**表1-2-2**の属性を利用します。

表1-2-2●日付などのオブジェクトから年や月などを個別に取り出すのに使う属性

種類	属性
年	year
月	month
日	day
時	hour
分	minute
秒	second

表1-2-2の属性は、いずれも整数として得られます。そのため、演算などにそのまま利用できます。

例えば、現在の日時から年だけを整数として取り出して出力するコードは以下になります（**リスト1-2-4**）。

リスト1-2-4●現在の日時から年だけを整数として取り出して出力する

```
dt = datetime.datetime.now()
print(dt.year)
```

上記コードでは現在の日時のオブジェクトはいったん変数dtに格納していますが、もちろんメソッドチェーンを使い、変数を介さないかたちのコードでも取得できます。実行結果は**図1-2-4**です。

図1-2-4●datetime.datetime.nowメソッドで取得した現在の日時から、year属性で年のみを整数として取り出した

```
dt = datetime.datetime.now()
print(dt.year)
```

```
2022
```

ほかにも、年や月などの数値をタプルのような形式で得られる、「timetuple」メソッドがあります。このメソッドはdatetime.datetimeオブジェクトおよびdatetime.dateオブジェクトで使えます。

年や月などを個別に変更する

日時、日付、時刻のオブジェクトはいずれも「replace」メソッドを利用すると、年月日時分秒をそれぞれ指定した値に変更できます。基本的な書式は次の通りです。

書式

▼日時

```
datetime.datetimeオブジェクト.replace(year, month, day, hour, minute, second)
```

```
引数
year     : 年
month    : 月
day      : 日
hour     : 時
minute   : 分
second   : 秒


▼日付
datetime.dateオブジェクト.replace(year, month, day)

引数
year    : 年
month   : 月
day     : 日


▼時刻
datetime.timeオブジェクト.replace(hour, minute, second)

引数
hour     : 時
minute   : 分
second   : 秒
```

各引数は整数で指定します。例えば、現在の日時から日を1に変更（現在の月の初日の日付を取得）して出力するコードは以下です（**リスト1-2-5**）。

リスト1-2-5●現在の日時から日を1に変更(現在の月の初日の日付を取得)して出力する

```
dt = datetime.datetime.now()
print(dt)
print(dt.replace(day=1))
```

replaceメソッドの引数dayに、数値の1を指定しています。引数名ありのかたち（キーワード引数）で指定しています。また、変更前後の比較のため、現在の日時のみを先に出力しています。実行結果は**図1-2-5**です。

図1-2-5●現在の日時を出力し、続けて現在の日時から日のみを1に変更した日時を出力した

```
dt = datetime.datetime.now()
print(dt)
print(dt.replace(day=1))
```

```
2022-10-03 11:40:59.621029
2022-10-01 11:40:59.621029
```


replaceメソッドは日時などのコンストラクタと同様に、あり得ない日付や時刻の数値を指定すると、ValueErrorが発生します。例えば、10月31日の日付の月を9に変更しようとすると、9月の末日は30日であり、31日は存在しないため、ValueErrorになります。月の末日に応じて自動的に変換してくれるわけではないので注意しましょう。

日付・時刻と文字列の相互変換

文字列の日付や時刻をdatetime.datetimeオブジェクトに変換する必要が生じる場合はよくあります。例えば、input関数やWeb/GUIのフォームで入力された日付や時刻を処理したい場合です。文字列として得たファイルの作成日や更新日などの情報を処理したい場合もそうです。逆にdatetime.datetimeオブジェクトを文字列の日付や時刻に変換したい場合も多々あります。

日付や時刻の文字列をdatetime.datetimeオブジェクトに変換するには、「datetime.datetime.strptime」メソッド（クラスメソッド）を使います。

書式

```
datetime.datetime.strptime(date_string, format)
```

引数

date_string　：日付・時刻の文字列
format　：フォーマット

引数formatには、目的のフォーマットを「ディレクティブ」で表した文字列を

指定します。主なディレクティブは**表1-2-3**の通りです。

表1-2-3●主なディレクティブ

ディレクティブ	意味
%Y	西暦(4桁)の10進数の年
%m	10進数の月。1桁なら0で埋める
%d	10進数の日。1桁なら0で埋める
%H	24時間表記の10進数の時。1桁なら0で埋める
%I	12時間表記の10進数の時。1桁なら0で埋める
%M	10進数の分。1桁なら0で埋める
%S	10進数の秒。1桁なら0で埋める
%A	曜日名(「Sunday」など)
%a	曜日名の短縮形(「Sun」など)

ディレクティブはほかにもいろいろあります。それらについては、https://docs.python.jp/3/library/datetime.html#strftime-strptime-behaviorを参照してください。

引数formatはディレクティブに加え、「/」などの固定文字を組み合わせて指定できます。例えば、「2022/11/05 15:05:10」という形式の文字列なら、ディレクティブは以下のように記述します。

```
%Y/%m/%d %H:%M:%S
```

各種ディレクティブに、「/」と「:」と「 」(半角スペース。日にちと時刻の間にある)を組み合わせています。この文字列をdatetime.datetimeオブジェクトに変換して出力するコードは以下になります(**リスト1-2-6**)。

リスト1-2-6●日時をdatetime.datetimeオブジェクトに変換して出力する

```
print(datetime.datetime.strptime(
    '2022/11/05 15:05:10', '%Y/%m/%d %H:%M:%S'))
```

ディレクティブは文字列として指定する必要があるので、「'」で囲っています。実行結果は**図1-2-6**です。

図1-2-6●日時をdatetime.datetimeオブジェクトに変換して出力した結果。オブジェクト化されたため、元の文字列で年月日を区切る「/」の部分はPython標準の形式である「-」で出力される

```
print(datetime.datetime.strptime(
    '2022/11/05 15:05:10', '%Y/%m/%d %H:%M:%S'))
```

```
2022-11-05 15:05:10
```

なお、引数date_stringにディレクティブに指定した形式と異なる形式の文字列を指定したり、あり得ない年など不適切な日付や時刻を指定したりすると、ValueErrorになってしまいます。

datetime.datetimeオブジェクトを文字列に変換するには、同オブジェクトの「strftime」メソッドを用います。

書式

```
datetime.datetimeオブジェクト.strftime(format)
```

引数

format　：フォーマット

引数formatは、datetime.datetime.strptimeメソッドと同じく、目的のフォーマットをディレクティブで表した文字列を指定します。例えば、「2022年11月5日15時5分10秒」のdatetime.datetimeオブジェクトを「2022/11/05 15:05:10」という形式の文字列に変換して出力するコードは以下になります（**リスト1-2-7**）。datetime.datetimeオブジェクトはコンストラクタで生成し、変数dtに格納して使うとします。

リスト1-2-7●「2022年11月5日 15時5分10秒」のdatetime.datetimeオブジェクトを「2022/11/05 15:05:10」という形式の文字列に変換して出力する

```
dt = datetime.datetime(2022, 11, 5, 15, 5, 10)
print(dt.strftime('%Y/%m/%d %H:%M:%S'))
```

実行結果は**図1-2-7**です。

図1-2-7●datetime.datetimeオブジェクトの日時を文字列に変換した例

```
dt = datetime.datetime(2022, 11, 5, 15, 5, 10)
print(dt.strftime('%Y/%m/%d %H:%M:%S'))
```

```
2022/11/05 15:05:10
```

strftimeメソッドは、datetime.dateオブジェクトにもdatetime.timeオブジェクトにも用意されています。ちなみに、datetime.dateオブジェクトでディレクティブに時刻を指定すると、時分秒はすべて「00」になります。datetime.timeオブジェクトでディレクティブに日付を指定すると、日付は1900年1月1日になります。

曜日の処理について

日時や日付から曜日を文字列として取得したければ、前述のdatetime.datetime.strptimeメソッドを利用するのが手軽です。ディレクティブは表1-2-3に示すとおり、フルスペルの曜日表示なら「%A」、短縮形表示なら「%a」を指定します。フルスペルの曜日とは、例えば土曜なら「Saturday」の形式になります。短縮形は「Sat」など3文字のみの形式です。

さらに日本語で取得することも可能です。その場合、事前に「ロケール」を日本に設定する必要があります。ロケールとはザックリ言えば、国や地域に応じた言語や時刻などの設定のことです。日本語の場合、フルスペルの曜日は例えば「土曜日」など、「〜曜日」の形式になります。短縮形は「土」など1文字のみの形式です。

ロケールを変更する処理は、標準ライブラリのlocaleの「locale.setlocale」関数を用います。書式の詳しい説明は割愛しますが、ロケールを日本に設定するには第1引数に「locale.LC_ALL」を指定し、第2引数に文字列「ja_JP.UTF-8」を指定します。ロケールの標準はUS（米国）であり、もしUSに戻したければ、第2引数に文字列「en_US.UTF-8」を指定します。

例えば、「2022年11月5日 15時5分10秒」のdatetime.datetimeオブジェクトから、日本語の曜日をフルスペルおよび短縮形で取得して出力するコードは以下です（**リスト1-2-8**）。

リスト1-2-8●日本語の曜日をフルスペルおよび短縮形で取得して出力する

```
import locale ────────────(1)

locale.setlocale(locale.LC_ALL, 'ja_JP.UTF-8') ────────────(2)
dt = datetime.datetime(2022, 11, 5, 15, 5, 10)
print(dt.strftime('%A'))
print(dt.strftime('%a'))
```

実行結果は**図1-2-8**です。

図1-2-8●日本語の曜日を文字列で取得。(2)でロケールを日本に変更している。モジュール名は「locale」であり、(1)でインポート

```
import locale

locale.setlocale(locale.LC_ALL, 'ja_JP.UTF-8')
dt = datetime.datetime(2022, 11, 5, 15, 5, 10)
print(dt.strftime('%A'))
print(dt.strftime('%a'))
```

```
土曜日
土
```

また、datetime.datetimeオブジェクトの「weekday」メソッドを使えば、月曜日を0～日曜日を6とする番号の数値が得られます。引数は不要です。例えば、上記コードで変数dtから曜日の番号を取得するには、「dt.weekday()」と記述します。同メソッドはdatetime.dateオブジェクトでも使えます。

「～日後」などを求めるには

「～日後」や「～時間後」といった差分から日時を求めるには、「datetime.timedelta」オブジェクトを用います。差分の日時を得るためのオブジェクトです。同オブジェクトを生成するコンストラクタの書式は以下です。

書式

```
datetime.timedelta(days, seconds, minutes, hours)
```

引数

```
days     : 日数
seconds  : 秒数
minutes  : 分数
hours    : 時数
```

引数はすべて整数を指定します。「～後」なら正の値、「～前」なら負の値を指定します。また、いずれも省略可能です。なお、ほかにもマイクロ秒数や週数などの引数もありますが、ここでは割愛します。

このdatetime.timedeltaオブジェクトのコンストラクタで目的の差分のオブジェクト（datetime.timedeltaオブジェクト）を生成し、基準となる日付や時刻に加算します。加算は＋演算子で行えます。もちろん、月をまたいでも、その月の日数に応じて日付は計算されます。

例えば、「2022年11月5日 15時5分10秒」から「30日と4時間後」の日時を求めるコードは以下になります（**リスト1-2-9**）。差分のオブジェクトは変数tdに格納するとします。

リスト1-2-9●「2022年11月5日 15時5分10秒」から「30日と4時間後」の日時を求める

```
dt = datetime.datetime(2022, 11, 5, 15, 5, 10)
td = datetime.timedelta(days=30, hours=4)
print(dt + td)
```

実行結果は**図1-2-9**です。

図1-2-9●datetime.timedeltaオブジェクトによって、「2022年11月5日 15時5分10秒」から「30日と4時間後」の日時として、「2022年12月5日 19時5分10秒」が得られた

```
dt = datetime.datetime(2022, 11, 5, 15, 5, 10)
td = datetime.timedelta(days=30, hours=4)
print(dt + td)
```

```
2022-12-05 19:05:10
```


もし、30日前や4時間前の日時を求めたければ、引数daysには−30、hoursには−4といった負の値を指定します。

datetime.timedeltaオブジェクトは便利なものの、年や月の数を指定する引数は残念ながら用意されていません。例えば「〜カ月後」を求めるには、基準の日付と以降に続く月の日数を考慮して引数daysを指定しなければならないなど、コードが複雑になってしまいます。

年や月単位の差分はdateutilモジュールの「dateutil.relativedelta.relativedelta」オブジェクトを利用するのが便利です。dateutilモジュールは外部ライブラリ「dateutil」のモジュールですが、Anacondaに標準で備わっています。コンストラクタの書式は以下です。

書式

```
dateutil.relativedelta.relativedelta(years, months)
```

引数

years　：年数
months　：月数

引数はすべて整数を指定します。「〜後」なら正の値、「〜前」なら負の値を指定します。また、いずれも省略可能です。また、ほかにも省略可能な引数がいくつかありますが、詳細な解説は割愛します。

例えば、「2022年11月5日 15時5分10秒」の3カ月後および5年前の日時を求めるコードは以下になります（**リスト1-2-10**）。

リスト1-2-10●「2022年11月5日 15時5分10秒」の
3カ月後および5年前の日時を求める

```
import dateutil

dt = datetime.datetime(2022, 11, 5, 15, 5, 10)
print(dt + dateutil.relativedelta.relativedelta(months=3))
print(dt + dateutil.relativedelta.relativedelta(years=-5))
```

実行結果は**図1-2-10**です。

図1-2-10●dateutil.relativedelta.relativedeltaオブジェクトによって、
3カ月後および5年前の日時を求める

```
import dateutil

dt = datetime.datetime(2022, 11, 5, 15, 5, 10)
print(dt + dateutil.relativedelta.relativedelta(months=3))
print(dt + dateutil.relativedelta.relativedelta(years=-5))
```

```
2023-02-05 15:05:10
2017-11-05 15:05:10
```

なお、通常はコンストラクタ名の記述量を減らすため、「from dateutil.relativedelta import relativedelta」とインポートします。これでコンストラクタ名の記述は「relativedelta」だけで済みます。

また、dateutilモジュールにはほかにも、文字列から日時のオブジェクトに変換する「dateutil.parser.parse」関数もあります。datetime.datetime.strptimeメソッドと同じ機能ですが、「/」で区切られた日付など、標準的な形式の日時の文字列なら、ディレクティブを指定しなくとも変換できるので、コードがよりシンプルになります。

エポック秒を扱うには

コンピュータの世界では、「エポック秒」を用いることがあります。エポック秒とは、協定世界時（UTC）の1970年1月1日0時0分0秒からの経過秒数です。UNIX時間とも呼ばれます。

Pythonでは、標準ライブラリのtimeの「time.time」関数を使えば、現在のエポック秒を得られます。引数なしで実行します。float型の小数として得られます。モジュール名は「time」です。

そして、datetimeモジュールの「datetime.datetime.fromtimestamp」メソッド（クラスメソッド）を使えば、エポック秒をdatetime.datetimeオブジェクトの日時に変換できます。

書式

```
datetime.datetime.fromtimestamp(timestamp)
```

引数

```
timestamp  ： エポック秒
```

例えば、現在のエポック秒を取得して出力し、かつ、datetime.datetimeオブジェクトの日時に変換して出力するコードは以下です（**リスト1-2-11**）。エポック秒は変数esに格納するとします。

リスト1-2-11●現在のエポック秒を出力し、かつ、datetime.datetimeオブジェクトの日時に変換して出力する

```
import time

es = time.time()
print(es)
print(datetime.datetime.fromtimestamp(es))
```

実行結果は**図1-2-11**です。

図1-2-11●現在のエポック秒を取得して出力。さらにそのエポック秒をdatetime.datetimeオブジェクトに変換して出力

```
import time

es = time.time()
print(es)
print(datetime.datetime.fromtimestamp(es))
```

```
1664765260.2674997
2022-10-03 11:47:40.267500
```

timeモジュールはほかに、指定した秒数の間だけプログラムの実行を停止できる「time.sleep」関数があります。引数には停止時間を秒単位の整数で指定します。

1-3

テキスト、CSV、JSONを操作するライブラリ

プログラミングの世界では、OSや言語をまたぎ、共通してよく使われる形式のデータおよびファイルが何種類かあります。本節ではそれらの中で、テキスト、CSV、JSONの3つをPythonで操作するライブラリを紹介します。

テキストファイルを開く

テキストファイルの操作方法を解説します。具体的には、テキストファイルの読み書きの方法です。なお、Pythonではテキストファイルは組み込み関数を使って操作します。厳密にはライブラリではありませんが、このあと解説するCSVやJSONのファイル読み書き処理にも必須となる基礎的な関数なので、最初にしっかり解説しておきます。

テキストファイルを開くには、組み込み関数の「open」関数を用います。基本的な書式は以下です。

書式

```
open(file, mode, encoding, newline)

引数
file        : ファイル名
mode        : ファイルが開かれるモード
encoding    : 文字コード
newline     : 改行モードの動作
```

引数file以外は、省略可能です。ほかにも省略可能な引数がありますが、ここでの説明は割愛します。以降の関数やメソッドも、基本的な引数のみを紹介します。

引数fileには、目的のテキストファイルを文字列として指定します。ホームディレクトリにないファイルならば、パス付きで指定します。ホームディレクトリは1-1で解説したように、標準状態ではプログラムのファイル（Jupyter Notebookでは.ipynbファイル）と同じディレクトリ（Windows 10ならC:¥Users¥＜ユー

ザー名＞）になります。

open関数は戻り値として、開いたファイルの「file」オブジェクトを返します。そのfileオブジェクトを以降の処理で用います。なお、open関数はコンピュータの内部的にファイルを開くだけなので、画面上には表示されません。

例えば、ホームディレクトリにあるテキストファイルsample1.txtを開き、そのfileオブジェクトを変数fに格納するコードは以下になります（**リスト1-3-1**）。組み込み関数なのでimport文は不要です。また、sample1.txtの文字コードは、Windows標準のANSIとします。

リスト1-3-1●sample1.txtを開き、そのfileオブジェクトを変数fに格納する

```
f = open('sample1.txt')
```

PythonのプログラムではANSIのほかに、UTF-8のテキストファイルを扱う機会も多くあります。UTF-8のテキストファイルをopen関数で開くには、必ず引数encodingに文字列「utf-8」を指定しなければなりません。仮に文字コードがUTF-8のテキストファイルsample2.txtがあるなら、「open('sample2.txt', encoding='utf-8')」と書きます。この前に省略している引数（modeとbuffering）があるので、必ず引数名あり（キーワード引数）で記述します。

また、同引数は省略するとANSIを指定したと見なされ、UTF-8のテキストファイルの読み書きでエラーになってしまいます。

なお、UTF-8のテキストファイルには「BOM付き」というのがあります。「BOM」(Byte Order Mark）とは、エンコーディングの種類などを指定する数バイトのデータであり、UTF-8などUnicode系のファイルの先頭に付与されます。open関数は、BOM付きファイルであっても、同様に引数encodingに「utf-8」を指定すれば、問題なく開いて読み書きできます。

また、open関数で引数encodingを省略した際、厳密には必ずANSIというわけではなく、OSの標準の文字コードを指定したと見なされます。つまり、OSの種類によって異なります。Windowsは標準がANSIなので、省略時はANSIが指定されます。

引数modeの使い方は、読み書きの方法と併せて解説します。読み書きの処理と密接に関係する引数であるからです。引数newlineはCSVファイルに書き込む際に重要となるので、あとで改めて解説します。

テキストファイルを読み込む

テキストファイルの読み込みは、fileオブジェクトの「read」メソッドで行います。ファイルの中身全体をテキストとして読み込むメソッドです。引数なしで実行すると、読み込んだテキストが戻り値として得られます。

書式

```
fileオブジェクト.read()
```

ほかにも、ファイルの中身全体をリストとして読み込む「readlines」メソッド、先頭から1行ずつ文字列として読み込む「readline」メソッドなどもありますが、ここでの説明は割愛します。

open関数で開いたファイルは、処理が終わったら閉じる必要があります。閉じずに開いたままだと、エクスプローラー上でのファイルの移動や名前変更ができなくなるなどの弊害が生じます。

ファイルを閉じる処理は、fileオブジェクトの「close」メソッドで行えます。引数なしで実行します。

書式

```
fileオブジェクト.close()
```

ここで例を紹介しましょう。**図1-3-1**のようなテキストファイル「sample1.txt」がホームディレクトリにあるとします。このファイルの文字コードはANSIとします。Windows標準の文字コードです。

図1-3-1●メモ帳を使い、sample1.txtを手動で開いた画面

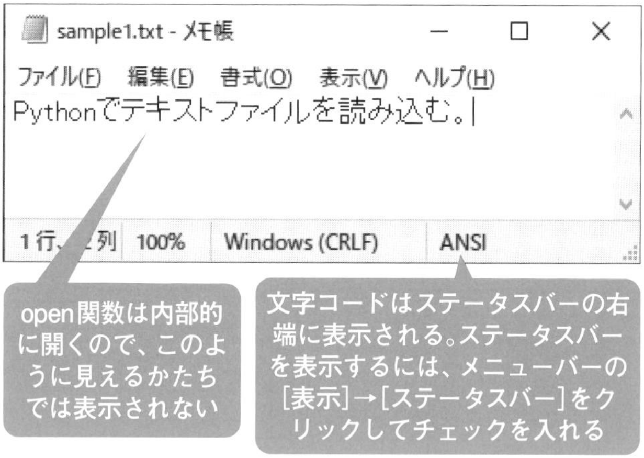

このsample1.txtの中身全体を読み込み、print関数で出力するコードは以下になります（**リスト1-3-2**）。

リスト1-3-2●sample1.txtの中身全体を読み込み、print関数で出力する

```
f = open('sample1.txt')
print(f.read())
f.close()
```

fileオブジェクトは変数fに格納しています。readメソッドでテキストとして読み込んだ中身を出力したあと、closeメソッドで閉じます。

実行結果は、**図1-3-2**のとおりです。

図1-3-2●リスト1-3-2の実行結果。sample1.txtの中身を読み込んで出力

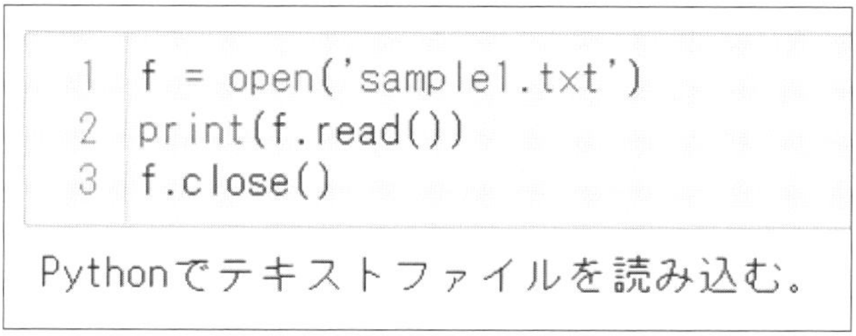

さて、ファイルを閉じるためにcloseメソッドをいちいち記述するのは面倒なものです。いくつも分岐するようなプログラムなどの場合、つい記述を忘れてトラブルが起こりがちです。

そこでオススメしたいのが、with文です。ファイルを閉じる処理が不要になります。書式のポイントのみを大まかに表すと、以下になります。

書式

```
with EXPR as VAR:
    BLOCK
```

引数

EXPR　：open関数でファイルを開く処理
VAR　：変数
BLOCK　：ファイルの処理

withに続く「EXPR」の部分に、open関数でファイルを開く処理を記述します。asに続く「VAR」の部分に変数を記述します。ここに記述した変数に、open関数の戻り値であるfileオブジェクトが格納されます。その後ろの「:」を書き忘れないよう注意しましょう。そして、「BLOCK」の部分に、ファイルを開いたあとに実行したい処理を記述します。必ず1段インデントして記述します。

このブロックに記述された処理が正常に終わっても終わらなくても、自動でファイルを閉じてくれます。つまり、closeメソッドによる閉じる処理が不要になるので、記述忘れによるトラブル自体が発生しません。

リスト1-3-2のコードをwith文で書き換えると以下になります（**リスト1-3-3**）。fileオブジェクトを格納する変数は同じくfを用いています。

リスト1-3-3●リスト1-3-2のコードをwith文で書き換えた

```
with open('sample1.txt') as f:
    print(f.read())
```

テキストファイルへ書き込む

テキストファイルに書き込む処理は、大きく分けて次の流れになります。

【STEP1】ファイルを書き込みモードで開く

【STEP2】文字列を書き込む

【STEP1】にて書き込みモードで開くには、open関数の引数modeで設定します。引数modeに指定可能な主な文字は**表1-3-1**です。上書きモードで開くなら「w」、追記モードで開くなら「a」を文字列として指定します。

表1-3-1●open関数の引数modeに指定できる主な文字

文字	意味
r	読み込み
w	上書きで書き込み
a	追記で書き込み
x	排他的書き込み
b	バイナリモード

【STEP2】は、書き込む処理の本体です。fileオブジェクトの「write」メソッドを用います。引数stringに指定するデータは必ず文字列型にします。

書式

```
fileオブジェクト.write(string)
```

引数

string　：書き込みたい文字列

例えば、先ほどの例と同じsample1.txtを使い、文字列「書き込みもできます。」を上書きで書き込むコードは以下です（**リスト1-3-4**）。

リスト1-3-4●上書きで書き込むコード

```
with open('sample1.txt', 'w') as f:
    f.write('書き込みもできます。')
```

実行結果は、**図1-3-3**です。

図1-3-3●上書きの実行結果。実行後にsample1.txtをメモ帳にて手動で開いた画面

▼上書きモード　引数modeは「w」

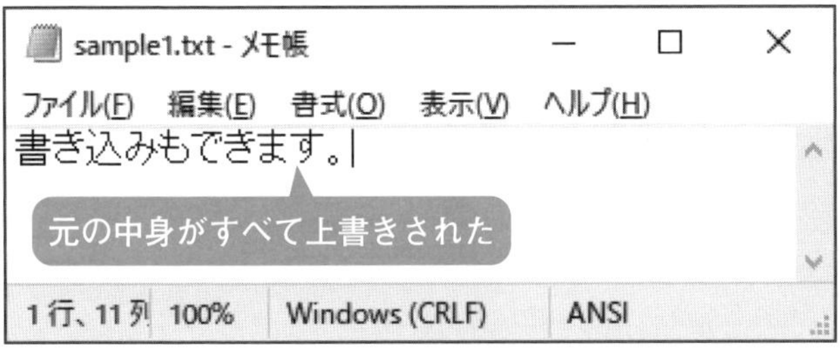

追記で書き込むコードは以下です（**リスト 1-3-5**）。

リスト1-3-5●追記で書き込むコード

```
with open('sample1.txt', 'a') as f:
    f.write('書き込みもできます。')
```

実行結果は、**図 1-3-4** です。

図1-3-4●追記の実行結果。実行後にsample1.txtをメモ帳にて手動で開いた画面

▼追記モード　引数modeは「a」

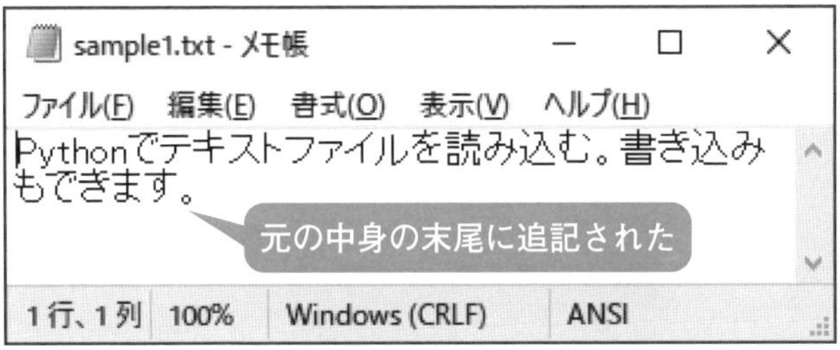

コードを解説します。

リスト 1-3-4 は引数 mode に「w」を指定し、上書きモードで sample1.txt を開いています。よって、write メソッドを実行すると図 1-3-3 のように、元の文章が

すべて上書きされました。

リスト1-3-5は引数modeに「a」を指定し、追記モードでsample1.txtを開いたため、図1-3-4のように元の文章の後ろに追記されました。

なお、open関数の引数modeを省略すると、文字列「r」を指定したと見なされ、読み込み専用で開くことになります。リスト1-3-2がそれに該当します。この場合、writeメソッドでの書き込みはできません。

CSVファイルを読み込む

CSV（Comma Separated Values）とは、以下の形式でテキストが並んだデータフォーマットです。表形式のデータを汎用的に扱える形式です。

- **列は「,」（カンマ）で区切る**
- **行は改行で区切る**

CSV形式のテキストが収められたファイルがCSVファイルであり、拡張子は「.csv」です。Excelをはじめとするさまざまなアプリケーションやシステム等で広く活用されています。また、CSVファイルの正体はテキストファイルなので、メモ帳などのテキストエディタで開いて閲覧・編集することも可能です。文字コードもANSIやUTF-8などがあります。改行コードもOSによって異なります。WindowsならCR+LF（¥r¥n）です。

PythonでCSVファイルを扱う際も、正体はテキストファイルということから、同様にopen関数で開き、fileオブジェクトのreadメソッドとwriteメソッドで読み書きができます。加えて、標準ライブラリのcsvの関数も利用できます（モジュール名は「csv」）。CSVファイルの扱いに、より便利な関数となっています。

CSVファイルを読み込むには、まずはopen関数で開きます。引数fileには、目的のCSVファイル名を指定します。引数modeも引数encodingも、指定方法はテキストファイルと同じです。

開いたあと、fileオブジェクトのreadメソッドを使うと、CSVファイルの中身を丸ごと1つのテキストとして読み込むことになります。一方、csvモジュールの「csv.reader」関数を使うと、行ごとに順に処理できる「reader」オブジェクトというかたちで読み込めます。

書式

```
csv.reader(csvfile)
```

引数

```
csvfile  : fileオブジェクト
```


引数csvfileには、目的のCSVファイルのfileオブジェクトを指定します。すると、そのreaderオブジェクトが戻り値として得られます。

readerオブジェクトはリストのように要素を順に処理可能なオブジェクトであり(そのような性質を「イテラブル」と呼びます)、for文でループを回すと、CSVファイルの先頭から1行ずつ取り出せます。取り出した行は、各列のデータが要素となるリストです。

例を提示します。**図1-3-5**のようなCSVファイル「sample3.csv」がホームディレクトリにあるとします。文字コードはUTF-8とします。

図1-3-5●メモ帳を使い、sample3.csvを手動で開いた画面

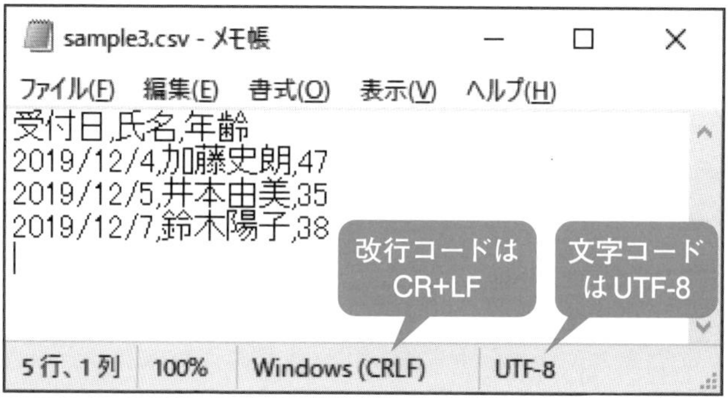

このsample3.csvの行をリストとして先頭から順に取り出し、print関数で出力するコードが、**リスト1-3-6**です。

リスト1-3-6●sample3.csvの行をリストとして先頭から順に取り出し、print関数で出力する

```
import csv ―――――――(1)

with open('sample3.csv', encoding='utf-8') as f: ―――――――(2)
```

```
reader = csv.reader(f) ――――――――(3)
for row in reader:
    print(row)
```

(1) でcsvモジュールをインポートしたら、(2) でopen関数によって読み込みモードで開きます。そのfileオブジェクトである変数fを、(3) のcsv.reader関数の引数に指定し、readerオブジェクトを変数readerに格納しています。あとはfor文を使い、変数rowにsample3.csvの行を順に取り出して出力しています。

リスト1-3-6の実行結果は**図1-3-6**です。各行がリスト形式になっていることがわかります。

図1-3-6●リスト1-3-6の実行結果。sample3.csvの先頭から行を順に取り出して出力。各行はリスト形式になっている

```
import csv

with open('sample3.csv', encoding='utf-8') as f:
    reader = csv.reader(f)
    for row in reader:
        print(row)
```

```
['受付日', '氏名', '年齢']
['2019/12/4', '加藤史朗', '47']
['2019/12/5', '井本由美', '35']
['2019/12/7', '鈴木陽子', '38']
```

readerオブジェクトとfor文の組み合わせは、先頭から順に行を取り出すことになり、指定した行をピンポイントで取り出せません。readerオブジェクトは2次元リストではないので、インデックスを付けても行を取り出せないのです。

そのような場合は、組み込み関数の「list」関数を利用すれば、readerオブジェクトを2次元リストに一発で変換できます。list関数はイテラブルな値をリストに変換して返します。例えば、**リスト1-3-7**のコードのように、変数readerをlist関数の引数に指定して2次元リストに変換し、戻り値を変数csvlistに格納します。変数csvlistをprint関数で出力すると、2次元リストが出力されます。これで目的の行をインデックスで取り出せるようになりました。

リスト1-3-7●変数readerをlist関数の引数に指定し、戻り値を変数csvlistに格納するreaderオブジェクトを2次元リストに変換して出力する

```
import csv

with open('sample3.csv', encoding='utf-8') as f:
    reader = csv.reader(f)
    csvlist = list(reader)
    print(csvlist)
```

リスト1-3-7の実行結果は**図1-3-7**です。

図1-3-7●リスト1-3-7の実行結果。readerオブジェクトをlist関数で2次元リストに変換して出力。「[ ]」が2重の2次元リストになっている

```
import csv

with open('sample3.csv', encoding='utf-8') as f:
    reader = csv.reader(f)
    csvlist = list(reader)
    print(csvlist)
```

```
[['受付日', '氏名', '年齢'], ['2019/12/4', '加藤史朗', '47'], ['2019/12/5', '井本由美', '35'], ['2019/12/7', '鈴木陽子', '38']]
```

なお、csv.reader関数にはほかに、省略可能な引数delimiterがあり、データの区切り文字を「,」以外に設定できます。スペースやタブなどでデータが区切られたファイルを読み込む用途に利用できます。

書き込み時は引数newlineを必ず指定

CSVファイルに書き込む際も、まずはopen関数で開くのですが、その際に忘れてはならないのが、引数newlineに空の文字列「''」（シングルクォーテーションが2つ並んだもの）を指定することです。この指定がないと、追加した行の後ろに、余分な改行が加わってしまいます（のちほど具体例を紹介します）。なお、この現象はWindowsのような改行コードがCR+LF（¥r¥n）の環境のみで起こります。

目的のCSVファイルを開いたあと、fileオブジェクトのwriteメソッドを使えば書き込めますが、行単位で追記して書き込むなら、csvモジュールの「writer」オブジェクトの「writerow」メソッドを使うのが便利です。writeメソッドの場合、カンマ区切りかつ末尾に改行コードを付与し、数値は文字列に変換するなど、CSVの行の形式に整形する処理を自分で記述しなければなりませんが、writerowメソッドならその手間は不要です。

まずは「csv.writer」コンストラクタによって、writerオブジェクトを生成します。書式は次の通りです。

書式

```
csv.writer(csvfile)

引数
csvfile  : fileオブジェクト
```

引数csvfileには、目的のCSVファイルのfileオブジェクトを指定します。すると、そのwriterオブジェクトが戻り値として得られます。

writerowメソッドの書式は次の通りです。

書式

```
writerオブジェクト.writerow(row)

引数
row  : 行のデータ
```

引数rowには、書き込みたい行のデータをリスト形式で指定します。すると、自動的にリストの各要素が「,」で連結され、末尾に改行コードが付与され、数値は文字列に変換された上で、行としてCSVファイルに保存されます。

例を提示します。前述の図1-3-5と同じsample3.csvがホームディレクトリにあるとし、以下の行を末尾に追記したいとします。

```
1列目       2列目    3列目
2019/12/8 大野一成  43
```

そのコードは**リスト1-3-8**です。実行結果は**図1-3-8**です。

リスト1-3-8●sample3.csvの末尾にデータを追記するコード

```
import csv

with open('sample3.csv', 'a', encoding='utf-8', newline='') as f:
    writer = csv.writer(f)
    writer.writerow(['2019/12/8','大野一成',43])
```

図1-3-8●リスト1-3-8の実行後、sample3.csvを開いた結果。
sample3.csvの末尾に1行ぶんデータが追記された

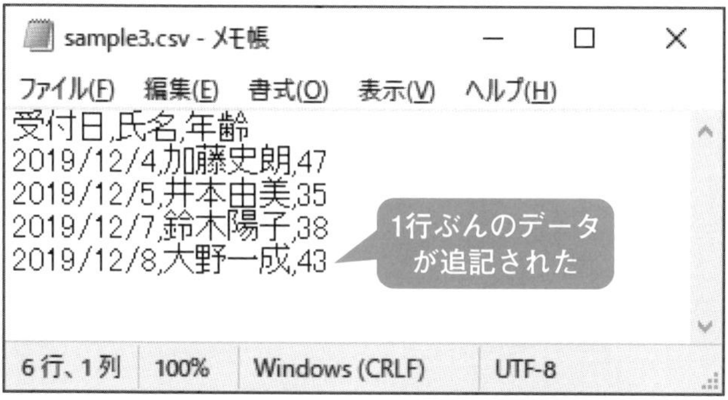

引数encodingと引数newlineはその前で他の引数を省略しているため、引数名あり（キーワード引数）で指定する必要があります。

生成したwriterオブジェクトは変数writerに格納して使っています。writerowメソッドの引数に指定しているリストは「['2019/12/8','大野一成',43]」です。3番目（CSVファイルの3列目）の要素の43は数値として指定していますが、実行結果を見るとテキストに変換されていることがわかります。

ここで、引数newlineを指定した場合と指定しない場合の違いを解説します。比較した結果をわかりやすくするため、2行ぶんのデータを続けて追記するとします。

まずは指定した場合のコードです。コードは**リスト1-3-9**で、実行結果は**図1-3-9**です。

リスト1-3-9●引数newlineの指定ありで2行追記する

```
import csv

with open('sample3.csv', 'a', encoding='utf-8', newline='') as f:
    writer = csv.writer(f)
    writer.writerow(['2019/12/8','大野一成',43])
    writer.writerow(['2019/12/9','小栗知之','49'])
```

図1-3-9●引数newlineの指定ありでデータを追記

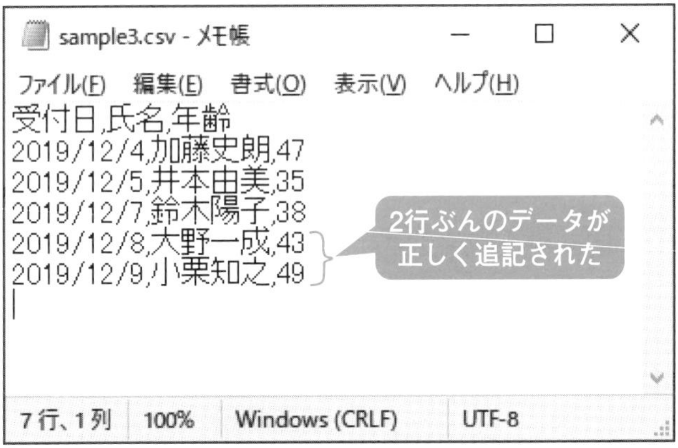

一方、引数newlineの指定なしのコードが**リスト1-3-10**、実行結果が**図1-3-10**です。

リスト1-3-10●引数newlineの指定なしで2行追記する

```
import csv

with open('sample3.csv', 'a', encoding='utf-8') as f:
    writer = csv.writer(f)
    writer.writerow(['2019/12/8','大野一成',43])
    writer.writerow(['2019/12/9','小栗知之','49'])
```

図1-3-10●引数newlineの指定なしでデータを追記

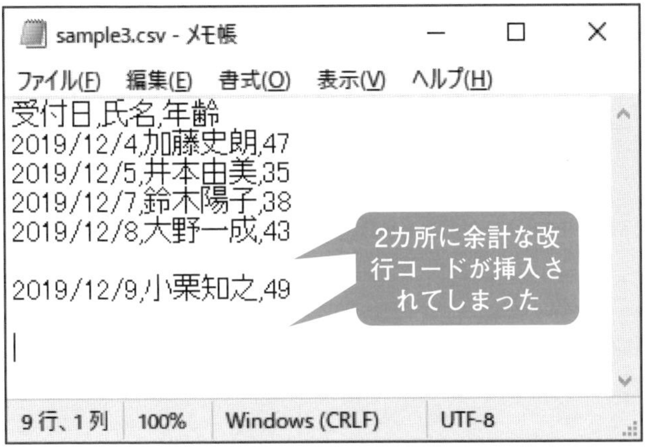

この現象はwriterowメソッドおよびopen関数の“クセ”のようなものですが、いずれにせよ引数newlineを忘れると意図通り書き込めなくなるので、忘れないよう注意しましょう。

csvモジュールにはほかにも、CSVファイルの各データを辞書形式で読み込む「csv.DictReader」関数、辞書形式で書き込む「csv.DictWriter」関数などがあります。

BOM付きCSVファイルの扱い方

CSVファイルはテキストファイルの一種でもあるので、文字コードがUTF-8の場合、BOM付きとBOMなしの2種類があります。CSVファイルはExcelでも扱えますが、BOM付きでないと、Excelで開いた際に日本語が文字化けしてしまいます。

また、ExcelでCSVファイルを文字コードUTF-8で新規作成すると、自動的にBOM付きになります。メモ帳で新規作成して保存する際は、「名前を付けて保存」ダイアログの「文字コード」のドロップダウンでは、[UTF-8] に加え [UTF-8(BOM付き)] があります。後者を選べばBOM付きで保存できます。

BOM付きCSVファイルはExcelやメモ帳で開いた際は先頭数バイトのBOMデータは無視されます。Pythonでもfileオブジェクトのreadメソッドで読み込むなら無視されますが、csvモジュールのreaderオブジェクトで読み込むと、一番先頭のデータにBOMデータが付与されてしまいます。

BOMなしとBOM付きのCSVファイルの例を提示します。先ほどの例に用いたsample3.csvはBOMなしですが、Excelで開くと**図1-3-11**の＜A＞のように文字化けします。一方、図1-3-11の＜B＞のようなBOM付きのsample4.csvがあるとします。Excelで開くと、図1-3-11の＜C＞のように文字化けしません。

図1-3-11●BOM付きとBOMなしのCSVファイルそれぞれを、Excelとメモ帳で読み込んだ場合の違い

<A>BOMなしのsample3.csvをExcelで開いた画面

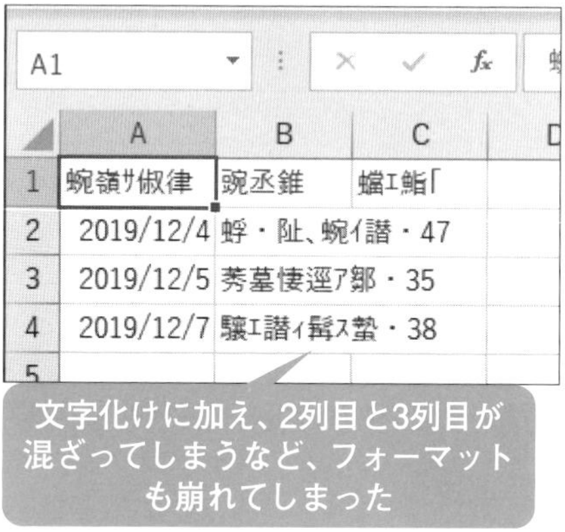

<B>BOM付きのsample4.csvをメモ帳で開いた画面

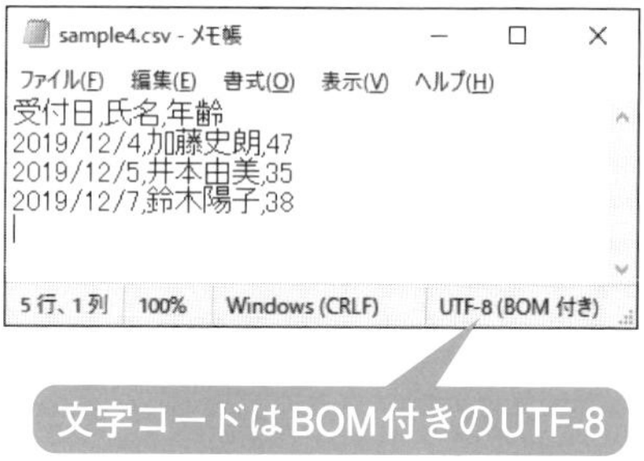

<C>BOM付きのsample4.csvをExcelで開いた画面。文字化けはなし

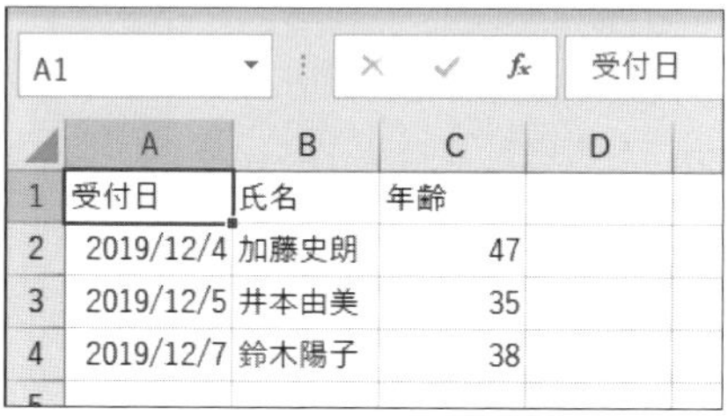

そして、BOM付きCSVファイルを読み込む場合、open関数の引数encodingに「utf-8-sig」を指定する必要があります。そうしないと、先頭のデータにBOMの値が付いてしまいます。

例えば、sample4.csvを読み込んで1行ずつ出力するコードで、**リスト1-3-11**

のように引数encodingに「utf-8」を指定したとします。

リスト1-3-11●sample4.csvを読み込んで1行ずつ出力するコードで、引数encodingに「utf-8」を指定

```
import csv

with open('sample4.csv', encoding='utf-8') as f:
    reader = csv.reader(f)
    for row in reader:
        print(row)
```

リスト1-3-11を実行すると、**図1-3-12**のように、1行目の先頭要素の冒頭にBOMの値「¥ufeff」が付いてしまいます。

図1-3-12●引数encodingに「utf-8」を指定した結果

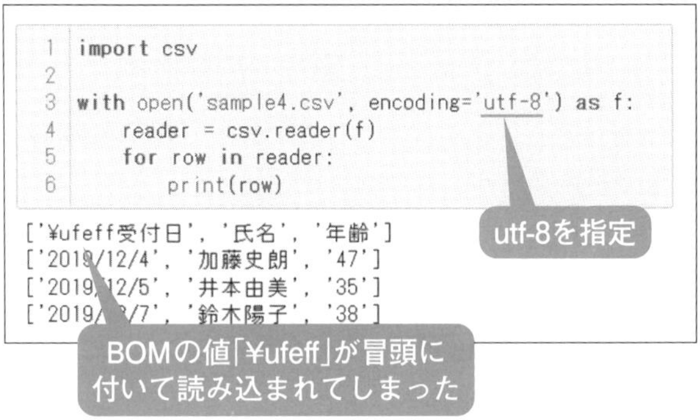

しかし、**リスト1-3-12**のように引数encodingに「utf-8-sig」を指定すれば、**図1-3-13**のように正しく読み込めます。

リスト1-3-12●sample4.csvを読み込んで1行ずつ出力するコードで、引数encodingに「utf-8-sig」を指定

```
import csv

with open('sample4.csv', encoding='utf-8-sig') as f:
    reader = csv.reader(f)
    for row in reader:
        print(row)
```

図1-3-13●引数encodingに「utf-8-sig」を指定した結果

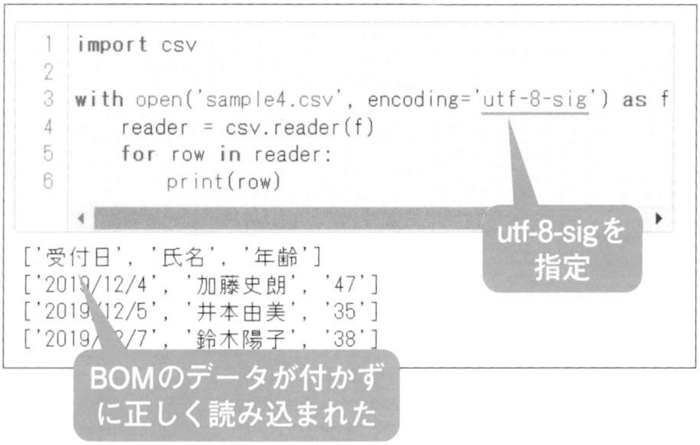

このように、BOM付きのCSVファイルを扱う際は、引数encodingに「utf-8-sig」を指定しましょう。

JSONファイルを読み書きする

JSONも、Webをはじめ、さまざまな分野で幅広く利用されているデータフォーマットです。以下の形式のテキストデータになります。

- **keyとvalueを「:」で挟んで記述**
- **keyがデータの項目名、valueがデータの値そのもの**
- **文字列は「"」または「'」で囲む**
- **複数の「key:value」を並べる際は「,」で区切る**
- **複数の「key:value」のまとまりは「{}」で囲む**
- **valueがリストなら「[]」で囲む**

JSON形式のテキストが収められたファイルがJSONファイルであり、拡張子は「.json」です。CSVファイルと同じく、JSONファイルの正体はテキストファイルなので、メモ帳などで閲覧・編集できます。文字コード等も同様です。

PythonでJSONを操作するには、標準ライブラリのjsonを用います（モジュール名は「json」）。読み込むには、まずはopen関数で開きます。開き方はテキストファイルやCSVファイルと同じであり、open関数の引数fileに目的のJSONファイル名を指定します。

そのfileオブジェクトのreadメソッドを使えば、JSON形式のテキストを丸ごと読み込めます。そして、jsonモジュールの「json.load」関数を使えば、辞書形式で読み込めます。

書式

```
json.load(fp)
```

引数

```
fp  : fileオブジェクト
```

引数fpには、目的のJSONファイルのfileオブジェクトを指定します。すると、JSON形式のテキストデータが辞書に変換され、戻り値として得られます。

例を提示します。**図1-3-14**のようなJSONファイル「sample5.json」がホームディレクトリにあるとします。文字コードはUTF-8とします。文字列は「"」で囲むとします。

図1-3-14●読み込みの例に用いるjsonファイル

メモ帳を使い、sample5.jsonを手動で開いた画面

json.load関数によってsample5.jsonを辞書形式で読み込み、print関数で出力するコードが**リスト1-3-13**です。

リスト1-3-13●sample5.jsonを辞書形式で読み込み、print関数で出力する

```
import json ――――――――――(1)

with open('sample5.json', encoding='utf-8') as f: ――――――――(2)
    d = json.load(f) ――――――――――(3)
    print(d)
```

実行結果は、**図1-3-15**です。

図1-3-15●sample5.jsonを辞書形式で読み込み出力。
改行やインデントはなくなっているが、辞書の形式になっている

```
import json

with open('sample5.json', encoding='utf-8') as f:
    d = json.load(f)
    print(d)
```

```
{'itemname': 'NPCnote', 'price': 59800, 'spec': {'CPU':
'Core i5', 'メモリ': '8GB'}}
```

リスト1-3-13を説明します。(1) でjsonモジュールをインポートし、(2) でopen関数の戻り値であるfileオブジェクトを変数fに格納しています。(3) では、json.load関数の引数に変数fを指定することで、sample5.jsonの中身を辞書形式で読み込み、変数dに格納しています。

変数dは辞書なので、d[key]のかたちで値を取り出すことができます。それに対し、sample5.jsonの中身はあくまでもテキストですので、そのままテキストとして丸ごと読み込んでも、keyで値を取り出すことはできません。このように、JSONファイルを単なるテキストの羅列から辞書形式に変換して読み込むことで、その後の処理がはるかに便利になります。

JSONファイルに書き込むには、jsonモジュールの「json.dump」関数を使います。

書式

```
json.dump(obj, fp, ensure_ascii, indent)

引数
obj           : 辞書
fp            : fileオブジェクト
ensure_ascii  : Unicode変換
indent        : インデント
```

目的のデータを辞書形式で用意しておき、引数objに指定します。書き込み先となるJSONファイルをopen関数で開いたあと、そのfileオブジェクトを引数fpに指定します。

引数ensure_asciiを省略すると、日本語がUnicode変換されます。Falseを指定すれば、変換されません。引数indentに数値を指定すると、その数だけ半角スペースでインデントされて、さらに適宜改行されて保存されます。整形されるので見やすくなります。両引数とも具体例をこのあとすぐに紹介します。

また、引数ensure_asciiも引数indentも、その前に省略可能な引数があるため、名前付き（キーワード引数）で指定する必要があります。

例えば、**リスト1-3-14**のコードでは辞書dを用意し、sample6.jsonに保存しています。

リスト1-3-14●辞書dを用意し、sample6.jsonに保存する

```
import json

d = {
    'name':'鈴木義和',
    'age':33,
    'sex':'男性'
}

with open('sample6.json', 'w', encoding='utf-8') as f:
    json.dump(d, f, ensure_ascii=False, indent=4)
```

json.dump関数の引数indentには4を指定することで、4つのインデントを入れています。引数ensure_asciiにFalseを指定し、日本語はUnicodcに変換せずそのまま保存しています。

リスト1-3-14の実行結果として保存されたsample6.jsonは、**図1-3-16**です。引数ensure_asciiにFalseを指定したとおり、日本語がそのまま保存され、引数indentを指定したとおりにインデントと改行が入っていることがわかります。

図1-3-16●リスト1-3-14実行後のsample6.json

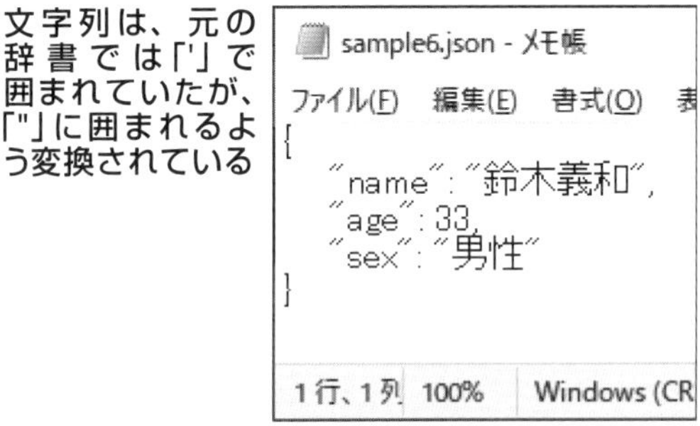

もし、引数ensure_asciiを省略して、json.dump関数のコードを次のように書いたとします。

```
json.dump(d, f, indent=4)
```

実行結果として保存されたsample6.jsonは、**図1-3-17**です。日本語がUnicodeに変換されています。なお、日本語がUnicodeに変換されたJSONファイルでも、json.load関数でそのまま読み込めば、日本語に変換されます。

図1-3-17●引数ensure_asciiを省略した場合のsample6.json。
日本語がUnicodeに変換され保存されている

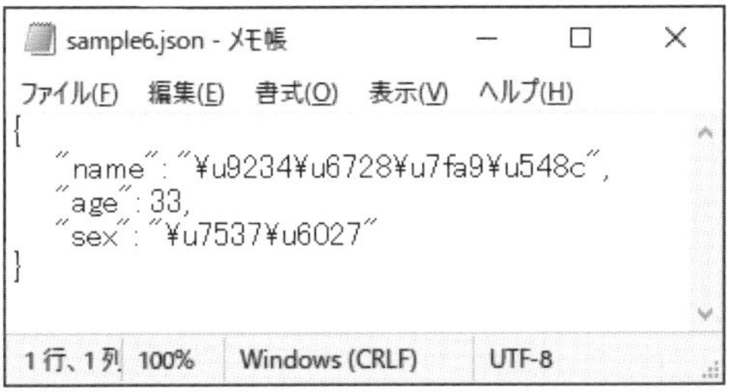

もし、引数indentを省略して、json.dump関数のコードを次のように書いたと

します。

```
json.dump(d, f, ensure_ascii=False)
```

実行結果として保存されたsample6.jsonは**図1-3-18**です。インデントも改行もなく、見づらいでしょう。

図1-3-18●引数indentを省略した場合のsample6.json。インデントと改行が一切ない

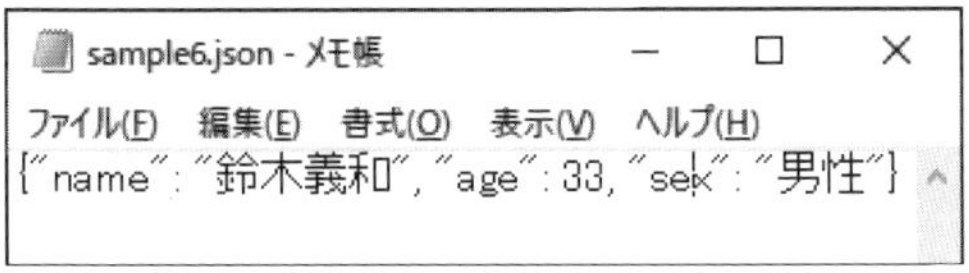

JSON形式の文字列と辞書を変換

次は、JSONファイルでなく、JSON形式の文字列と辞書を相互変換する関数を紹介します。Web APIでJSON形式のテキストをやり取りする際に重宝します。

JSON形式の文字列を辞書に変換するには、「json.loads」関数を用います。関数名の最後には、「s」が付きます。ちなみにこの「s」は、「string」（文字列）の頭文字です。

書式

```
json.loads(s)
```

引数

s ： JSON形式の文字列

引数sにJSON形式の文字列を指定すると、辞書に変換されて返されます。

例えば、**リスト1-3-15**のコードを見てください。変数sにJSON形式の文字列を用意し、json.loads関数で辞書に変換したあと、変数dに格納しprint関数で出力しています。

リスト1-3-15●変数sにJSON形式の文字列を用意して表示する

```
import json

s = '{"name": "鈴木義和", "age": 33, "sex": "男性"}'
d = json.loads(s)
print(d)
```

リスト1-3-15の実行結果は、**図1-3-19**です。

図1-3-19●JSON形式の文字列から辞書に変換して出力。
辞書なので、辞書名とkeyで値を取り出せる

```
import json

s = '{"name": "鈴木義和", "age": 33, "sex": "男性"}'
d = json.loads(s)
print(d)
```

```
{'name': '鈴木義和', 'age': 33, 'sex': '男性'}
```

一見、実行結果である変数dの内容が変数sと同じに思えますが、変数dは辞書なので、「d[key]」で値を取り出せます。一方、変数sは単なる文字列なので、そのような操作はできません。

辞書をJSON形式の文字列に変換するには、「json.dumps」関数を用います。関数名の最後には、「string」の頭文字の「s」が付きます。

書式

```
json.dumps(obj, ensure_ascii, indent)
```

引数

```
obj           : 辞書
ensure_ascii  : Unicode変換
indent        : インデント
```

引数の使い方はjson.dump関数と同じです。ただし、json.dump関数のように引数fpはありません。変換されたJSON形式の文字列が戻り値として得られます。例えば、**リスト1-3-16**のコードでは辞書dを用意して、JSON形式の文字列に変

換して変数sに格納し、print関数で出力しています。

リスト1-3-16の実行結果は、**図1-3-20**です。

リスト1-3-16●辞書dをJSON形式の文字列に変換して変数sに格納して表示する

```
import json

d = {
    'name':'鈴木義和',
    'age':33,
    'sex':'男性'
}

s = json.dumps(d, ensure_ascii=False, indent=4)
print(s)
```

図1-3-20●辞書からJSON形式の文字列に変換して出力。keyとvalueの文字列は、元の辞書では「'」で囲まれていたが、JSON形式の文字列では「"」で囲まれるよう変換されている

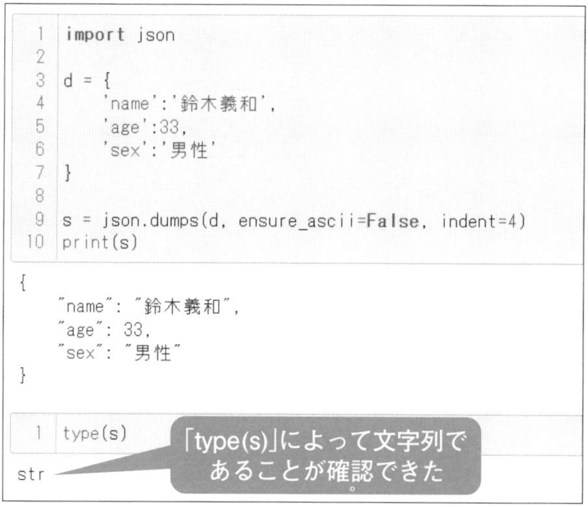

print関数で出力した結果は、文字列なのか辞書なのか判別がつきにくいのですが、図1-3-20ではその下のセルで組み込み関数のtype関数を使い、「type(s)」で型を調べています。「str」と出力され、文字列であることが確認できます。当然、辞書ではないので、keyで値を取り出せません。

第2章

画像・通信編

Pythonは、画像の操作や通信の制御などでもよく使われます。画像認識AIなどで使われるPillowやOpenCVは、定番のライブラリです。インターネットからデータをダウンロードするスクレイピング処理も、Pythonならお手のものです。

2-1 PillowとOpenCVによる画像処理

Pythonは、画像処理関係のライブラリも充実しています。さまざまな種類がある中から、本節では代表的なPillowとOpenCVを取り上げます。

Pillowで基本的な画像処理を行う

まずは、Pillowから解説します。Pillowは多彩な画像処理が行えるモジュールです。Pythonで基本的な画像処理を行う場合、多くのケースでこのPillowを用います。外部ライブラリですが、Anacondaには標準で同梱されているため、追加でインストールする必要はありません。

Pillowをインポートする際、モジュール名は「PIL」を指定します。リサイズなど基本的な画像処理しか行わないなら、PIL以下のサブモジュールであるImageの関数／メソッド群のみで、たいていは用が足りてしまいます。その場合、コードをよりシンプルにするなどの目的で、from import文でImageモジュールのみインポートするのが定番です。以下のインポート文を実行します（**リスト2-1-1**）。

リスト2-1-1●from import文でImageモジュールのみインポート

```
from PIL import Image
```

Image以外のモジュールを用いた応用的な処理の例も、このあとで簡単に紹介します。

Pillowは最初に「PIL.Image.open」関数によって、処理の対象となる画像ファイルを開いて読み込む必要があります。基本的な書式は以下です。

書式

```
PIL.Image.open(fp)
```

引数

```
fp  : 画像ファイル
```

引数fpには、目的の画像ファイル名を文字列として指定します。プログラムのファイル（Jupyter Notebookの、「.ipynbファイル」）と同じディレクトリ（ホームディレクトリ。Windows 10ならば「C:¥Users¥＜ユーザー名＞」）に置かれている画像ファイルであれば、画像ファイル名をそのまま指定します。同じディレクトリにはない画像ファイルを指定する場合は、パス付きで指定します。パス付きとは、ファイルの置き場所を文字列で指定することです。例えば、Cドライブ直下に「sample」というディレクトリを作り、そこに置いた画像ファイル「001.jpg」を指定するのであれば、「C:¥sample¥001.jpg」）と記述します。実際のコードではPythonのルールとして、「¥」はエスケープ処理して「¥¥」と記述します。このようなパス付きの指定については、以降に登場する関数／メソッドでも同様に行います。引数fpの解説は以上です。なお、PIL.Image.open関数にはほかにも省略可能な引数がありますが、基本的な引数のみを紹介します。

実行すると、戻り値として、読み込んだ画像ファイルのオブジェクト（「Image」オブジェクト）を返します。通常はこのImageオブジェクトを変数に格納し、以降の処理に用います。例えば、プログラムと同じディレクトリにあるcat.jpgを開き、そのImageオブジェクトを変数imに格納するコードは以下のようになります（**リスト2-1-2**）。

リスト2-1-2●cat.jpgを開き、そのImageオブジェクトを変数imに格納する

```
im = Image.open('cat.jpg')
```

from import文でImageモジュールのみインポートするため、関数名の冒頭の「PIL.」は記述不要です。

Imageオブジェクトには属性がいくつか用意されており、その画像ファイルの各種情報が得られます。主な属性は**表2-1-1**です。

表2-1-1●Imageオブジェクトの主な属性

プロパティ	意味
filename	ファイル名
width	幅
height	高さ
size	サイズ
format	フォーマット
mode	カラーモード

size属性は「(幅, 高さ)」のタプルとして得られます。format属性はJPEGなど画像形式です。mode属性はRGBやCMYKといったカラーモードです。これらの属性を取得し、print関数で出力するコードが**リスト2-1-3**です。cat.jpgの読み込みもしています。リスト2-1-3の実行結果が**図2-1-1**です。

リスト2-1-3●cat.jpgの6種類の属性を取得して出力する

```
from PIL import Image

im = Image.open('cat.jpg')
print(im.filename, im.width, im.height, im.size, im.format, im.mode)
```

図2-1-1●画像ファイルcat.jpgを開き、各種属性を出力した

```
from PIL import Image

im = Image.open('cat.jpg')
print(im.filename, im.width, im.height, im.size, im.format, im.mode)
```

```
cat.jpg 540 960 (540, 960) JPEG RGB
```

リサイズでは、2つのメソッドを使い分ける

Pillowによる画像の加工をいくつか紹介します。最初はリサイズです。リサイズを行うメソッドは2つあります。

まずはImageオブジェクトの「resize」メソッドです。書式は以下です。

書式

```
Imageオブジェクト.resize(size)

引数
size  : リサイズ後のサイズ
```

引数sizeには、リサイズ後のサイズを「(幅, 高さ)」のタプル形式で指定します。戻り値として、リサイズ後のImageオブジェクトが返されます。

例えば、先ほど開いたcat.jpg（元のサイズは幅540、高さ960ピクセル。Imageオブジェクトは変数im）を、幅300、高さ300ピクセルにリサイズするコードは以下のようになります（**リスト2-1-4**）。リサイズ後のサイズはタプルで指定するので、カッコが入れ子になります。

リスト2-1-4●変数imのImageオブジェクトを、幅300、高さ300ピクセルにリサイズする

```
im.resize((300,300))
```

リスト2-1-4を実行すると、Jupyter Notebookのセルに、リサイズ後の画像が表示されます。リサイズ後の画像を保存したければ、Imageオブジェクトの「save」メソッドを使います。基本的な書式は以下のようになります。

書式

```
Imageオブジェクト.save(fp)

引数
fp  : 保存したいファイル名
```

引数fpには、保存したいファイル名を文字列として指定します。上書き保存するなら元の画像ファイルと同じファイル名を指定し、別名で保存するなら異なるファイル名を指定します。

例えば、先ほどのリサイズ後の画像をcat_after.jpgという別の名前で保存したいとします。そのためには、「im.resize((300,300))」の戻り値のImagcオブジェクトで、saveメソッドを実行する必要があります。したがって、戻り値を別の変数に入れてから、その変数でsaveメソッドを実行します。別の変数の名前をim_tmpとするなら、以下のコードになります（**リスト2-1-5**）。

リスト2-1-5●リサイズ後の画像をcat_after.jpgという名前で保存し、いったん別の変数im_tmpに入れてからsaveメソッドを実行

```
im_tmp = im.resize((300,300))
im_tmp.save('cat_after.jpg')
```

リスト2-1-5の実行結果は、**図2-1-2**の右側「resizeメソッド」の画像です。

図2-1-2●cat.jpgの元の画像、resizeメソッドでリサイズした画像を、Windows 10の「フォト」で開いた。以降のメソッドでの実行結果もリスト2-1-10までは、cat_after.jpgとして保存し、「フォト」で開くとする

でも、いちいち変数im_tmpを使わなくとも、メソッドチェーンのかたちで、以下のように記述することもできます（**リスト2-1-6**）。

リスト2-1-6●リスト2-1-5と同じ処理を、メソッドチェーンで記述した

```
im.resize((300,300)).save('cat_after.jpg')
```

メソッドチェーンとは、2つ以上のメソッドを連続して実行する書き方です。リスト2-1-4ならば、「im.resize((300,300))」のresizeメソッドによって、リサイズ後のImageオブジェクトが戻り値として得られます。そのImageオブジェクトでsaveメソッドを続けて実行し、保存しています。

さらに、保存以外にも、例えばImageオブジェクトの「show」メソッドを使えば、OS既定のアプリ（Windows 10なら「フォト」など）で表示することもできます。showメソッドは引数なしで実行します。

縦横比率を保ってリサイズする

リサイズを行う2つ目のメソッドについて解説します。

前述したresizeメソッドは、指定した幅と高さに強制的にリサイズします。つまり、設定した値によっては、図2-1-2の右の写真のように画像がゆがんでしまいます。

ゆがまないように縦横比率を保ってリサイズするには、例えばwidth／heightプロパティを用いて、幅と高さから比率を計算して調整するなどの対処が必要です。

そのような際は、Imageオブジェクトの「thumbnail」メソッドを使いましょう。書式は以下です。

書式

```
Imageオブジェクト.thumbnail(size)
```

引数

```
size  : リサイズ後のサイズ
```

引数sizeに、リサイズしたいサイズを「(幅, 高さ)」のタプルで指定すると、幅と高さのいずれか大きい方が上限値になるよう、縦横比率を保ったままリサイズしてくれます。例えば、以下のように幅も高さも300を指定したとします（**リスト2-1-7**）。「cat_after.jpg」で保存する処理も加えています。

リスト2-1-7●高さの上限値300に合わせて、縦横比率を保ったままリサイズ

```
im.thumbnail((300,300)) ————————(1)
im.save('cat_after.jpg') ———————(2)
```

前述したように、cat.jpgの元のサイズは幅540、高さ960ピクセルです。つまり、高さの方が大きいので、高さの上限値を300ピクセルとしてリサイズされます。幅は、縦横比を保ったままリサイズされます。

実行結果は、**図2-1-3**です。

図2-1-3●cat_after.jpgを「フォト」で開いた画面

リスト2-1-7を解説します。(1)のコードはImageオブジェクト(ここでは変数im)のthumbnailメソッドでリサイズしています。thumbnailメソッドは戻り値がなく、元のImageオブジェクト自体をリサイズします。resizeメソッドのように、元のImageオブジェクトはそのままにしておいて、リサイズ後のImageオブジェクトを返すようにはなっていません。そのため、もし元のImageオブジェクトを以降の処理で元のサイズのまま使うなら、thumbnailメソッドで扱う画像ファイルは、コピーしたImageオブジェクトを使うようにしましょう。

(2)のコードで、保存をしています。リサイズ後の画像を保存するには、変数imを使ってsaveメソッドを実行します。

トリミングをしてみよう

画像のトリミングは、「crop」メソッドで行います。

書式

```
Imageオブジェクト.crop(box)
```

引数

```
box　：トリミング領域
```

引数boxは、

```
（左上X座標，左上Y座標，右下X座標，右下Y座標）
```

のタプル形式で指定します。

例えば、変数imの画像を左上Xが100、左上Yが300、右下Xが400、右下Yが600の領域でトリミングするコードは、以下のようになります（**リスト2-1-8**）。

リスト2-1-8●四辺の座標でトリミングする

```
im = Image.open('cat.jpg')
im_tmp = im.crop((100, 300, 400, 600))
im_tmp.save('cat_after.jpg')
```

変数imは先ほどリサイズしてしまったので、読み込みなおしています。cat_after.jpgで保存する処理も加えています。以降のコードも同様とします。cropメソッドはトリミング後の画像のImageオブジェクトを返します。リスト2-1-8では変数im_tmpに格納し、そのあとのsaveメソッドに使っています。もちろん、メソッドチェーンで書くこともできます。

リスト2-1-8の実行結果は、**図2-1-4**です。

図2-1-4●cat.jpgをcropメソッドによって左上X100、左上Y300、右下X400、右下Y600の領域でトリミングした結果

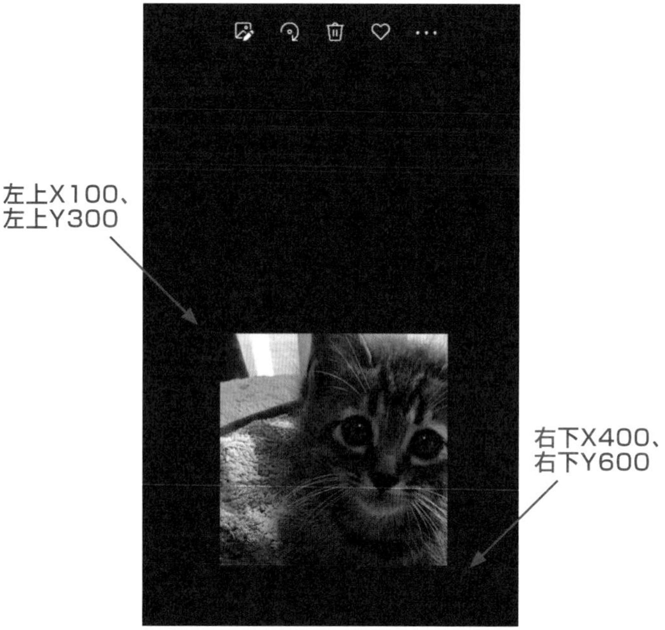

回転させてみよう

画像の回転は、「rotate」メソッドで行います。基本的な書式は以下です。

書式

```
Imageオブジェクト.rotate(angle)
```

引数

```
angle  : 回転角度
```

引数angleには、回転させたい角度を数値として指定します。回転方向は反時計回りです。例えば、変数imの画像を45度回転させたければ以下のように記述します（**リスト2-1-9**）。

リスト2-1-9●変数imの画像を45度回転する

```
im = Image.open('cat.jpg')
im_tmp = im.rotate(45)
im_tmp.save('cat_after.jpg')
```

rotateメソッドも、回転後のImageオブジェクトを返すタイプです。

リスト2-1-9の実行結果が、**図2-1-5**です。このように元のサイズを保ち、回転によってはみ出した部分はカットされます。

図2-1-5●rotateメソッドで45度回転させた結果

rotateメソッドには、省略可能な引数expandがあり、Trueに設定すると、カットせず、サイズを拡張して回転することができます（**リスト2-1-10**）。このリスト2-1-10の引数expandは、引数名あり（キーワード引数）で指定しています。それは、この引数expandの前に他の引数があるのですが、ここではそれを省略しているためです。

リスト2-1-10●引数expandにTrueを指定して45度回転する

```
im = Image.open('cat.jpg')
im_tmp = im.rotate(45, expand=True)
im_tmp.save('cat_after.jpg')
```

リスト2-1-10の実行結果が、**図2-1-6**です。

図2-1-6●サイズを拡張して45度回転させた結果

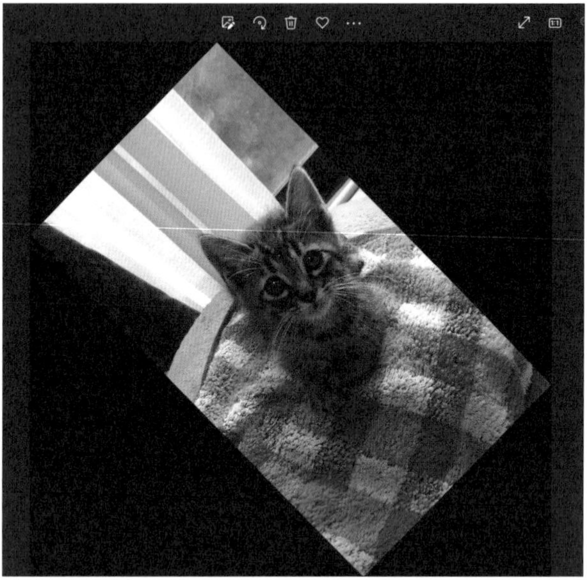

Imageモジュールにはほかにも、ある画像の上に別の画像を貼り付ける「paste」メソッドなど、さまざまなメソッドや関数が用意されています。

反転させてみよう

画像の反転には、PillowのImageOpsモジュールのメソッドを利用します。Imageモジュールと併せてインポートします。

上下反転は「flip」メソッドを、左右反転は「mirror」メソッドを用います。

いずれも、引数には目的の画像のImageオブジェクトを指定します。

例えば、変数imのcat.jpgを上下反転、左右反転させて、showメソッドによってOS既定のアプリで表示するコードは以下です（**リスト2-1-11**）。

リスト2-1-11●変数imのcat.jpgを上下反転、左右反転させて既定アプリで表示する

```
from PIL import Image, ImageOps

ImageOps.flip(im).show()
ImageOps.mirror(im).show()
```

変数imはリスト2-1-10でcat.jpgを読み込んだものをそのまま使うとします。変数im自体を変更するメソッドを実行していないので、そのまま使えます。

リスト2-1-11の実行結果が、**図2-1-7**です。

図2-1-7●flipメソッドで上下反転を、mirrorメソッドで左右反転をさせた結果

ぼかしてみよう

画像のぼかしは、Imageオブジェクトの「filter」メソッドの引数に「ImageFilt

er.BLUR」を指定します。エンボス加工するには「ImageFilter.EMBOSS」を指定します。ImageFilter.BLURを使うには、ImageFilterモジュールをインポートする必要があります。

例えば、変数imのcat.jpgをぼかした結果とエンボス加工した結果を、OS既定のアプリで表示するコードは以下です（**リスト2-1-12**）。画像をぼかすことを、「ブラー」といいます。ここで指定している引数もBLURです。

リスト2-1-12●変数imのcat.jpgをぼかして、既定アプリで表示する

```
from PIL import Image, ImageFilter

im.filter(ImageFilter.BLUR).show()
im.filter(ImageFilter.EMBOSS).show()
```

リスト2-1-12の実行結果が、**図2-1-8**です。

図2-1-8●filterメソッドでぼかした結果(左)とエンボス加工した結果(右)

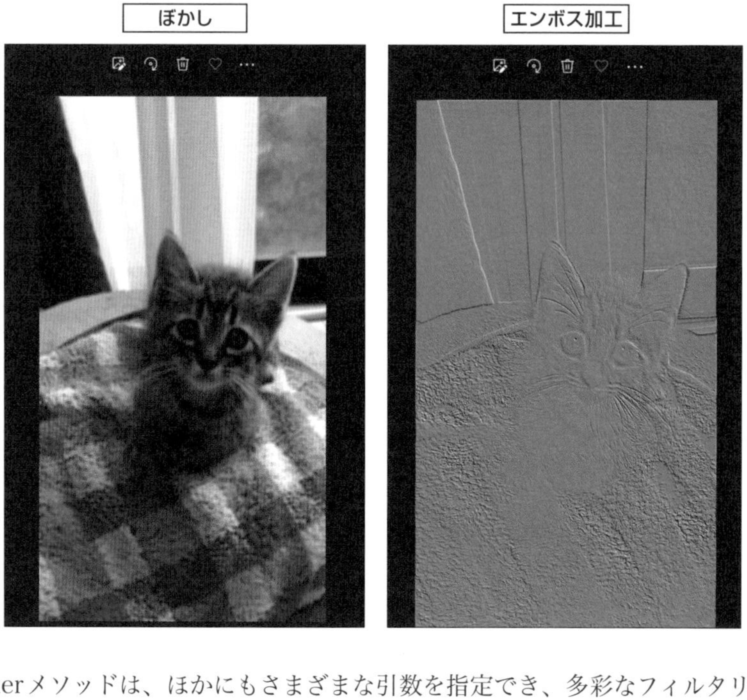

filterメソッドは、ほかにもさまざまな引数を指定でき、多彩なフィルタリング

処理が行えます。

ほかにも、Imageオブジェクトの「convert」メソッドを使えば、白黒やグレースケールなどに変換できます。さらにImageEnhanceモジュールによる明度や彩度、コントラストの調整など、多彩な処理ができます。

OpenCVで顔認識を行う

OpenCVも外部ライブラリです。AIプログラムでよく使われる顔認識機能に代表されるように、Pillowよりも高度な処理能力を持っています。

OpenCVはAnacondaには同梱されていないので、別途インストールする必要があります。Windowsの［スタート］メニューから「Anaconda Prompt」を開き、以下のコマンドを入力して［Enter］キーを押してください。


```
pip install opencv-python
```

これでOpenCVをインストールします。本書執筆時点では、Anaconda用のコマンド「conda install」ではOpenCV環境が適切に構築できなかったため、ここではpipコマンドを使っています。

OpenCVによる顔認識の基本的な処理のコードを紹介しましょう。

プログラムのファイルと同じ場所（ホームディレクトリ）にあるfamily.jpgという家族写真を読み込み、認識した顔を赤の枠線で囲むアプリケーションを作成します。さらに、家族写真に赤の枠線を追記した画像を、family_face.jpgという名前のファイルにして、同じ場所に保存します。

顔認識を行うには下準備が必要です。

OpenCVをインストールすると、顔認識用の学習済み特徴データのXMLファイル（カスケードファイル）が多数保存されます。XMLファイルは、Windows 10 Homeならば、「C:¥Users¥＜ユーザー名＞¥anaconda3¥Lib¥site-packages¥cv2¥data」の下に保存されます。

ここでは、正面を向いた顔を認識するための「haarcascade_frontalface_default.xml」を用いるとします（**図2-1-9**）。

図2-1-9●カスケードファイルhaarcascade_frontalface_default.xmlをプログラムと同じ場所にコピーする。どうしても見つからなければ、GitHubのレポジトリ(https://github.com/opencv/opencv/tree/master/data/haarcascades)からダウンロードする

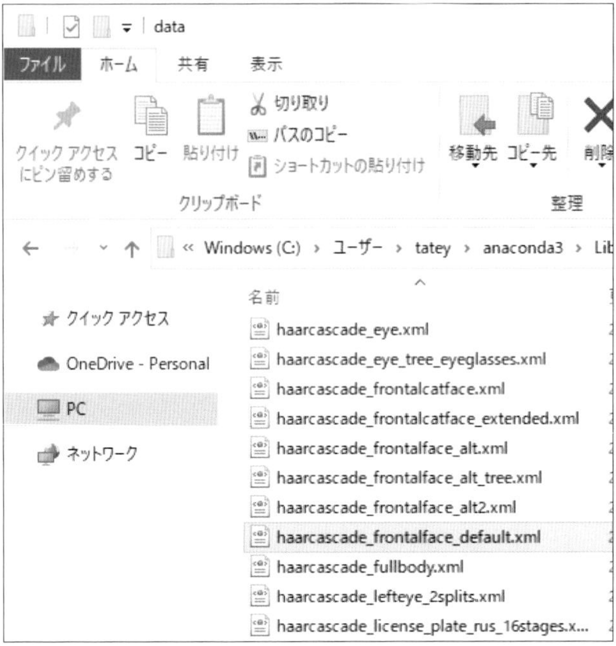

haarcascade_frontalface_default.xmlを、ホームディレクトリ(プログラムのファイルと同じ場所)にコピーしてください。

作成した顔認識プログラムのファイルは、**リスト2-1-13**です。ホームディレクトリにあるfamily.jpgに写っている顔を認識して赤枠で囲み、同じ場所にfamily_face.jpgという別名で保存します。

リスト2-1-13●OpenCVによる顔認識の基本的なコード

```
import cv2

cascade = cv2.CascadeClassifier('haarcascade_frontalface_default.xml') ――(1)
im = cv2.imread('family.jpg') ――(2)
gray = cv2.cvtColor(im, cv2.COLOR_BGR2GRAY) ――(3)
```

```
faces = cascade.detectMultiScale(gray, scaleFactor=1.5) ――――(4)

for (x, y, w, h) in faces: ――――――――――――――――――――(5)
    cv2.rectangle(im, (x, y), (x + w, y + h), (0, 0, 255)) ――(6)

cv2.imwrite('family_face.jpg', im) ――――――――――――(7)
```

リスト2-1-13の実行結果は、**図2-1-10**です。

図2-1-10●リスト2-1-13の実行結果の例。family_face.jpgを開くと、OpenCVで認識した顔が赤の枠線で囲まれたことが確認できる

では、リスト2-1-13を解説していきましょう。

まずは「import cv2」のimport文で、OpenCVのモジュールを読み込みます。モジュール名は「cv2」です。

次に、「cv2.CascadeClassifier」関数によって「認識器」を生成します。リスト2-1-13の（1）のコードです。

書式

```
cv2.CascadeClassifier(filename)
```

引数

```
filename  : カスケードファイル
```

リスト2-1-13の（1）では、引数filenameにカスケードファイルhaarcascade_

frontalface_default.xmlの名前を文字列として指定しています。生成した認識器のオブジェクト（「CascadeClassifier」オブジェクト）が戻り値として得られるので、変数cascadeに代入し、以降の処理に用います。

画像ファイルfamily.jpgを「cv2.imread」関数で読み込む処理が（2）です。cv2.imread関数の書式は以下です。

書式

```
cv2.imread(filename)

引数
filename  : 画像ファイル
```

（2）では、引数filenameに、family.jpgを文字列として指定しています。読み込んだ画像のオブジェクトが戻り値として得られるので、変数imに代入して以降の処理に使います。

顔認識は画像をグレースケールに変換して行うのがセオリーです。なぜなら、カラーのままの画像だとデータ量が多いため、認識の処理が重たくなるためです。

顔にある、目、鼻、口などの位置を把握するのが顔認識のキモです。それらの位置を把握するだけであれば、画像がカラーである必然性はあまりありません。ですので、グレースケールで十分なのです。

カラーからグレースケールへの変換処理が、（3）です。「cv2.cvtColor」関数を用います。cv2.cvtColor関数の書式は以下です。

書式

```
cv2.cvtColor(src, code)

引数
src   : 画像ファイル
code  : 変換方式
```

（3）では、引数srcに変数imを指定し、引数codeには定数cv2.COLOR_BGR2GRAYを指定することで、読み込んだfamily.jpgをグレースケールに変換しています。変換した画像のオブジェクトが戻り値として得られるので、その戻り値を、変数grayに代入して以降の処理に使います。

顔認識のメインの処理が（4）です。認識器のオブジェクトの「detectMultiScale」メソッドを用います。detectMultiScaleメソッドの基本的な書式は以下です。

書式

```
オブジェクト.detectMultiScale(image, scaleFactor)

オブジェクト
認識器のオブジェクト

引数
image        : 画像ファイル
scaleFactor  : 画像スケールにおける縮小量
```

引数imageには、認識対象の画像ファイルを指定します。（4）では、（3）でグレースケールに変換した画像が格納されている変数grayを指定しています。

引数scaleFactorは画像スケールにおける縮小量を小数で指定する引数であり、（4）では1.5を指定しています。この引数は省略可能であり、省略すると、既定値の1.1を指定したと見なされます。認識精度を大きく左右するパラメータであり、1より大きな小数を指定しないとエラーになります。大きすぎると認識モレが増え、逆に小さすぎると誤認識が増えてしまいます。どの値が適切かは認識対象の画像によるので、トライアル&エラーしながら微調整しましょう。

ほかにも、認識精度に影響を及ぼす省略可能な引数として、minNeighborsやminSize、maxSizeもあります。

detectMultiScaleメソッドは、認識した顔の領域を、以下のndarray形式で返します。

```
[x座標 y座標 幅 高さ]
```

ndarray形式とは、数値演算ライブラリ「NumPy」のリスト形式です。NumPyについては、本書の後半で詳しく解説します。

複数の顔が認識されれば、顔の数だけ領域が並んだリストを返します。（4）では認識結果を変数facesに格納しています。

（5）と（6）のfor文が、認識した顔を赤の枠線で囲む処理です。

(5) の「for (x, y, w, h) in faces:」によって、変数facesの認識結果から各顔の[x座標 y座標 幅 高さ]を先頭から取り出し、X座標を変数x、Y座標を変数y、幅を変数w、高さを変数hに格納します。

そして、(6) にて「cv2.rectangle」関数を使い、顔を赤の枠線で囲んでいます。cv2.rectangle関数の書式は以下です。

書式

```
cv2.rectangle(img, pt1, pt2, color)
```

引数

```
img    : 画像ファイル
pt1    : 左上座標
pt2    : 右下座標
color  : 色
```

引数imgには、描画対象の画像ファイルのオブジェクトを指定します。ここではグレースケールに変換する前の元の画像に描画したいので、変数imを指定しています。

描画する枠線の場所とサイズは、矩形（長方形）の左上の座標を引数pt1で、右下の座標を引数pt2で指定します。それぞれX座標とY座標の数値のタプルで指定します。右下のX座標は、顔の左上のX座標である変数xに、幅の変数wを足した値を指定しています。右下のY座標も同様に、顔の左上のY座標である変数yに、高さの変数hを足した値を指定しています。

引数colorには、枠線の色をRGB値のタプルで指定します。ただし、OpenCVでは色はR、G、Bではなく、B、G、Rという、通常とは逆の並びとなります。(6)では赤を指定したいので、B値とG値が0、R値が255となるよう、「(0, 0, 255)」と指定しています。

最後に (7) によって、顔の枠線を引いた画像ファイルをfamily_face.jpgという名前で保存しています。保存は「cv2.imwrite」関数で行います。cv2.imwrite関数の書式は以下です。

書式

```
cv2.imwrite(filename, img)
```

引数

```
filename  : ファイル名
img       : 画像のオブジェクト
```

引数filenameには、別名で保存したいファイル名であるfamily_face.jpgを文字列として指定します。同じ場所に保存するなら、ファイル名だけ記述します。別の場所に保存するなら、そのパスを付けます。引数imgには、保存したい画像のオブジェクトを指定します。ここでは、目的の画像のオブジェクトは変数imに格納されているので、それを指定します。これで認識した顔を赤枠で囲った画像がfamily_face.jpgとして保存されます。

OpenCVは、射影やノイズ除去といった高度な画像処理も可能なライブラリです。画像処理ライブラリとして、使い方を学んでおくと重宝するでしょう。

2-2 Web通信に使うRequests

Pythonにはネットワーク関係のライブラリがいくつもあります。本節では、それらの中から「Requests」（リクエスツ）を取り上げます。Webページへのアクセスをはじめ、HTTP通信を行うためのライブラリです。外部ライブラリですが、Anacondaでは標準で含まれているので、インストール不要ですぐに使えます。

なお、実はPythonの標準ライブラリにも、同じ用途の「urllib」があります。しかし、使い勝手の良しあしの理由から、Requestsの方がよく使われます。

処理の柱は「requests.get」関数

Requestsのモジュール名は「requests」です。そのモジュール名で最初にインポートしておきます。

Webページを取得する関数が、「requests.get」関数です。Webページのテキストや画像、各種情報の取得などに利用できます。HTTP通信のGETメソッドに該当する関数です。基本的な書式は以下です。

書式

```
requests.get(url)
```

引数

```
url  : URL
```

引数urlには、目的のWebページのURLを文字列として指定します。実行するとそのURLのサーバーにリクエストが送られ、Webページのデータ一式（厳密にはサーバーからのレスポンス）が「Response」オブジェクトとして返されます。

そして、Responseオブジェクトの属性を使うと、HTMLそのもののテキストや各種情報などが取得できます。主な属性は**表2-2-1**の通りです。

表2-2-1●Responseオブジェクトの主な属性

属性	意味
status_code	ステータスコード
headers	レスポンスヘッダ
text	テキスト(HTML)
content	バイナリデータ(画像など)
url	URL

表2-2-1にある「ステータスコード」とは、Webサーバーからのレスポンスの意味を表す3桁の数字です。例えば、「Webページが見つからない」なら404です。「レスポンスヘッダ」は最終更新日など、付加的な情報一式です。

なお、requests.get関数には、ほかにも省略可能な引数がいくつかあります。その1つである「params」をこのあと紹介しますが、それ以外の引数の説明はここでは割愛します。以降の関数でも、よく使う基本的な引数のみを紹介します。

Webページのテキストを取得

では、requests.get関数の具体例として、Webページのテキストを取得する方法を紹介します。説明に用いるWebページは、**図2-2-1**とします。

図2-2-1●ステータスコードなどの取得に用いるWebページ「売上情報」
(http://tatehide.com/nsw1.html)

<A>Chromeで開いた画面

図2-2-1●ステータスコードなどの取得に用いるWebページ「売上情報」（http://tatehide.com/nsw1.html）の続き

<B>元のHTMLファイル「nsw1.html」を「メモ帳」で開いた画面。文字コードはUTF-8

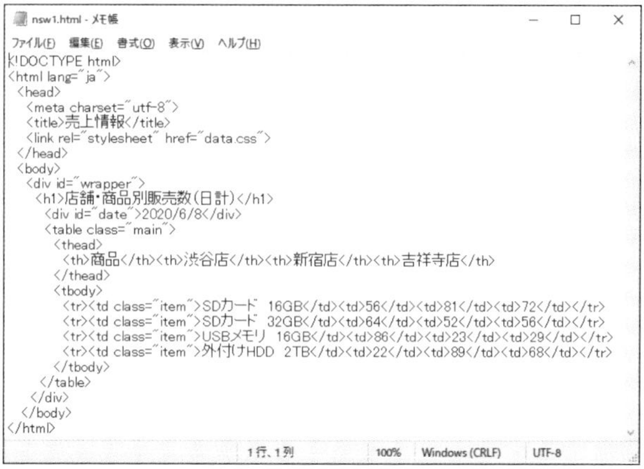

<C>Chromeのデベロッパーツールで HTMLを確認した画面。同ツールを開くには［F12］キーを押す。もしくは画面右上にある［Google Chromeの設定］→［その他のツール］→［デベロッパーツール］をクリックしてもよい

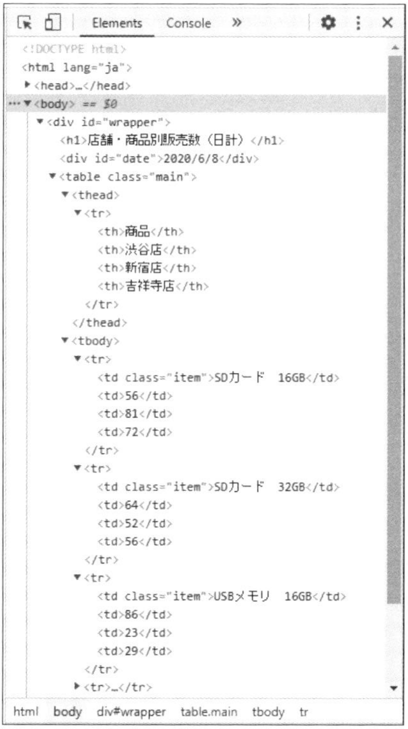

図2-2-1の＜Ａ＞は、筆者が個人Webサイト上に用意したダミーのWebページです。URLは「http://tatehide.com/nsw1.html」で、Webページのタイトルは「売上情報」です。テキストのみのシンプルなWebページです。日付はダミーのものが表示されます。各販売数は架空の数値が表示されます。

ここで注意です。読者の皆さんがWebページのデータをrequests.get関数で取得するときは、あまり大量にアクセスすることはしないでください。そのWebページの管理者から、不正アクセスと見なされるおそれがあります。プログラムを使った大量のアクセスは、Webサーバーに大きな負荷をかけてしまいます。注意してください。

さて、Webページのテキストは、表2-2-1にも示したとおり、text属性で取得できます。このtext属性で得られるテキストは、Webページ全体のHTMLです。HTMLなので、Webページ上に表示されるすべての文字列だけでなく、HTMLの各種タグやJavaScriptなども含まれます。

HTMLのテキストの中から目的の情報の文字列だけをピンポイントで取得（いわゆる「スクレイピング」）することは、Requestsだけでもできないことはありません。しかし、ほかに便利なライブラリが用意されているので、それらも併せて利用した方がはるかに効率的です。

その方法は次節で解説しますので、本節ではRequestsだけを使い、HTMLを丸ごと取得する方法のみを解説します。

requests.get関数でHTMLのテキストを取得する際、日本語（2バイト文字）が含まれるWebページでは、文字化けに気を付ける必要があります。

日本語の文字化け対策を施した上で、図2-2-1のWebページ「売上情報」のテキストを取得し、出力するコードが**リスト2-2-1**です。

リスト2-2-1●日本語の文字化けを解消して、Webページ「売上情報」のHTMLを取得・出力するコード。(2)が文字化け対策の処理

```
import requests

res = requests.get('http://tatehide.com/nsw1.html') ────(1)
res.encoding = res.apparent_encoding ────(2)
print(res.text) ────(3)
```

リスト2-2-1の（1）では、requests.get関数の引数urlに、Webページ「売上情報」のURLを文字列として指定しています。戻り値のResponseオブジェクトは変数resに代入し、以降の処理に用います。

（2）が日本語の文字化け対策処理です。Responseオブジェクトの「encoding」属性に、同オブジェクトの「apparent_encoding」属性を代入する処理です。encoding属性とapparent_encoding属性という両者の意味は、このあとすぐに解説しますので、ひとまずは（2）の処理で文字化けを解消できることだけを把握してください。

（3）は、Webページ「売上情報」のResponseオブジェクトである変数resのtext属性によってテキストを取得し、print関数で出力しています。

リスト2-2-1を実行すると、**図2-2-2**のように日本語が文字化けせずにHTMLを取得できます。このHTMLのデータ型は文字列型（str型）です。そのため、通常の文字列と同様に各種関数やメソッドなどで処理できます。

図2-2-2●リスト2-2-1の実行結果。Webページ「売上情報」のテキスト（HTML）が取得・表示された

```
import requests

res = requests.get('http://tatehide.com/nsw1.html')
res.encoding = res.apparent_encoding
print(res.text)
```

```
<!DOCTYPE html>
<html lang="ja">
  <head>
    <meta charset="utf-8">
    <title>売上情報</title>
    <link rel="stylesheet" href="data.css">
  </head>
  <body>
    <div id="wrapper">
      <h1>店舗・商品別販売数（日計）</h1>
        <div id="date">2020/6/8</div>
        <table class="main">
          <thead>
            <th>商品</th><th>渋谷店</th><th>新宿店</th><th>吉祥寺店</th>
          </thead>
          <tbody>
            <tr><td class="item">SDカード 16GB</td><td>56</td><td>81</td><td>72</td></tr>
            <tr><td class="item">SDカード 32GB</td><td>64</td><td>52</td><td>56</td></tr>
            <tr><td class="item">USBメモリ 16GB</td><td>86</td><td>23</td><td>29</td></tr>
            <tr><td class="item">外付けHDD 2TB</td><td>22</td><td>89</td><td>68</td></tr>
          </tbody>
        </table>
      </div>
  </body>
</html>
```

なお、text属性で得られるHTMLでは、改行やインデントは元のHTMLファイルに依存します。ここでの例では、Webページ「売上情報」の元のHTMLファイル「nsw1.html」が図2-2-1＜B＞のように改行とインデントがなされているため、図2-2-2のようなかたちで取得・出力されたのです。

encoding属性とapparent_encoding属性

先ほどあとまわしにした、encoding属性とapparent_encoding属性を解説します。

encoding属性はtext属性のテキストに適用されるエンコーディングです。エンコーディングの種類はRequestsが推測した値が自動で入るのですが、Webページによっては適切に推測できないケースがあり、文字化けを起こしてしまいます。

そこで、apparent_encoding属性を使います。目的のWebページのエンコーディングを、HTMLの中身などから適切に判定し取得してくれる属性です。encoding属性にapparent_encoding属性を代入して改めて設定することで、適切にエンコーディングできるようになり、文字化けを解消できます。

また、文字化け以外にも注意が必要なのが、そもそもrequests.get関数によるアクセスを拒否するWebサイトが多数あることです。その場合、リスト2-2-1のようなコードでは、「403 Forbidden」というWebページしか取得できません（**図2-2-3**）。403はアクセス拒否を意味するステータスコードです。

図2-2-3●アクセスを拒否するWebサイトにて得られるtext属性の例。「403 Forbidden」と返されているのが確認できる

```
res.encoding = res.apparent_encoding
print(res.text)
```

```
<?xml version="1.0" encoding="utf-8"?>
<!DOCTYPE html PUBLIC "-//W3C//DTD XHTML 1.0 Strict//EN"
 "http://www.w3.org/TR/xhtml1/DTD/xhtml1-strict.dtd">
<html>
  <head>
    <title>403 Forbidden</title>
  </head>
  <body>
    <h1>Error 403 Forbidden</h1>
    <p>Forbidden</p>
    <h3>Guru Mediation:</h3>
    <p>Details: cache-tyo19926-TYO 1591648725 3598210510</p>
    <hr>
    <p>Varnish cache server</p>
  </body>
</html>
```

このようなWebサイトから目的のWebページの内容を取得するには、別のライブラリを使う必要があります。その方法は次々節（2-4）で解説します。

クエリパラメータも使える

Webページの中には、URLの末尾に「?」を付けて、「key=value」の形式でキー（情報の項目名）と値（実際の情報。数値や文字列など）を指定するタイプがあります。「クエリパラメータ」などと呼ばれる仕組みです。検索サービスのWebページで、検索キーワードや条件の指定などに利用されます。「key=value」は&でつなぐことで、複数指定できます。

requests.get関数は、このクエリパラメータを使うこともできます。

オプショナル引数（オプション引数）の引数paramsを使うと、keyとvalueの値を辞書形式で指定すれば、自動で「?」や「=」や「&」を付けて、クエリパラメータの形式に整えて、URLの中に適宜組み込んでくれます。同時に、valueに指定した値の中に日本語があれば、Unicode変換してくれます。

requests.get関数でクエリパラメータを使う具体的な例は、このあとのWeb APIとJSONの例のところで、まとめて紹介します。

Web APIとJSONの処理

Web APIとは、インターネット上のサービスを自分のプログラムから利用するための仕組みです。イメージとしては、手元のプログラム側からインターネット上のサービス側へ、「こんなデータを送って！」などのようにリクエストすると、サービス側はそのリクエストに沿って処理を行い、結果を手元のプログラム側へ返す、というものです。Web APIの具体例としては、ショッピングサイトの商品情報などです。ショッピングサイトにある個々の商品情報は、Web APIを使って目的のデータを取得し、ショッピングサイトとは別のWebページやアプリケーションに持ってきて表示できます。

現在、インターネット上で公開されているWeb APIは、リクエストはクエリパラメータを使ったURL（以下、リクエストURL）で、かつ、処理結果をJSON形式で返すものが一般的と言っていいでしょう。JSON形式とは、「key:value」のかたちの情報を「{ }」で囲んだ汎用的なデータ形式です。情報が複数ある場合は「key:value」のセットを「,」で区切って並べます。

requests.get関数は、処理結果がJSON形式のWeb APIの利用にも便利です。requests.get関数の使い方は、これまでとほぼ同じです。引数urlに、目的のWeb

APIで指定されたクエリパラメータの形式のリクエストURLを指定するだけです。

ここで具体的な例を用いてWeb APIを解説します。例に用いるWeb APIは、簡易的な天気情報を返すAPIです。東京、大阪、名古屋の3都市について、ダミー(架空)の天気情報を提供するWeb APIです。筆者が管理しているサーバー上で、筆者が作成しました。

リクエストURLの仕様は、ベースとなるURL、

```
http://tatehide.com/weather_api.php
```

に、天気予報の情報が欲しい地域の番号をクエリパラメータの形式で付与します。

keyには必ず「city」を指定します。valueには、以下の都市のIDのいずれかを指定します。

```
東京    130010
名古屋  230010
大阪    270000
```

例えば、東京ならば、valueには東京のIDである「130010」を指定します。

```
http://tatehide.com/weather_api.php?city=130010
```

処理結果(レスポンス)の形式はJSONです。詳細は以下です(**表2-2-2**)。

表2-2-2●筆者の作成したWeb APIの処理結果のkeyとvalue

key	value
publicTime	現在の日付・時刻
title	場所を「＜地名＞の天気」で表示
telop	天気の情報(架空のデータ)
description	天気の概況(架空のデータ)

このWeb APIは、Pythonのプログラムを使わなくても、Webブラウザのアドレスバーにリクエスト URLを直接入力しても使えます。例えば、先ほど挙げたリクエストURLの例である、

```
http://tatehide.com/weather_api.php?city=130010
```

をChromeのアドレスバーに入力すると、**図2-2-4**のようにJSON形式の処理結果がChrome上に表示されます。

図2-2-4●今回の例に用いる簡易的な天気情報のWeb APIを、Chromeで使った例。得られる天気情報は架空のもの。IDを変えれば、名古屋や大阪の天気情報も得られる

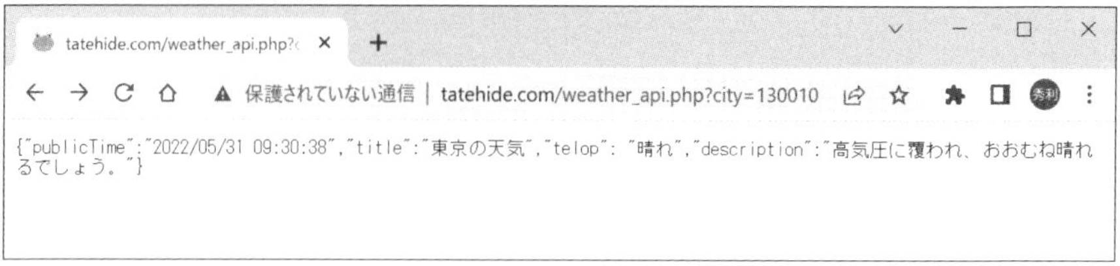

この天気情報のWeb APIにPythonのプログラムからアクセスして、東京の天気情報を取得し、JSON形式で出力するコードが**リスト2-2-2**です。

リスト2-2-2●筆者作成の簡易的な天気情報のWeb APIを利用して、東京の天気情報を取得し、JSONデータを辞書形式に変換して出力する例

```
import requests
import pprint

url = 'http://tatehide.com/weather_api.php'
payload = {'city': 130010}
res = requests.get(url, params=payload) ――――(1)
json_data = res.json() ―――――――――――――――――(2)
pprint.pprint(json_data) ――――――――――――――――(3)
```

ベースのURLは変数urlに用意しています。併せて、変数payloadに目的のkey（文字列「city」）とvalue（東京のID）を辞書形式で用意しておきます。

そして（1）で、requests.get関数の引数urlに、ベースのURLである変数urlを指定し、引数paramsに変数payloadを指定しています。引数paramsは通常、引数名あり（キーワード引数）で指定します。これで目的の形式でリクエストURLを組み立てて、Web APIにアクセスします。

戻り値であるResponseオブジェクトは変数resに格納します。この変数resのtext属性を使えば、Web APIから返された結果のJSONデータを得られます。ただし、text属性だと、単に結果がJSON形式で並べられた生の文字列が得られるだけです。

Pythonで処理するには、そのJSON形式の文字列を辞書形式に変換する必要があります。そのような処理はResponseオブジェクトの「json」メソッドで行えます。

```
Responseオブジェクト.json()
```

引数なしで実行すると、ResponseオブジェクトのJSONデータを辞書形式に変換します。と同時に、もし日本語がUnicode変換されていたら、元に戻してくれます。戻り値として、そのように変換した辞書を返します。その処理がリスト2-2-2の（2）です。

このリスト2-2-2の（2）では、Responseオブジェクトである変数resを使い、jsonメソッドを実行し、戻り値を変数json_dataに代入しています。

そして（3）にて、「pprint」関数で出力しています（**図2-2-5**）。

図2-2-5●リスト2-2-2の実行結果

```
import requests
import pprint

url = 'http://tatehide.com/weather_api.php'
payload = {'city': 130010}
res = requests.get(url, params=payload)
json_data = res.json()
pprint.pprint(json_data)
```

```
{'description': '高気圧に覆われ、おおむね晴れるでしょう。',
 'publicTime': '2022/05/31 09:32:19',
 'telop': '晴れ',
 'title': '東京の天気'}
```

pprint関数は、ある程度体裁を整えて辞書を出力できる関数です。もちろん、変数json_dataは辞書なので、通常の辞書として各要素にアクセスできます。組み込み関数ではなく、標準ライブラリの関数のため、インポートしておく必要があります。

なお、jsonメソッドを使わず、text属性をそのまま出力すると、生のデータであるJSON形式で並んだテキストを確認できます。

エラー処理も忘れずに

さて、ここまでrequests.get関数を使った例を紹介してきました。実際にこのようなWeb通信のプログラムを作成する際は、エラー処理も不可欠です。

例えば、リスト2-2-2をネットワークに接続していない状態で実行するとエラーになり、プログラムが途中で止まります（**図2-2-6**）。

図2-2-6●エラー処理がないと、ネットワークに接続していない場合、エラーで止まってしまう

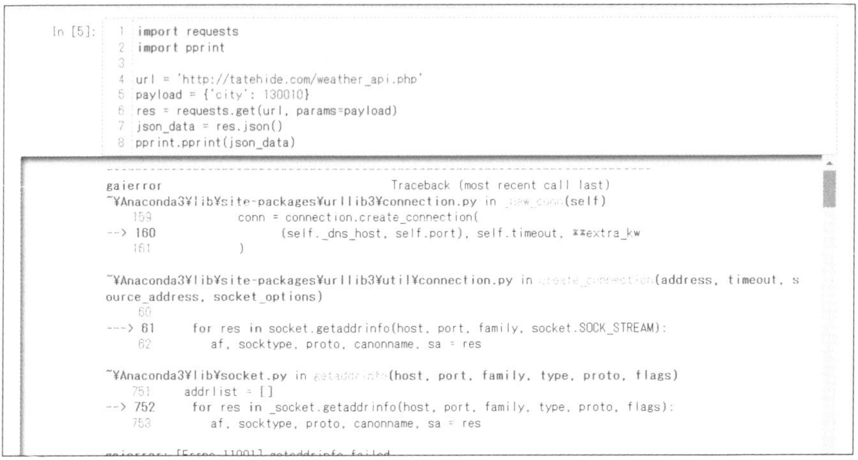

また、ネットワークに接続していても、引数urlに指定したURLが誤っていると、エラーで止まりはしないものの、「404 Not Found」のレスポンスが返されます。ほかにもさまざまなエラーが考えられます。

エラー処理のコードはtry文を使い、例外として処理するのが定石です。例として、**リスト2-2-3**を紹介します。リスト2-2-2にエラー処理を追加したコードです。

リスト2-2-3●リスト2-2-2にエラー処理を追加したコード

```
import requests

try: ――――――――――(1)
    res = requests.get('http://tatehide.com/weather_api.php')
```

```
    res.raise_for_status() ――――――――(2)
    res.encoding = res.apparent_encoding
    print(res.text)

except requests.exceptions.RequestException:
    print('エラー発生')
```

全体として、メインの処理をtry文の中に入れ（1）、except節にエラー発生時の処理を記述します。後者はここでは簡易的に、「requests.exceptions.RequestException」の例外だけをキャッチし、「エラー発生」と出力するだけとしています。

ポイントは（2）です。requestsモジュールのエラーは特例的に、データ取得などに失敗した際のエラーは、プログラマが手動で発生させるよう設定する必要があります。そのための処理が（2）です。Responseオブジェクトの「raise_for_status」メソッドを実行します。引数なしです。

```
Responseオブジェクト.raise_for_status()
```


記述する場所は通常、requests.get関数でアクセスする処理のあとです。これで、もし、ネットワークに接続していなかったり、URLが誤っていたりなどの原因でエラーになると、except節に飛んで「エラー発生」と出力されます（**図2-2-7**）。今回はこのようにエラー処理は簡単なものにしていますが、もちろん細かく例外をキャッチして処理しても構いません。

図2-2-7●エラー処理を加えると、例外としてキャッチできる。エラーが発生したときに、指定した処理を実行できる

```
import requests
try:
    res = requests.get('http://tatehide.com/weather_api.php')
    res.raise_for_status()
    res.encoding = res.apparent_encoding
    print(res.text)

except requests.exceptions.RequestException:
    print('エラー発生')
```

```
エラー発生
```

2-3 スクレイピングに使う Beautiful Soup

本節では、「Beautiful Soup」（ビューティフル・スープ）という、スクレイピングのためのライブラリを解説します。スクレイピングとは、WebページのHTMLを解析し、そこから目的のデータを抜き出して取得する方法です。

説明に用いるWebページは、前節の前半部分と同じく**図2-3-1**とします。筆者のWebサイトに用意したダミーのWebページ（ http://tatehide.com/nsw1.html ）です。タイトルは「売上情報」で、テキストのみのシンプルなWebページです。前節（2-2）同様、日付はダミーのものが表示されます。各販売数も架空の数値が表示されます。

図2-3-1●スクレイピングに用いるWebページ「売上情報」
（http://tatehide.com/nsw1.html）

<A>Chromeで開いた画面

商品	渋谷店	新宿店	吉祥寺店
SDカード　16GB	56	81	72
SDカード　32GB	64	52	56
USBメモリ　16GB	86	23	29
外付けHDD　2TB	22	89	68

図2-3-1●スクレイピングに用いるWebページ「売上情報」(http://tatehide.com/nsw1.html)の続き

<B>Chromeのデベロッパーツールで HTMLを確認した画面。同ツールを開くには[F12]キーを押す。もしくは画面右上にある[Google Chromeの設定]→[その他のツール]→[デベロッパーツール]をクリックしてもよい

ここで注意です。前節でもお伝えしましたが、もし、読者の皆さんが一般のWebページをスクレイピングしようとした場合、あまり大量にアクセスすると不正アクセスと見なされるおそれがあります。注意してください。

また、ここでは、HTMLやCSSの基本的な知識の解説は割愛します。必要に応じて他の書籍やWebサイトなどで補完しながら読み進めてください。

Beautiful SoupでHTMLを取得

Beautiful Soupは、指定したデータをHTMLから取得するライブラリです。外部ライブラリですが、Anacondaに標準で同梱されており、インストール不要ですぐに使い始められます。

スクレイピングのプログラムの大まかな処理の流れを説明します。

まずは目的のWebページ全体のHTMLをテキストとして取得しましょう。HTMLの取得は別のライブラリで行います。ここでは、前節で紹介したRequestsを用いるとします。

そして次に、Beautiful Soupを用いて、取得したHTMLのテキストから目的のデータを取り出します。

以上がスクレイピングの大まかな流れです。

では、取得したHTMLから、Beautiful Soupで目的のデータを取り出す方法を解説します。Beautiful Soupでは最初に、HTMLを処理するためのオブジェクトを取得します。そのオブジェクトは、「BeautifulSoup」オブジェクトと呼ばれます（「Beautiful」と「Soup」の間の半角スペースはありません）。HTMLのテキスト本体と、解析やデータ取得のための各種メソッドや属性を備えたオブジェクトです。

BeautifulSoupオブジェクトは、「bs4.BeautifulSoup」コンストラクタで生成して取得します。書式は以下です。

書式

```
bs4.BeautifulSoup(markup, features)
```

引数

```
markup   : HTML
features : パーサー
```

モジュール名は「bs4」です。引数markupには、目的のHTMLのテキストを指定します。引数featuresには、使用するパーサー（テキストを解析する機能）を文字列として指定します。ここではHTML用の「html.parser」を指定します。Pythonの標準ライブラリに含まれるパーサーです。前述のコンストラクタで生成したオブジェクト（厳密にはインスタンス）を用いて、HTMLから目的のデータを取り出していくことで、スクレイピングを行います。

ここで、BeautifulSoupオブジェクトを取得するプログラムの例を紹介します。HTMLは前述のWebページ「売上情報」から取得します。BeautifulSoupオブジェクトは変数spに代入するとします。そして、試しに変数spをprint関数で出力してみます。そのコードが**リスト2-3-1**です。

リスト2-3-1●Webページ「売上情報」からBeautifulSoupオブジェクトを取得し、出力するコード

```
import requests
from bs4 import BeautifulSoup ――――――――――(1)

res = requests.get('http://tatehide.com/nsw1.html') ―――(2)
res.encoding = res.apparent_encoding ――――――――――――┘

sp = BeautifulSoup(res.text, 'html.parser') ――――――――(3)
print(sp)
```

リスト2-3-1の（1）は、Beautiful Soupのインポートです。このようにfrom import文を使い、以降は関数名などでモジュール名とピリオドの「bs4.」の記述を不要にするのが定番です。

（2）は、Requestsによって「売上情報」のHTMLを取得する処理です。前節のプログラムと同じく、WebページのResponseオブジェクトを取得して変数resに格納し、かつ、文字化け対策としてエンコーディングも設定しています。あとはResponseオブジェクト（変数res）のtext属性を使えば、HTMLのテキストが得られます。

（3）が、BeautifulSoupオブジェクトを取得する処理です。bs4.BeautifulSoupコンストラクタの引数markupには、「売上情報」のHTMLのテキストとして、Responseオブジェクトのtext属性である「res.text」を指定しています。引数featuresにはHTML用のパーサーとして、文字列「html.parser」を指定しています。生成したオブジェクトは変数spに代入しています。

変数spをprint関数で出力すると、「売上情報」のHTMLが丸ごと出力されます。実行結果は**図2-3-2**です。

図2-3-2●リスト2-3-1の実行結果。「売上情報」のHTMLが出力された。
変数spはあくまでもBeautifulSoupオブジェクトだが、
print関数の引数に指定すると、このようにHTMLがテキストとして出力される。
元のHTMLのインデントはすべて削除されたかたちになる

```
sp = BeautifulSoup(res.text, 'html.parser')
print(sp)
```

```
<!DOCTYPE html>

<html lang="ja">
<head>
<meta charset="utf-8"/>
<title>売上情報</title>
<link href="data.css" rel="stylesheet"/>
</head>
<body>
<div id="wrapper">
<h1>店舗・商品別販売数（日計）</h1>
<div id="date">2020/6/8</div>
<table class="main">
<thead>
<th>商品</th><th>渋谷店</th><th>新宿店</th><th>吉祥寺店</th>
</thead>
<tbody>
<tr><td class="item">SDカード 16GB</td><td>56</td><td>81</td><td>72</td></tr>
<tr><td class="item">SDカード 32GB</td><td>64</td><td>52</td><td>56</td></tr>
<tr><td class="item">USBメモリ 16GB</td><td>86</td><td>23</td><td>29</td></tr>
<tr><td class="item">外付けHDD 2TB</td><td>22</td><td>89</td><td>68</td></tr>
</tbody>
</table>
</div>
</body>
</html>
```

なお、リスト2-3-1は本来、try文によるエラー処理も盛り込むべきですが、ここでは割愛しています。エラー処理の実例は前節を参考にしてください。これ以降のリスト（コード）でも同様です。

目的の要素のみを取得

一般的に、スクレイピングで目的のWebページの目的のデータを取得するには、まずはそのWebページのHTMLを解析し、取得したいデータがHTMLのどこにどのようなかたちで存在しているのかを調べます。

Beautiful Soupではそのあと、解析結果を踏まえ、BeautifulSoupオブジェクトの各種メソッドを適宜使って、目的のデータが含まれるHTMLの要素（Pythonのリスト等の要素ではなく、HTMLの要素）を取得します。目的のデータはその要素内容なので、さらにそこから取り出します。

具体例をいくつか紹介しましょう。1つ目は「売上情報」から日付のデータを取得し、print関数で出力する例です。

まずはHTMLを解析しましょう。日付のデータは図2-3-1の＜A＞を見ると、売上の表の左上に「2020/6/8」とあります。そのHTMLは図2-3-1の＜B＞を見ると、div要素であり、そのid属性の属性値（id名）が「date」であることがわかります。

このdiv要素を取得する方法は、Beautiful Soupではさまざまな種類が用意されています。最も汎用性が高いのが、ここで紹介するCSSセレクタによる方法です。

CSSセレクタは、CSSの記述でもって目的の要素を指定する仕組みであり、Pythonに限らず広く利用されています。このあとの例で登場するCSSセレクタを、**表2-3-1**にまとめました。詳細および他の種類についての解説は、ここでは割愛します。

表2-3-1●本節の例で登場するCSSセレクタ

書式	意味
タグ名	タグ名の要素すべて
#id名	id名の要素
.class名	class名の要素すべて
>	直下の階層の子要素
タグ名:nth-child(連番)	タグ名の要素の<連番>目

Beautiful Soupでは、CSSセレクタによって要素を取得する方法は主に、「select_one」メソッドと「select」メソッドの2通りがあります。ともにBeautifulSoupオブジェクトのメソッドになります。

ここでは、select_oneメソッドを用います。ピンポイントで単一の要素を取得するメソッドです。基本的な書式は以下です。

書式

```
オブジェクト.select_one(selector)
```

オブジェクト
BeautifulSoupオブジェクト

```
引数
selector : CSSセレクタ
```

引数selectorには、目的のCSSセレクタを文字列として指定します。実行すると、その要素のオブジェクトが戻り値として得られます。要素のオブジェクトは「Tag」オブジェクトと呼びます。Tagオブジェクトの「string」属性で、要素内容が文字列として取得できます。要素内容が実際にWebページに表示されているテキストであり、取得したいデータです。HTMLでは、タグに挟まれています。

select_oneメソッドにはほかにも省略可能な引数がいくつかありますが、それらの説明はここでは割愛します。以降のメソッドも、基本的な引数のみを紹介します。

「売上情報」から日付のデータを取得・出力するコードが**リスト2-3-2**です。

リスト2-3-2●「売上情報」から日付のデータを取得・出力するコード

```
import requests
from bs4 import BeautifulSoup

res = requests.get('http://tatehide.com/nsw1.html')
res.encoding = res.apparent_encoding

sp = BeautifulSoup(res.text, 'html.parser')
print(sp.select_one('#date').string) ————————(1)
```

リスト2-3-1と異なるのは（1）の箇所だけです。（1）のprint関数の引数部分が、以下のとおり日付のデータを取得する処理です。

```
sp.select_one('#date').string
```

変数spは「売上情報」のBeautifulSoupオブジェクトです。select_oneメソッドの引数selectorにはCSSセレクタとして、文字列「#date」を指定しています。日付のdiv要素のid名は「date」なので、CSSセレクタの書式に従って、id名の前に#を付けて指定します。

（1）では、「sp.select_one('#date')」で日付のdiv要素のTagオブジェクトを取得し、そのstring属性で要素内容を取得しています。リスト2-3-2の実行結果は**図2-3-3**です。日付のデータ「2020/6/8」が出力されました。

図2-3-3●リスト2-3-2の実行結果。日付のデータが出力された

```
sp = BeautifulSoup(res.text, 'html.parser')
print(sp.select_one('#date').string)

2020/6/8
```

セレクタを一発で調べるには

先ほどの日付データのように、CSSセレクタがid名だけで済むケースはよいのですが、id属性がない要素はたいていCSSセレクタが複雑になり、記述が大変であったり誤ったりしがちです。その際、WebブラウザのChromeのデベロッパーツールのCopy selector機能を使えば、目的のCSSセレクタが一発で得られます。手順は**図2-3-4**のとおりです。

図2-3-4●Chromeのデベロッパーツールで目的のCSSセレクタを一発で取得する「Copy selector」の使い方

デベロッパーツールの「Elements」タブを開いてHTMLを表示します。そして、目的の要素を右クリック→［Copy］→［Copy selector］をクリックします。これで、そのCSSセレクタがクリップボードに取得されます。あとはPythonのコードにそのまま貼り付ければOKです。

図2-3-4では例として、売上表の商品「SDカード　32GB」(表のデータ部分の2行目）の吉祥寺店（表の4列目）のデータ（値は56）のCSSセレクタを取得しています。実際にクリップボードに取得された内容は以下になります。

```
#wrapper > table > tbody > tr:nth-child(2) > td:nth-child(4)
```

先頭から読み解いていきます。まずは「#wrapper > table > tbody」の部分で、「id名『wrapper』 → tableタグ → tbodyタグ」とDOMツリーにて直下の要素をたどっていきます（DOMツリーについては、後述のコラム参照)。

tbodyタグは表のデータ部分に該当します。ちなみに見出し部分はtheadタグになります。

次の「tr:nth-child(2)」は、「2番目のtrタグ」を意味します。trタグは表のデータ部分の行に該当し、tbodyタグの直下に位置します。そして、「tr:nth-child(2)」と記述することで、表の2行目を指定しています。CSSセレクタでは、要素（HTMLの要素）の連番は0ではなく、1から始まる点に注意しましょう。

その次の「td:nth-child(4)」で最終的に、「4番目のtdタグ」を指定しています。tdタグは表のデータ部分の列に該当し、trタグの直下に位置します。

このCSSセレクタを使って、「SDカード　32GB」の「吉祥寺店」の売上を取得・出力するコードが**リスト2-3-3**です。

リスト2-3-3●「SDカード　32GB」の「吉祥寺店」の売上を取得・出力するコード。CSSセレクタはCopy selector機能で得て、そのまま貼り付けた

```
import requests
from bs4 import BeautifulSoup

res = requests.get('http://tatehide.com/nsw1.html')
res.encoding = res.apparent_encoding

sp = BeautifulSoup(res.text, 'html.parser')
selector = '#wrapper > table > tbody > tr:nth-child(2) > td:nth-child(4)' ――――(1)
print(sp.select_one(selector).string) ――――(2)
```

CSSセレクタは長いので、変数selectorに格納して使っています（1)。

そして、select_oneメソッドの引数selectorには、変数selectorを指定しています（2）。

リスト2-3-3の実行結果は**図2-3-5**です。

図2-3-5●リスト2-3-3の実行結果。「SDカード　32GB」の吉祥寺店の売上である「56」が出力された

```
sp = BeautifulSoup(res.text, 'html.parser')
selector = '#wrapper > table > tbody > tr:nth-child(2) > td:nth-chi
print(sp.select_one(selector).string)
```

```
56
```

Column　DOMとは何か？

DOM（Document Object Model）とは、HTML文書の各要素にアクセスするための仕組みです。HTML文書はbodyやpなどのタグで構成されており、それら複数の要素が親子関係にあるツリー構造になっています。DOMを操作するAPIとして各種メソッドが用意されており、それらを利用して目的のHTML文書から操作対象となる要素を取得します。

要素の取得は、タグの種類に加え、付与されているid属性やclass属性の名前でも行えます。さらには、「この要素の2番目の子要素」など、ある要素を起点にツリーをたどって取得することもできます。ほかにも多彩な取得方法が用意されており、状況に応じて使い分けます（**図2-3-A**）。

図2-3-A●DOMツリーと要素の取得方法の例

HTML文書

```
<!doctype html>
<html>
<head>
    :
    :
</head>
<body>
  <div id="○○">
    <h1 class="××">△△△</h1>
          :
          :
</div>
</body>
</html>
```

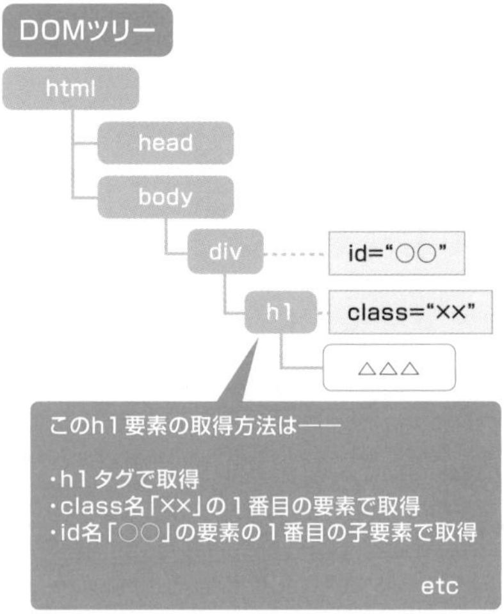

ChromeのCopy selector機能は少々冗長になることもありますが、目的のCSSセレクタを、より素早く誤りなく取得するには非常に有用な機能でしょう。

また、上記CSSセレクタの連番部分は、Pythonのf文字列（フォーマット済み文字列リテラル）または文字列のformatメソッドを使い、変数を埋め込めば、表の各行・列の要素を順に取得できるなどの応用もできます。

例えば、リスト2-3-3の変数selectorのコードで、「=」の右辺を以下のように、f文字列を使ってtdタグの連番に変数iを埋め込んだとします。

```
selector = f'#wrapper > table > tbody > tr:nth-child(2) > td
:nth-child({i+1})'
```

先頭の「f」がf文字列を意味し、変数を埋め込んでいる箇所は「{i+1}」です。「{}」によって埋め込み先を指定し、その中に埋め込みたい値を指定します。これで、変数iの値をfor文などで0から増やしていけば、「SDカード　32GB」の行(表のデータ部分の2行目）の各列の要素を先頭から順に取得できます。

class名で要素を取得

ここからはBeautifulSoupオブジェクトのselectメソッドを解説します。CSSセレクタによって要素を取得する主な方法の2つ目です。

select_oneメソッドが単一の要素を取得するのに対し、selectメソッドは複数の要素を取得したい際に使います。基本的な書式は以下です。

書式

```
オブジェクト.select(selector)
```

オブジェクト

BeautifulSoupオブジェクト

引数

selector　：CSSセレクタ

select_oneメソッドと同じ書式です。戻り値は、複数のTagオブジェクトのリストが得られます。厳密にはリストではなく、「bs4.element.ResultSet」オブジェクトですが、リストとして扱えます。

selectメソッドによる複数の要素の取得でよくあるのが、class属性を使うケースです。1つのHTML文書において、同じ名前のid属性のものは2つありません。1つのみです。一方、class属性は同じ名前のものが複数存在できます。selectメソッドなら、同じclass名の要素を複数まとめて取得できます。

selectメソッドの例が**リスト2-3-4**です。class名「item」の要素を取得し、その要素内容を順に出力するコードです。

リスト2-3-4●class名「item」の要素内容を順に取得・出力するコード

```
import requests
from bs4 import BeautifulSoup

res = requests.get('http://tatehide.com/nsw1.html')
res.encoding = res.apparent_encoding

sp = BeautifulSoup(res.text, 'html.parser')
elms = sp.select('.item') ――――――――(1)

for elm in elms: ―――――――――――――(2)
    print(elm.string)
```


class名「item」の要素は、図2-3-1の＜B＞のHTMLを確認すると、表の列「商品」のデータが該当します。リスト2-3-4の（1）では、selectメソッドの引数selectorに、CSSセレクタとして文字列「.item」を指定しています。class属性なので、class名の前に「.」を付けます。

これで、selectメソッドの戻り値として、class名「item」の要素のTagオブジェクトのリストが得られます。(1）では、変数elmsに格納し、以降の処理に用います。

そして、(2）のfor文にて、リストelmsからおのおののTagオブジェクトを順に変数elmに取り出します。for文の中では、その変数elmのstring属性で要素内容を取得し、print関数で出力しています。リスト2-3-4の実行結果は**図2-3-6**です。

図2-3-6●リスト2-3-4の実行結果。class名「item」の要素内容として、表の商品名が順に出力された

```
for elm in elms:
    print(elm.string)
```

```
SDカード 16GB
SDカード 32GB
USBメモリ 16GB
外付けHDD 2TB
```

class名「item」のtd要素は4つあり、それらの要素内容が出力されました。なお、class名以外にタグ名でCSSセレクタを指定しても、selectメソッドによって該当する要素のTagオブジェクトのリストが得られます。

要素を相対的に指定して取得

Beautiful Soupには、指定した要素を起点にDOMのツリーをたどって、他の要素を相対的に指定して取得するための仕組みが用意されています。それらはTagオブジェクトの属性として提供されます。主なものは**表2-3-2**のとおりです。

表2-3-2●親子兄弟要素などを取得する主な属性

属性	意味
parent	親要素
children	子要素
previous_sibling	前の兄弟要素
next_sibling	次の兄弟要素
previous_siblings	前の兄弟要素（複数）
next_siblings	次の兄弟要素（複数）

ここではその活用の一例として、「next_siblings」属性を紹介します。「次の兄弟要素」をまとめてリストとして取得する属性です。ここで言う「兄弟要素」とは、DOMツリーの同じ階層に位置する要素のことです。「次の」とは、同じ階層で隣接する後ろの要素のことです。

リスト2-3-5は、next_siblings属性を活用した例です。

コードの解説は文章だけだとわかりづらいので、**図2-3-7**を併せてごらんください。

リスト2-3-5●class名「item」の先頭行の要素を起点に、次の兄弟要素の要素内容を順に出力するコード

```
import requests
import bs4

res = requests.get('http://tatehide.com/nsw1.html')
res.encoding = res.apparent_encoding

sp = bs4.BeautifulSoup(res.text, 'html.parser')
item = sp.select('.item')[0] ————————(1)

for elm in item.next_siblings: ————————(2)
    print(elm.string)
```

まずは（1）にて、表のデータの先頭行の商品名（商品名「SDカード　16GB」）の要素を取得し、変数itemに代入しています。（1）では、先頭行の商品名の要素の取得を、「=」の右辺のコード「sp.select('.item')[0]」で行っています。前半部分のselectメソッド「sp.select('.item')」によって、class名「item」の要素のリストを取得します。表の1列目のtd要素であり、要素内容はそれぞれ商品名となるリストです。そのリストに「[0]」とインデックスの0を付けることで、先頭行の要素（商品名「SDカード　16GB」のtd要素）を取得しています。

（2）のfor文の「item.next_siblings」にて、next_siblings属性を使っています。（1）で変数itemに取得した要素を起点に、次の兄弟要素のリストをnext_siblings属性で取得します。

変数itemは先頭行のtd要素（商品名「SDカード　16GB」）でした。同じ階層（trタグ直下）には、次の兄弟要素として、各店舗の売上数であるtd要素が3つ後ろに続いています。next_siblings属性はこれら3つのtd要素のリストを取得します。

あとはそのリストから、for文で兄弟要素を変数elmに順に取り出します。for文の中では、変数elmのstring属性で、要素内容を出力しています。

図2-3-7●リスト2-3-5の(1)と(2)のコードの図解。兄弟要素をまとめてリストとして取得

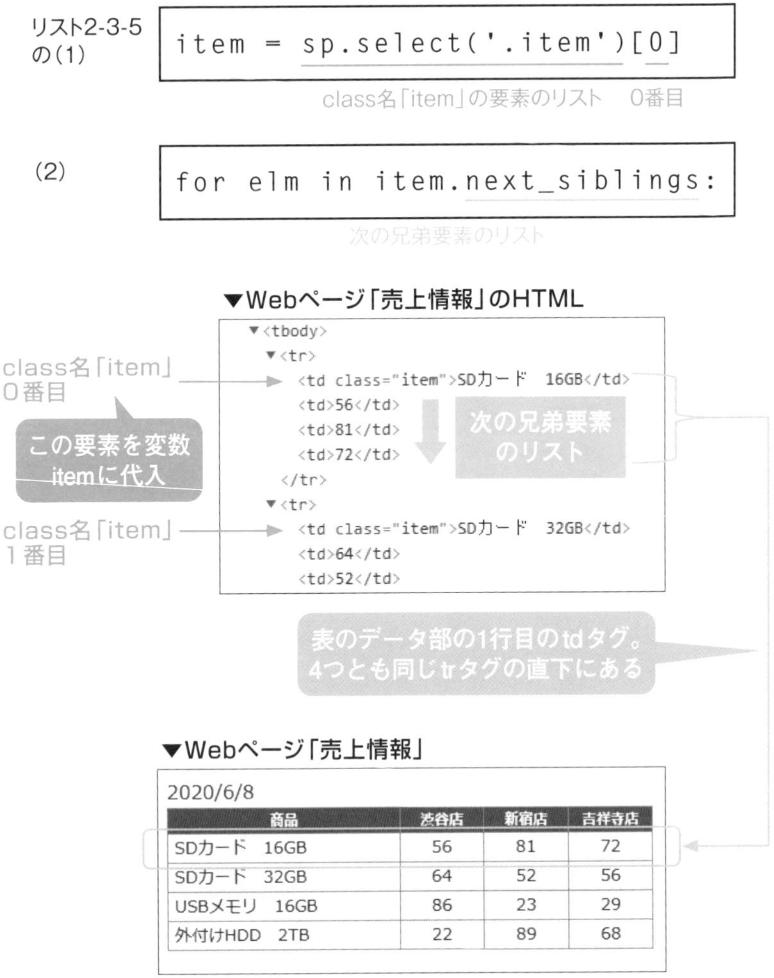

リスト2-3-5の実行結果は**図2-3-8**です。表のデータ部の先頭行の商品名「SDカード　16GB」を起点に、次の兄弟要素として、同じ行の販売数である3つの数値が連続して出力されました。

図2-3-8●リスト2-3-5の実行結果。先頭行の「SDカード　16GB」の販売数の数値が連続して出力された

```
for elm in item.next_siblings:
    print(elm.string)
```

```
56
81
72
```

next_siblings属性のような兄弟要素以外にも、表2-3-2のとおり、子要素や親要素といった他の階層を取得する属性などもあるので、適宜使い分けましょう。

Beautiful Soupの解説は以上です。目的の要素を取得する方法として、CSSセレクタを使ったメソッドを紹介しました。CSSセレクタ以外にも、タグ／id／class名に加え、要素内容でも検索して取得できるfind_allメソッドなど、多彩な方法で要素を取得するメソッドがあります。CSSセレクタの使い方に慣れたら、そちらも学ぶとよいでしょう。

Beautiful Soupはスクレイピング用途だけでなく、HTMLの要素の追加や変更、属性値の追加・変更・削除などといった、HTMLの操作にも使えます。さまざまな機能を持っているので、初心者は少しずつ理解していきましょう。

2-4 Webブラウザ操作を自動化するSelenium

「Selenium」(セレニウム) はスクレイピングだけでなく、Webブラウザの操作の自動化も行えるライブラリです。本格的なRPA(Robotic Process Automation)にも使える、便利な外部ライブラリです。

くどいようですが最初に前節同様、注意事項をお伝えします。Webページをスクレイピングする場合、あまり大量にアクセスすると、Webページの運営者に不正アクセスと見なされるおそれがあります。注意してください。

Seleniumによるスクレイピング

前節で解説したBeautiful Soupによるスクレイピングでは、目的のWebページにアクセスしてHTMLのデータを取得するのに、ライブラリRequestsのrequests.get関数を使いました。実はWebページによっては、同関数でプログラムから直接アクセスしても、HTMLを取得できないものが多々あります。Webサイトの運営者の方針などによって、そのような対策が施されている場合があるのです。

そのようなWebページは、Webブラウザ経由でアクセスすれば、HTMLを取得できます。SeleniumはWebブラウザを制御するための外部ライブラリです。主要なWebブラウザに対応しています。ここではChromeを使うことにします。

さらにSeleniumには、取得したHTMLから指定した要素の要素内容を取り出すための各種メソッドもそろっています。そのため、Seleniumのみでスクレイピング処理を完結できます。

Seleniumを準備しよう

Seleniumを使うには、事前に準備が必要です。Anacondaには標準で同梱されていますが、インストール作業が必要です。**図2-4-1**の＜A＞の手順に従ってインストールしてください。

なお、「Anaconda Navigator」のバージョンによってはSeleniumをインストールできない場合があります。その場合は以下の手順を試してください。

図2-4-1●Seleniumを使う準備

<A> Seleniumをインストールするには、まず［スタート］メニューから「Anaconda Navigator」を起動する

左側のメニューから① ［Environments］を選び、中央上部のドロップダウンから② ［Not installed］を選んだら、その右にある③ ［Update index…］をクリックしたあと、右側の検索ボックスに④「Selenium」と入力。「selenium」が検索されるので、⑤チェックを入れて選択したら、右下の⑥ ［Apply］をクリック

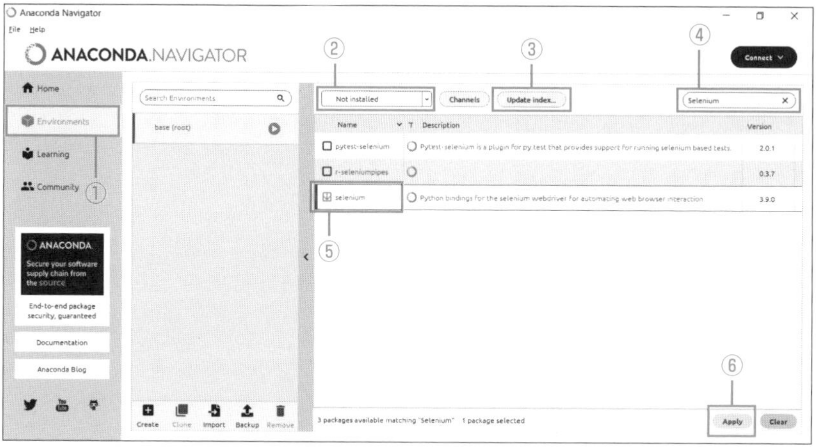

「Install Packages」ダイアログがこの状態で表示されたら、⑦［Apply］をクリックすればインストールが始まる

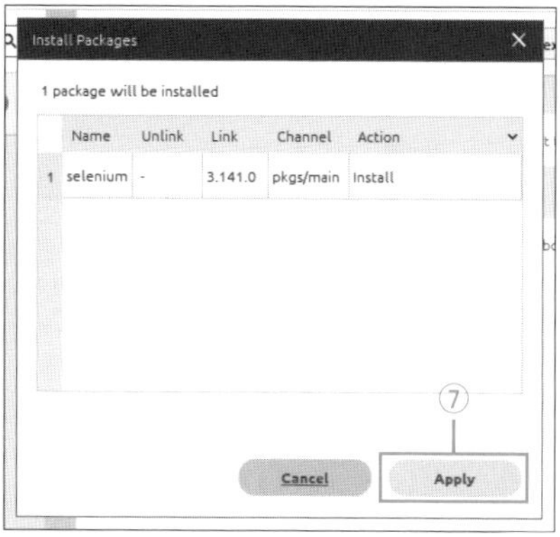

<B>ChromeDriverのダウンロードページ。Windows向けは32bit版しかないが、64bit環境上でも問題なく動作する

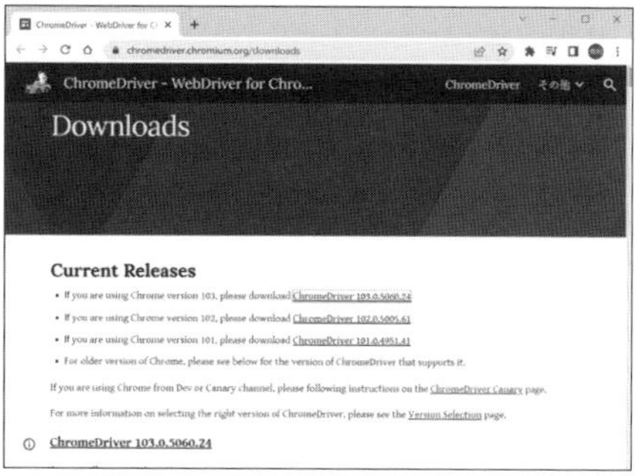

図2-4-1の＜A＞の画面の［base（root)］の右の矢印アイコンをクリックし、［Open Terminal］を選択。プロンプトの黒い画面が表示されたらそこに、

```
conda install -c conda-forge selenium==3.141.0
```

と入力して［Enter］キーを押す。「Proceed([y]/n)?」と表示されたら再び［Enter］キーを押す。「(base)」で始まるプロンプトに戻ればインストール完了です。

併せて、SeleniumからChromeを制御するために、Chromeのドライバー「ChromeDriver」も用意する必要があります。図2-4-1の＜B＞の公式サイトから、使っているChromeのバージョンに合わせてダウンロードしてください。

```
https://chromedriver.chromium.org/downloads
```

Chromeのバージョンは、Chromeの右上メニューの［ヘルプ］→［Google Chromeについて］で確認できます。

ダウンロードしたzipファイルを解凍したら、chromedriver.exeが得られます。これをJupyter Notebookで作るPythonのプログラムと同じディレクトリ（ホームディレクトリ）に置いてください。以下のディレクトリです。

```
C:¥Users¥<ユーザー名>
```

また、もしChrome自体が手元のPCに入っていなければ、Chromeの公式サイトからインストールしておいてください。これで準備完了です。

```
https://www.google.com/intl/ja_ALL/chrome/
```

WebページのHTMLを取得

スクレイピングの方法を解説します。説明に用いるWebページは、前節と同じく**図2-4-2**の＜A＞です。筆者が個人Webサイト上に用意したダミーのWebページ（ http://tatehide.com/nsw1.html ）です。タイトルは「売上情報」で、テキストのみのシンプルなWebページです。前節同様、日付と各販売数は架空のデータが表示されます。

図2-4-2●スクレイピングに用いるWebページ「売上情報」
(http://tatehide.com/nsw1.html)

<A>Chromeで開いた画面

<B>Chromeのデベロッパーツールで HTMLを確認した画面。三角形アイコンをクリックしてHTMLを展開する。同ツールを開くには[F12]キーを押す。もしくは画面右上にある[Google Chromeの設定]→[その他のツール]→[デベロッパーツール]をクリックしてもよい

Seleniumによるスクレイピングの第一歩として、目的のWebページをWebブラウザで開き、HTMLを取得する方法を紹介します（**リスト2-4-1**）。Webページ「売上情報」のHTMLをテキストとして取得し、print関数で出力します。

リスト2-4-1●Webページ「売上情報」のHTMLを取得・出力するコード

```
from selenium import webdriver ──────(1)

browser = webdriver.Chrome('chromedriver.exe') ─────(2)
browser.set_page_load_timeout(30) ───────────(3)
browser.get('http://tatehide.com/nsw1.html') ─────(4)
print(browser.page_source) ──────────(5)
```

リスト2-4-1の（1）は、Seleniumのインポートです。モジュール名は「selenium」です。このようにfrom import文を使い、「webdriver」サブモジュールをインポートするのがセオリーです。webdriverはWebブラウザを制御するためのクラスなどがそろったサブモジュールです。

最初にwebdriverのオブジェクトを生成します。Webブラウザの種類ごとにクラスが分かれており、Chromeなら「webdriver.Chrome」クラスになります。コンストラクタの基本的な書式は以下です。

書式

```
selenium.webdriver.Chrome(executable_path)
```

引数

executable_path　：Chromeのドライバー

引数executable_pathには、Chromeのドライバーのファイル名を文字列として指定します。Chromeのドライバーは、前出の図2-4-1の＜Ｂ＞で用意したものです。

「webdriver.Chrome」オブジェクトを生成している処理が（2）です。（1）のようにインポートすることで、冒頭の「selenium.」は記述不要になっています。

引数executable_pathには、文字列「chromedriver.exe」を指定しています。図2-4-1の＜Ｂ＞で用意したChromeのドライバーは、ファイル名が「chromedriver.exe」でした。そして、ホームディレクトリに置いたので、ファイル名の前のパスは不要です。そのため、引数executable_pathをこのように指定したのです。

（2）では、生成したwebdriver.Chromeオブジェクトを変数browserに格納し、以降の処理に用います。

(3) は、何らかの理由で目的のWebページが開けなかった場合のタイムアウトを設定する処理です。この処理がないと、開けない場合はずっと待つことになってしまいます。

タイムアウトの設定は、webdriver.Chromeオブジェクトの「set_page_load_timeout」メソッドで行います。

書式

```
オブジェクト.set_page_load_timeout(time_to_wait)
```

オブジェクト

webdriver.Chromeオブジェクト

引数

time_to_wait　：タイムアウトの時間

引数time_to_waitには、タイムアウトの時間を秒単位の数値で指定します。(3) では、30を指定することで、タイムアウトの時間を30秒に設定しています。

Webページを開く処理が、(4) です。開くには、webdriver.Chromeオブジェクトの「get」メソッドを使います。

書式

```
オブジェクト.get(url)
```

オブジェクト

webdriver.Chromeオブジェクト

引数

url　：URL

引数URLには、目的のWebページのURLを文字列として指定します。実行すると、Webページにアクセスして、webdriver.Chromeオブジェクトの中に読み込みます。

(5) は、同Webページの HTMLをテキストとして取得し、出力するコードです。getメソッドで読み込んだWebページのHTMLは、webdriver.Chromeオブジェクトの「page_source」属性を使えば、テキストとして取得できます。(5) では、

「browser.page_source」で取得し、print関数で出力しています。

リスト2-4-1を実行すると、Chromeが自動で起動し、Webページ「売上情報」を開きます。Jupyter Notebookとは別のウインドウで開きます（**図2-4-3**の＜A＞）。そして、Jupyter Notebookのセルには、そのHTMLを取得して出力します（図2-4-3の＜B＞）。このように実際にChromeを制御して、アクセスすることになります。

図2-4-3●リスト2-4-1の実行結果

<A>自動でChromeが起動し、Webページ「売上情報」を開く。アドレスバーの下には「Chromeは自動テストソフトウェアによって制御されています。」というメッセージが表示される

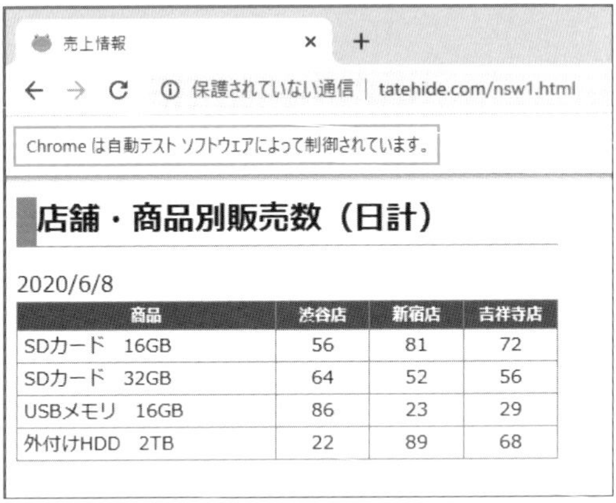

<B>Jupyter Notebookでは、Webページ「売上情報」のHTMLが出力される

```
6  print(browser.page_source)

<html lang="ja"><head>
    <meta charset="utf-8">
    <title>売上情報</title>
    <link rel="stylesheet" href="data.css">
  </head>
  <body>
    <div id="wrapper">
      <h1>店舗・商品別販売数（日計）</h1>
        <div id="date">2020/6/8</div>
        <table class="main">
          <thead>
            <tr><th>商品</th><th>渋谷店</th><th>新宿店</th><th>吉祥寺店</th>
          </tr></thead>
          <tbody>
            <tr><td class="item">SDカード  16GB</td><td>56</td><td>81</td><td>72</td></tr>
            <tr><td class="item">SDカード  32GB</td><td>64</td><td>52</td><td>56</td></tr>
            <tr><td class="item">USBメモリ  16GB</td><td>86</td><td>23</td><td>29</td></tr>
            <tr><td class="item">外付けHDD  2TB</td><td>22</td><td>89</td><td>68</td></tr>
          </tbody>
        </table>
     </div>

</body></html>
```

なお、起動したChromeを自動で閉じたければ、webdriver.Chromeオブジェクトの「quit」メソッドを実行します。引数はなしです。リスト2-4-1の場合、変数browserを使い、「browser.quit() 」と記述します。

ここでは実行結果をわかりやすくするために自動で閉じていませんが、実行する度に開いたままにしていると、メモリーを食うなどの弊害が生じます。通常は閉じるようにしましょう。これ以降のリストでも同様です。

CSSセレクタで単一の要素を取得

SeleniumはBeautiful Soupと同様に、WebページのHTMLの中から目的の要素を取り出し、要素内容の取得などが行えるライブラリです。

目的の要素の取得方法はいくつかありますが、ここでは、CSSセレクタによる方法を紹介します。前節でも登場した、最も汎用性が高い方法です。大きく分けて、単一の要素を取得する方法と、複数の要素を取得する方法があります。前者はHTMLのid属性、後者はそれ以外の属性などを用いた方法です。

単一の要素を取得する例のコードが**リスト2-4-2**です。

リスト2-4-2の実行結果が**図2-4-4**です。

Webページ「売上情報」から日付のデータを取得・出力します。日付のデータは、Webページ「売上情報」のHTML（図2-4-2の＜B＞）を見ると、id名「date」のdiv要素だとわかります。

リスト2-4-2●日付(id名「date」)の要素を取得し、要素内容を出力するコード

```
from selenium import webdriver

browser = webdriver.Chrome('chromedriver.exe')
browser.set_page_load_timeout(30)
browser.get('http://tatehide.com/nsw1.html')
elm = browser.find_element_by_css_selector('#date') ―――(1)
print(elm.text) ―――――(2)
```

図2-4-4●リスト2-4-2の実行結果。id名「date」の要素として、日付が出力された

```
7 | print(elm.text)

2020/6/8
```

CSSセレクタで単一の要素を取得するには、webdriver.Chromeオブジェクトの「find_element_by_css_selector」メソッドを用います。

書式

```
オブジェクト.find_element_by_css_selector(css_selector)

オブジェクト
webdriver.Chromeオブジェクト

引数
css_selector  : CSSセレクタ
```

引数css_selectorには、目的の要素のCSSセレクタを文字列として指定します。

リスト2-4-2でWebページ「売上情報」から日付の要素を取得する処理が（1）です。同メソッドの引数css_selectorには、id名「date」を意味する「#date」を文字列として指定しています。CSSセレクタの書き方は前節で解説しているので、忘れてしまったらおさらいしておきましょう。

実行すると、取得した要素の「WebElement」オブジェクトが戻り値として得られます。HTML要素のオブジェクトになります。（1）では、取得した日付の要素（id名「date」のdiv要素）のWebElementオブジェクトを変数elmに代入し、以降の処理に用いています。

要素内容は、WebElementオブジェクトの「text」属性でテキストとして得られます。（2）では、変数elmのtext属性によって、要素内容である日付のデータを取得し、print関数で出力しています。

なおリスト2-4-2は、実用途として使うのであればtry文によるエラー処理も盛り込むべきですが、ここでは割愛します。以降のリストも同様です。

CSSセレクタで複数の要素を取得

続けて、複数の要素を取得する方法を解説します。その例のコードが**リスト2-4-3**です。class名で取得する例です。

リスト2-4-3の実行結果が**図2-4-5**です。

Webページ「売上情報」の表から、「SDカード　16GB」などの商品名を取得・出力します。商品名のデータはWebページ「売上情報」のHTML（図2-4-2の

＜B＞）を見ると、class名「item」のtd要素であることがわかります。計4つあります（図2-4-2の＜B＞の状態では、最後の1つは下側に隠れており、スクロールすると見られます。また、図2-4-3の＜B＞でも確認できます）。

リスト2-4-3●表の商品名（class名「item」）の要素を取得し、要素内容を出力するコード

```
from selenium import webdriver

browser = webdriver.Chrome('chromedriver.exe')
browser.set_page_load_timeout(30)
browser.get('http://tatehide.com/nsw1.html')
elms = browser.find_elements_by_css_selector('.item') ————(1)

for elm in elms: ——————(2)
    print(elm.text)
```

図2-4-5●リスト2-4-3の実行結果。class名「item」の要素内容として、商品名が4つ出力された

```
for elm in elms:
    print(elm.text)

SDカード　16GB
SDカード　32GB
USBメモリ　16GB
外付けHDD　2TB
```


CSSセレクタで複数の要素を取得するには、webdriver.Chromeオブジェクトの「find_elements_by_css_selector」メソッドを用います。一見、先ほどのfind_element_by_css_selectorと同じメソッド名に思えますが、「element」の後ろに複数形の「s」が付いています。書式は以下です。

書式

```
オブジェクト.find_elements_by_css_selector(css_selector)
```

オブジェクト

```
webdriver.Chromeオブジェクト
```

引数

```
css_selector  : CSSセレクタ
```

引数css_selectorには、目的の要素のCSSセレクタを文字列として指定します。リスト2-4-3にて、Webページ「売上情報」からclass名「item」の要素を取得している処理が（1）です。同メソッドの引数css_selectorには、class名「item」を意味する「.item」を文字列として指定しています。

実行すると、取得したclass名「item」のtd要素のWebElementオブジェクトのリストが戻り値として得られます。リストである点が、単一の要素を取得するfind_element_by_css_selectorメソッドとの大きな違いです。

（1）で変数elmsにfind_elements_by_css_selectorメソッドの戻り値を代入し、以降の処理に用いています。この時点で変数elmsには、class名「item」のtd要素のWebElementオブジェクトが4つあるリストが格納されます。

そして（2）では、for文によって繰り返しの度に、変数elmsのリストから、個々のtd要素のWebElementオブジェクトを変数elmに取り出しています。

あとはtext属性によって要素内容である商品のデータを取得し、print関数で出力しています。

以上が、SeleniumによるCSSセレクタを用いたスクレイピングの基本です。webdriver.Chromeオブジェクトには、CSSセレクタ以外の方法でも、目的の要素を取得できるメソッドがいくつか用意されています。

組み合わせでスピードUP!

Seleniumを使ったスクレイピングでは、実際のWebブラウザを経由して間接的にアクセスすることになります。そのため、処理速度は遅くなりがちです。

そこで、Beautiful Soupと組み合わせて、HTMLの取得までをSelenium、目的の要素の取得など以降の処理をBeautiful Soupで行うと得策です。Beautiful SoupはSeleniumよりも処理が速いので、Seleniumが行う処理を、HTMLの取得だけに絞るのです。

先ほどのリスト2-4-2のコードをそのように書き換えたのが**リスト2-4-4**です。

リスト2-4-4の実行結果が**図2-4-6**です。

リスト2-4-4●SeleniumでHTMLを取得し、Beautiful Soupで日付のデータを取得・出力するコード

```
from bs4 import BeautifulSoup
from selenium import webdriver

browser = webdriver.Chrome('chromedriver.exe')
browser.set_page_load_timeout(30)
browser.get('http://tatehide.com/nsw1.html')
sp = BeautifulSoup(browser.page_source, 'html.parser') ————(1)
print(sp.select_one('#date').string)
```

図2-4-6●リスト2-4-4の実行結果。リスト2-4-2と同じ結果が得られた

```
print(sp.select_one('#date').string)
```

```
2020/6/8
```

ポイントは（1）です。SeleniumからBeautiful Soupへ処理のバトンタッチが行われています。「=」の右辺を抜き出すと以下になります。

```
BeautifulSoup(browser.page_source, 'html.parser')
```

BeautifulSoupオブジェクトを生成するコンストラクタにおいて、引数markupに「browser.page_source」を指定している点がミソです。この変数browserはSeleniumのwebdriver.Chromeオブジェクトであり、そのpage_source属性によって、目的のWebページのHTMLをテキストで取得しています。

Webブラウザの操作を自動化

次に、SeleniumによるWebブラウザ操作の自動化を解説します。自動化できる操作は、リンクをクリックしてページを遷移する、フォームにキーワードを入力してボタンをクリックして検索する、などです。

ここではフォームの操作の自動化を解説します。説明に用いるフォームのWebページは、**図2-4-7**の＜Ａ＞とします（ http://tatehide.com/nsw4.html ）。

図2-4-7●フォーム操作の自動化に用いるWebページ「フォーム」
（ http://tatehide.com/nsw4.html ）

<A>手動で開いた画面。操作対象の要素は、テキストボックス「名前」とドロップダウン「申込コース」（選択肢は4つ）、［送信］ボタンがある

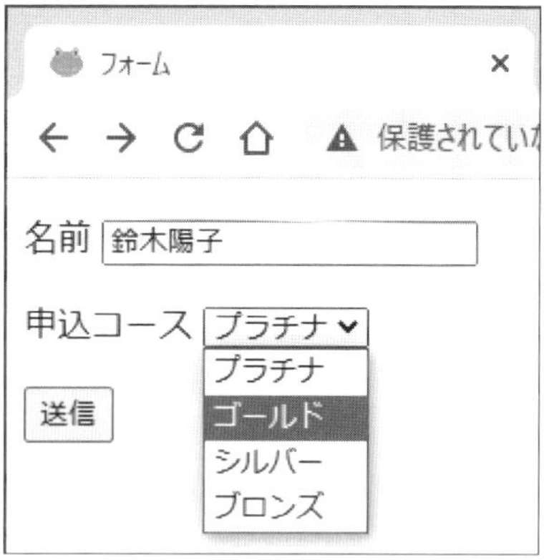

<B>Webページ「フォーム」のHTML。テキストボックスとドロップダウン、ボタンは今回、要素の取得を簡潔にするため、それぞれid属性を付けている

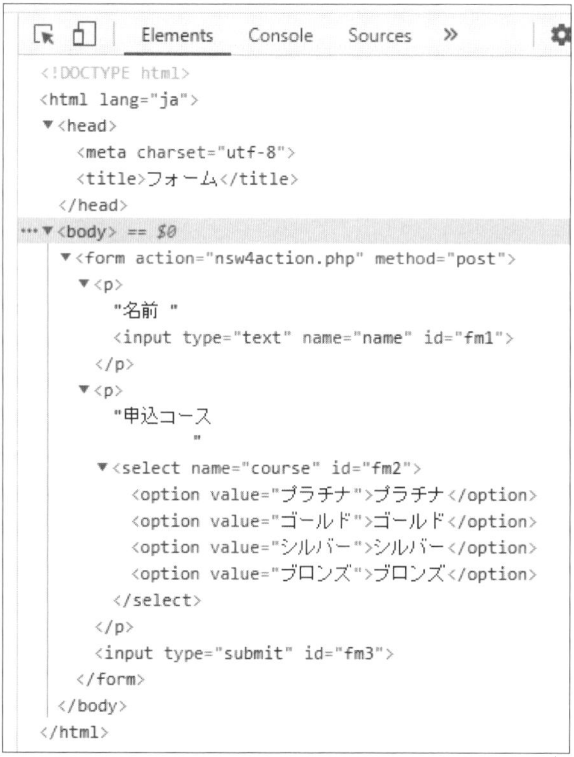


```
<!DOCTYPE html>
<html lang="ja">
▼<head>
    <meta charset="utf-8">
    <title>フォーム</title>
  </head>
…▼<body> == $0
   ▼<form action="nsw4action.php" method="post">
     ▼<p>
        "名前 "
        <input type="text" name="name" id="fm1">
      </p>
     ▼<p>
        "申込コース
                "
       ▼<select name="course" id="fm2">
          <option value="プラチナ">プラチナ</option>
          <option value="ゴールド">ゴールド</option>
          <option value="シルバー">シルバー</option>
          <option value="ブロンズ">ブロンズ</option>
        </select>
      </p>
      <input type="submit" id="fm3">
    </form>
  </body>
</html>
```

図2-4-7●フォーム操作の自動化に用いるWebページ「フォーム」
（ http://tatehide.com/nsw4.html ）の続き

<C>[送信]ボタンをクリックした結果。入力した名前と選択したコースがこのようなかたちで表示される

筆者が個人Webサイト上に用意したダミーのWebページで、タイトルは「フォーム」です。テキストボックスとドロップダウンとボタンがそれぞれ1つあるシンプルなフォームです。

HTMLは図2-4-7の＜B＞です。テキストボックスに入力してドロップダウンを選び、［送信］ボタンをクリックすると、図2-4-7の＜C＞のように、入力・選択した内容が表示されます。

フォーム操作の自動化の方法は、実行結果がわかりやすいよう、まずはテキストボックスへの入力とドロップダウンの選択のみを解説するとします（［送信］ボタンはまだクリックしない）。

そのコードが**リスト2-4-5**です。

リスト2-4-5の実行結果が**図2-4-8**です。実行すると、テキストボックス「名前」には「鈴木陽子」と入力され、ドロップダウン「申込コース」は「シルバー」が選択されます。

リスト2-4-5●Webページ「フォーム」のフォームにて、テキストボックスに入力し、ドロップダウンを選ぶだけのコード

```
from selenium import webdriver
from selenium.webdriver.support.select import Select ―――(3)

browser = webdriver.Chrome('chromedriver.exe')
browser.set_page_load_timeout(30)
browser.get('http://tatehide.com/nsw4.html')
```

```
elm = browser.find_element_by_css_selector('#fm1') ——(1)
elm.send_keys('鈴木陽子')

elm = browser.find_element_by_css_selector('#fm2') ——(2)
select_obj = Select(elm)
select_obj.select_by_visible_text('シルバー') ——(4)
```

図2-4-8●リスト2-4-5の実行結果。自動でテキストボックスに名前が入力され、ドロップダウンが選択された

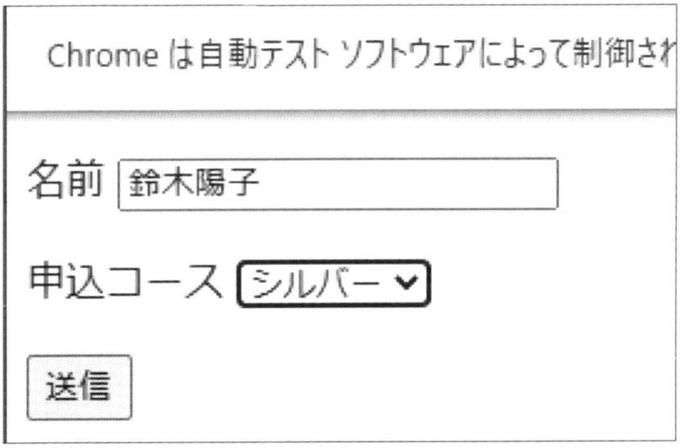

リスト2-4-5を解説します。

テキストボックス「名前」にテキストを入力する処理が、(1) です。入力はWebElementオブジェクトの「send_keys」メソッドで行います。書式は以下です。

書式

```
WebElementオブジェクト.send_keys(keys_to_send)
```

引数

```
keys_to_send  : 入力するテキスト
```

目的のテキストボックスのWebElementオブジェクトにて、send_keysメソッドを実行します。引数keys_to_sendには、テキストボックスに入力したいテキストを文字列として指定します。

(1) では、最初のコードにて、テキストボックス「名前」のWebElementオブジェクトを取得し、変数elmに格納しています。取得はfind_element_by_css_selectorメソッドを使い、セレクタに「#fm1」を指定しています。Webページ「フォーム」のHTML（図2-4-7の＜B＞）を見ると、テキストボックス「名前」にはid名「fm1」が付けられているので、それを利用して取得しています。

（1）の2つ目のコードが、send_keysメソッドによってテキストを入力する処理です。今回は名前として「鈴木陽子」を入力するとしています。そのために、send_keysメソッドの引数keys_to_sendに、文字列「鈴木陽子」を指定しています。これでテキストボックス「名前」に「鈴木陽子」を入力できます。

ドロップダウンを選択するには

ドロップダウン「申込コース」を選択する処理がリスト2-4-5の(2)～(3)です。

ドロップダウンを選択するには、まずは目的のドロップダウンの「Select」オブジェクトを取得します。取得は「selenium.webdriver.support.select.Select」クラスのコンストラクタで行います。

書式

```
selenium.webdriver.support.select.Select(webelement)

引数
webelement : ドロップダウンのWebElementオブジェクト
```

引数webelementには、目的のドロップダウンのWebElementオブジェクトを指定します。

Selectオブジェクトを取得する処理が、（2）です。Webページ「フォーム」のHTML（図2-4-7の＜B＞）を見ると、ドロップダウン「申込コース」はselectタグであり、id名が「fm2」と付けられています。（2）の最初のコードにて、id名「fm2」をセレクタに指定してWebElementオブジェクトを取得し、変数elmに格納します。

（2）の2つ目のコードで、selenium.webdriver.support.select.Selectコンストラクタを実行しているのですが、記述を簡潔にするため、（3）のようにインポートして「Select」とだけ記述すれば済むようにするのが定石です。引数に変数elm（1つ目のコードで取得したWebElementオブジェクト）を指定することで、ドロップダウン「申込コース」のSelectオブジェクトを取得します。それを変数select_objに格納し、以降の処理に用います。

実際にドロップダウンを選択する処理が、(4) です。選択する方法は何種類かありますが、ここでは選択肢のテキストを指定して選択しています。そのために使うのがSelectオブジェクトの「select_by_visible_text」メソッドです。

書式

```
Selectオブジェクト.select_by_visible_text(text)
```

引数

```
text  : 選択肢のテキスト
```

引数textには、選びたい選択肢のテキストを文字列として指定します。(4) では、(2) で取得したSelectオブジェクトである変数select_objを使い、select_by_visible_textの引数に文字列「シルバー」を指定することで、選択肢「シルバー」を選んでいます。

なお、ドロップダウンで選ぶ選択肢は、インデックスで指定することもできます。Selectオブジェクトの「select_by_index」メソッドを用います。引数には、先頭の選択肢を0としてインデックスを数値として指定します。例えば、リスト2-4-5でドロップダウン「申込コース」の3つ目の選択肢（「シルバー」）を選ぶなら、インデックスに2を指定します。

```
Select(elm).select_by_index(2)
```

ボタンのクリックとスクリーンショット

次に、テキストボックス「名前」の入力とドロップダウン「申込コース」の選択に加え、[送信] ボタンをクリックする操作までを自動化する例を紹介します。そのコードが**リスト2-4-6**です。

リスト2-4-6の実行結果が**図2-4-9**です。

リスト2-4-6●Webページ「フォーム」のフォームにて、[送信]ボタンのクリックまで自動化したコード。リスト2-4-5から追加したコードは最後の2行のみ

```
from selenium import webdriver
from selenium.webdriver.support.select import Select
```

```
browser = webdriver.Chrome('chromedriver.exe')
browser.set_page_load_timeout(30)
browser.get('http://tatehide.com/nsw4.html')

elm = browser.find_element_by_css_selector('#fm1')
elm.send_keys('鈴木陽子')

elm = browser.find_element_by_css_selector('#fm2')
select_obj = Select(elm)
select_obj.select_by_visible_text('シルバー')

elm = browser.find_element_by_css_selector('#fm3') ―――――(1)
elm.click() ―――――(2)
```

図2-4-9●リスト2-4-6の実行結果。[送信]ボタンが自動でクリックされた結果として、テキストボックスに入力した名前とドロップダウンで選択したコースが表示された

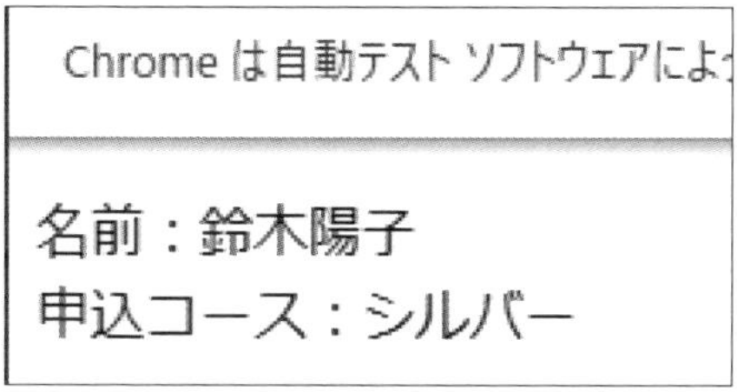

リスト2-4-6は、リスト2-4-5に（1）と（2）のコードを追加しています。この（1）と（2）の2行が、［送信］ボタンをクリックする処理です。

ボタンのクリックは、目的のボタンのWebElementオブジェクトの「click」メソッドで行います。引数はなしです。

Webページ「フォーム」のHTML（図2-4-7の＜B＞）を見ると、［送信］ボタン（type属性が"submit"のinput要素）にはid名「fm3」が付けられています。リスト2-4-6では、（1）にてfind_element_by_css_selectorメソッドによって、id名「fm3」で［送信］ボタンのWebElementオブジェクトを取得し、変数elmに格納しています。

そして、（2）でclickメソッドによってクリックしています。

このclickメソッドはボタンのクリックのみならず、オプションボタン（ラジオボタン）やチェックボックスの選択など、他の要素の操作にも使えます。加えて、リンクのテキストやボタンをクリックして、ページを遷移する操作にも使えます。いずれも、操作したい要素のWebElementオブジェクトを取得し、clickメソッドを実行するだけで済みます。

このようにSeleniumでフォーム操作を自動化することで、例えば、競合商品の価格を調査したければショッピングサイトや価格比較サイトなどの検索フォームを操作して目的の商品の価格を検索するまでを自動化できます。さらにその検索結果のWebページをスクレイピングし、データを収集することも自動化できます。

また、調査結果の画面のスクリーンショットを撮りたければ、webdriver.Chromeオブジェクトの「get_screenshot_as_file」メソッド1つで可能です。引数に、保存したい画像のファイル名をパス付きで指定すれば、表示中のWebページのスクリーンショットを取得し、PNG画像で保存できます。

例えば、リスト2-4-6の実行結果のスクリーンショットを撮るコードは以下です。ファイル名は「sc1.png」で、ホームディレクトリに保存するようになっています。webdriver.Chromeオブジェクトは変数browserでしたので、以下のようになります。

```
browser.get_screenshot_as_file('sc1.png')
```

このように、たった1行のコードでスクリーンショットを撮れます。Webシステムのテストの証跡として、スクリーンショットを撮りたい場合などにも利用できるでしょう。

第3章

データ分析・AI編

Pythonでのプログラミングを学ぶ人の多くは、データ分析やAI（人工知能）プログラムを開発したいと思っていることでしょう。ここではそれらの用途のライブラリで定番のものを解説します。

3-1 グラフ作成に使うMatplotlib

3-1-1 グラフ作成の基礎

データを集計・分析した結果をグラフ化したい機会は多いでしょう。Pythonでのグラフ作成には、定番ライブラリである「Matplotlib」がよく利用されます。デザインに優れた多彩なグラフを、シンプルなコードで簡単に作成できるのが特徴です。Matplotlibの基本的な使い方を解説します。

「plt」でインポートするのが定石

Matplotlibは外部ライブラリですが、Anacondaに標準で備わっており、インストール作業なしで使えます。

最初に、Matplotlibのモジュールのインポートを解説します。Matplotlibによるグラフ作成は主に、matplotlib.pyplotサブモジュール（サブパッケージ）以下の関数を使います。関数名の記述がより短くなるよう、asキーワードを用いて「plt」の名前でインポートするのがセオリーです。

```
import matplotlib.pyplot as plt
```

また、Jupyter Notebookでグラフを作成する際、インラインで描画するために、以下のコードを冒頭（import文より前）に記述します。

```
%matplotlib inline
```

この2つのコードは、原則として毎回記述することになります。

折れ線グラフを作成しよう

では、グラフの作成方法を解説します。まずは折れ線グラフです。ここで取り上げる書式設定などの方法は、3-1-2で解説する棒グラフや散布図など、他の形式のグラフでも使えます。

折れ線グラフは「matplotlib.pyplot.plot」関数で作成します。基本的な書式は以下です。

書式

```
matplotlib.pyplot.plot(*args)
```

引数

```
*args  : X軸とY軸のデータ
```

引数*argsには、グラフ化したいデータを指定します。2次元グラフなら、X軸とY軸に該当する2種類のデータをカンマ区切りで指定します。必ずX軸→Y軸の順で指定してください。各データはリストなどイテラブルなオブジェクトの形式で指定します。

なお、同関数は3次元グラフも作成可能ですが、本書では2次元グラフのみに絞るとします。また、matplotlib.pyplot.plot関数には、ほかにも省略可能なオプショナル引数が多数ありますが、本書での説明は割愛します。ただし、系列の書式設定に関する引数のみ、一部を後ほど解説します。以降の関数やメソッドも、基本的な引数のみを紹介します。

matplotlib.pyplot.plot関数の使い方は、書式を眺めているだけよりも具体例を実際に試した方がはるかに理解が早いです。ここでは例として、2019年の月ごとの平均気温の折れ線グラフを作成するとします。X軸（横軸）は月の英語の短縮形（1月なら「Jan」など）、Y軸（縦軸）は平均気温とします。データは以下の気象庁のWebページより抜粋しました。

```
http://www.data.jma.go.jp/obd/stats/etrn/view/monthly_s3.php?%
20prec_no=44&block_no=47662
```

そのコードが**リスト3-1-1-1**です。

リスト3-1-1-1●2019年の月ごとの平均気温のグラフを作成するコード

```
%matplotlib inline
import matplotlib.pyplot as plt
```

```
month = ['Jan', 'Feb', 'Mar', 'Apr', 'May', 'Jun',
         'Jul', 'Aug', 'Sep', 'Oct', 'Nov', 'Dec']        (1)
tmp_ave2019 = [5.6, 7.2, 10.6, 13.6, 20.0, 21.8,
               24.1, 28.4, 25.1, 19.4, 13.1, 8.5]

plt.plot(month, tmp_ave2019) ――――――― (2)
plt.show() ――――――――――――――――― (3)
```

まずは変数monthに月の文字列のリスト、変数tmp_ave2019に各月の平均気温の数値のリストを用意します（リスト3-1-1-1の（1））。

そして（2）で、matplotlib.pyplot.plot関数で折れ線グラフを作成します。関数名は冒頭のインポートによって、「plt.plot」という短い記述で済みます。引数には、変数monthと変数tmp_ave2019を、カンマ区切りで順に指定します。もし順を逆にすると、X軸が平均気温、Y軸が月というグラフになってしまいます。

また、X軸とY軸のデータの要素数が異なるとエラーになるので注意しましょう。この例の場合、X軸の月のリストの要素数は12なので、Y軸の平均気温のリストも要素数は同じ12に必ずそろえます。

matplotlib.pyplot.plot関数で作成したグラフを画面に表示するために、「matplotlib.pyplot.show」関数を実行します。引数はなしです。リスト3-1-1-1の（3）です。この関数名も「plt」を使って短く記述できます。以降に登場する関数もすべて同様です。なお、matplotlib.pyplot.show関数なしでも表示されるケースがありますが、原則必要とおぼえておきましょう。

リスト3-1-1-1の実行結果が、**図3-1-1-1**です。

図3-1-1-1●リスト3-1-1-1の実行結果。平均気温の推移が青色の折れ線グラフで表示された。X軸の値はリストmonthの要素

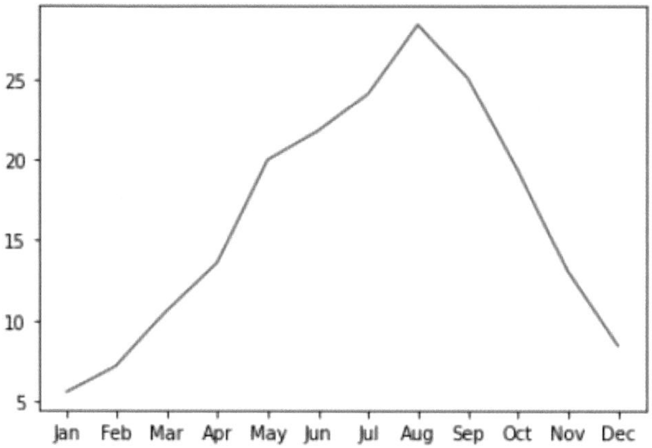

折れ線グラフの系列の色や太さなどの書式、Y軸の目盛、グラフ全体の大きさなどはすべてデフォルトで作成されています。後ほど、これらの中からいくつか設定を変更する例を紹介します。

系列を追加するには

同じグラフに系列を追加するには、matplotlib.pyplot.plot関数のコードを追加するだけです。例えば、2018年の月ごとの平均気温の系列を追加したコードが**リスト3-1-1-2**です。

リスト3-1-1-2●2019年と2018年の月ごとの平均気温のグラフを作成するコード

```
%matplotlib inline
import matplotlib.pyplot as plt

month = ['Jan', 'Feb', 'Mar', 'Apr', 'May', 'Jun',
         'Jul', 'Aug', 'Sep', 'Oct', 'Nov', 'Dec']
tmp_ave2019 = [5.6, 7.2, 10.6, 13.6, 20.0, 21.8,
               24.1, 28.4, 25.1, 19.4, 13.1, 8.5]
tmp_ave2018 = [4.7, 5.4, 11.5, 17.0, 19.8, 22.4, ―――――(1)
               28.3, 28.1, 22.9, 19.1, 14.0 ,8.3] ――――――
```

```
plt.plot(month, tmp_ave2019)
plt.plot(month, tmp_ave2018) ————————(2)
plt.show()
```

（1）で、変数tmp_ave2018に2018年のデータを用意し、（2）のmatplotlib.pyplot.plot関数の第2引数に渡しています。第1引数には月のデータである変数monthを指定します。この作成のコードはmatplotlib.pyplot.show関数の前に記述します。リスト3-1-1-2の実行結果は**図3-1-1-2**です。1つ目の系列とは異なる色が、自動で設定されます。

図3-1-1-2●リスト3-1-1-2の実行結果。2019年と2018年の2つの系列を表示した。2018年の色は自動でオレンジ色に設定された

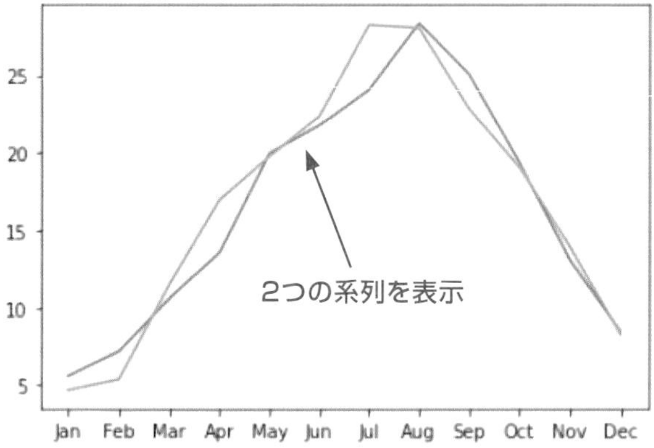

日本語の文字化けを防ぐ

Matplotlibは、デフォルトでは日本語に対応していません。そのため、文字化けを起こしてしまいます。日本語に対応させるには、「matplotlib.rcParams」オブジェクトを用いて、日本語のフォントを使えるよう設定します。これは、Matplotlibのデフォルト設定が入っている辞書型のオブジェクトです。

日本語フォントの設定の例が、**リスト3-1-1-3**です。游ゴシックとメイリオを設定しています。リスト3-1-1-1やリスト3-1-1-2のX軸の値を「1月」や「2月」といった日本語に変更したコードです。系列は2019年のみとしています。

リスト3-1-1-3●日本語に対応させるため、matplotlib.rcParams オブジェクトでフォントを設定

```
%matplotlib inline
import matplotlib.pyplot as plt
from matplotlib import rcParams

rcParams['font.family'] = 'sans-serif' ────────────(1)
rcParams['font.sans-serif'] = ['Yu Gothic', 'Meiryo'] ────(2)

month = [str(i + 1) + '月' for i in range(12)] ─────────(3)
tmp_ave2019 = [5.6, 7.2, 10.6, 13.6, 20.0, 21.8,
               24.1, 28.4, 25.1, 19.4, 13.1, 8.5]

plt.plot(month, tmp_ave2019)
plt.show()
```

matplotlib.rcParamsオブジェクトは、from import文にて、「rcParams」クラスだけをインポートします。

実際のフォントの設定が、リスト3-1-1-3の（1）と（2）です。

まずは（1）にて、フォントファミリーを設定します。「rcParams['font.family']」と辞書の形式で、フォントファミリーの設定項目名「font.family」をキーに指定します。そこに、目的のフォントファミリー名の文字列を代入します。ここでは「sans-serif」を設定しています。ゴシック系のフォントファミリーです。明朝系なら「serif」になります。

次に（2）で、そのフォントファミリーにフォントを設定します。sans-serifのフォントファミリーに追加するなら、「rcParams['font.sans-serif']」に目的のフォント名のリストを代入します。ここでは游ゴシックとメイリオを設定したいので、文字列「Yu Gothic」と「Meiryo」のリストを代入します。

（3）では、「1月」といったX軸の値のリストは、リスト内包表記で生成しています。「['1月', '2月',……, '12月']」のように12カ月ぶんの要素を並べたかたちでリストを用意してもよいのですが、今回はリスト内包表記を採用しました。

リスト3-1-1-3を実行すると、**図3-1-1-3**のように、日本語が文字化けせずにちゃんと表示されます。

図3-1-1-3●リスト3-1-1-3の実行結果。
漢字の「月」が文字化けすることなく表示された

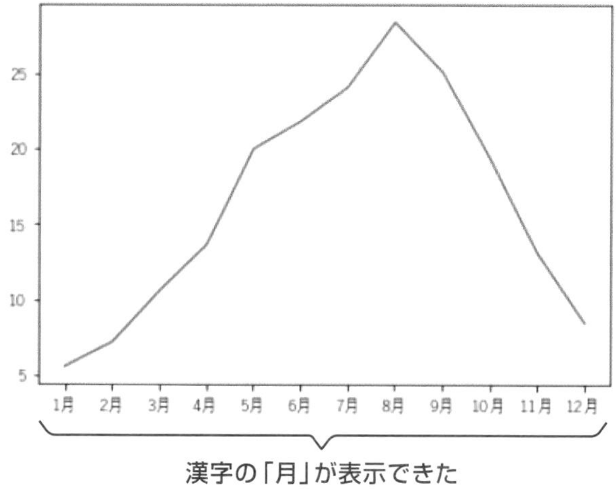

なお、自分の環境においてMatplotlibで利用可能なフォントの種類と名前は、以下のコードで出力することで確認できます。

```
import matplotlib.font_manager

for f in matplotlib.font_manager.fontManager.ttflist:
    print(f.name)
```

タイトルと軸ラベルを表示

グラフの上にタイトルを表示するには、「matplotlib.pyplot.title」関数を使います。基本的な書式は以下です。

書式

```
matplotlib.pyplot.title(label)
```

引数

label　：タイトルの文言

引数labelに、タイトルの文言を文字列として指定します。

さらにX軸とY軸それぞれに軸ラベルを表示することもできます。X軸には「matplotlib.pyplot.xlabel」関数を使います。基本的な書式は以下です。

書式

```
matplotlib.pyplot.xlabel(label)

引数
label   : X軸ラベルの文言
```

Y軸のラベルには、「matplotlib.pyplot.ylabel」関数を使います。

書式

```
matplotlib.pyplot.ylabel(label)

引数
label   : Y軸ラベルの文言
```

ともに引数labelには、軸ラベルの文言を文字列として指定します。

タイトルと軸ラベルを表示するコードの例が、**リスト3-1-1-4**です。リスト3-1-1-4の実行結果が、**図3-1-1-4**です。

リスト3-1-1-4●グラフにタイトルと軸ラベルを表示するコード

```
%matplotlib inline
import matplotlib.pyplot as plt
from matplotlib import rcParams

rcParams['font.family'] = 'sans-serif'
rcParams['font.sans-serif'] = ['Yu Gothic', 'Meiryo']

month = [str(i + 1) + '月' for i in range(12)]
tmp_ave2019 = [5.6, 7.2, 10.6, 13.6, 20.0, 21.8,
               24.1, 28.4, 25.1, 19.4, 13.1, 8.5]

plt.title('平均気温の変化')
plt.xlabel('月')
plt.ylabel('平均気温')
```

```
plt.plot(month, tmp_ave2019)
plt.show()
```

図3-1-1-4●リスト3-1-1-4の実行結果。タイトルとX軸／Y軸ラベルが表示された。表示位置や書式はデフォルト

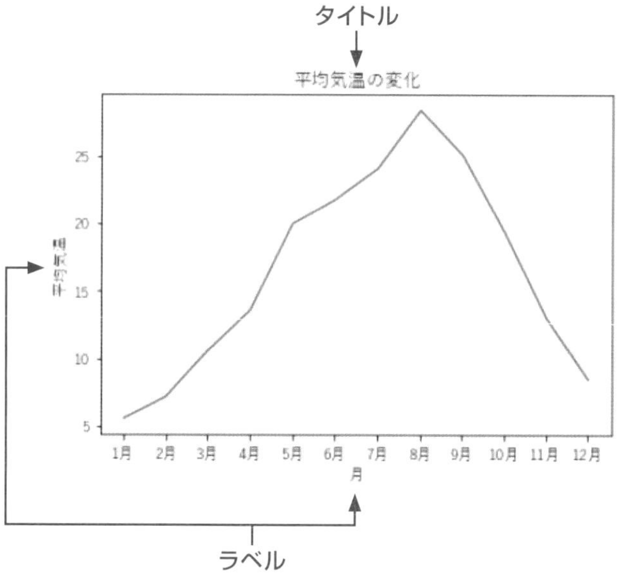

文言はタイトルが「平均気温の変化」、X軸ラベルが「月」、Y軸ラベルが「平均気温」としています。文字化けを起こさないように、matplotlib.rcParamsオブジェクトで日本語フォントを設定しています。

タイトルも軸ラベルも、各関数の省略可能な引数（オプショナル引数）によって、フォントのサイズや色、表示位置、パディング（余白）などを細かく設定できます。例えば、タイトルの表示位置を右、パディングを18ポイントにするなら、引数locとpadを使い、以下のように記述します。引数locが表示位置、引数padがパディングを設定します。ともにキーワード引数で指定します。

```
plt.title('平均気温の変化', loc='right', pad=18.0)
```

凡例を表示するには

グラフの凡例を表示することも可能です。複数の系列が含まれるグラフでは、どの系列がどのデータのグラフなのかを凡例によって明示できます。

凡例を表示するには、まずは目的の系列に凡例の文言を設定します。その設定はmatplotlib.pyplot.plot関数のオプショナル引数labelに、目的の文言の文字列を指定します。

系列に凡例の文言を設定したあとには、表示する処理が必要です。凡例を表示するには、「matplotlib.pyplot.legend」関数を引数なしで実行します。

凡例を表示するコードの例が**リスト3-1-1-5**です。系列はリスト3-1-1-2のように2019年と2018年の2つとして、それぞれ「2019年」と「2018年」という文言で凡例を表示しています。

リスト3-1-1-5●凡例を表示するコード。最後の「plt.legend()」を忘れないよう注意

```
%matplotlib inline
import matplotlib.pyplot as plt
from matplotlib import rcParams

rcParams['font.family'] = 'sans-serif'
rcParams['font.sans-serif'] = ['Yu Gothic', 'Meiryo']

month = [str(i + 1) + '月' for i in range(12)]
tmp_ave2019 = [5.6, 7.2, 10.6, 13.6, 20.0, 21.8,
               24.1, 28.4, 25.1, 19.4, 13.1, 8.5]
tmp_ave2018 = [4.7, 5.4, 11.5, 17.0, 19.8, 22.4,
               28.3, 28.1, 22.9, 19.1, 14.0 ,8.3]

plt.plot(month, tmp_ave2019, label='2019年') ――――――――(1)
plt.plot(month, tmp_ave2018, label='2018年') ――――――――(2)
plt.legend() ――――――――(3)
plt.show()
```

リスト3-1-1-5の（1）は、2019年の系列のmatplotlib.pyplot.plot関数であり、引数labelに文字列「2019年」を指定することで、凡例の文言を設定しています。

（2）は同様に、2018年の系列に凡例の文言として「2018年」を指定していま

3-1

す。

そして、(3) のmatplotlib.pyplot.legend関数によって、凡例を表示します。

リスト3-1-1-5の実行結果が、**図3-1-1-5**です。凡例がグラフの右上に表示されています。

図3-1-1-5●リスト3-1-1-5の実行結果。凡例がグラフの右上に表示され、引数labelに指定した文言が2つの系列ぶん表示された

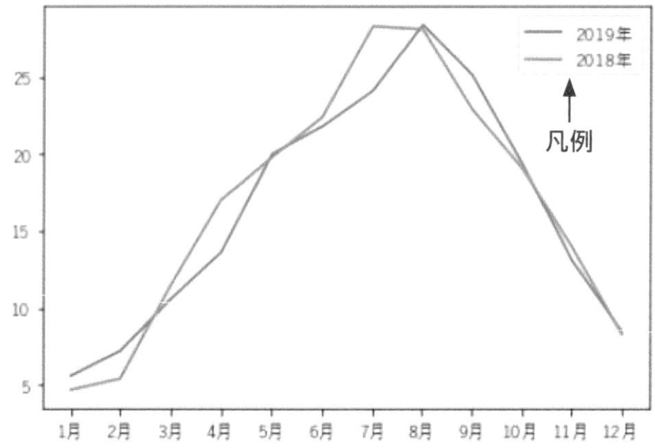

デフォルト設定の場合、凡例の表示位置は、最適な位置を自動で判断されます。表示位置を明示的に指定したければ、matplotlib.pyplot.legend関数のオプショナル引数locに、目的の位置を文字列として指定します。指定可能な文字列と位置は**表3-1-1-1**のとおりです。

表3-1-1-1●凡例の表示位置の設定にて、matplotlib.pyplot.legend関数の引数locに指定できる主な文字列と位置

文字列	位置
upper left	左上
upper right	右上
lower left	左下
lower right	右下
center left	中央左
center right	中央右
upper center	中央上
lower center	中央下

例えば、リスト3-1-1-5で凡例を左上に表示するには、(3) のコードを以下のように書き換えます。引数locに文字列「upper left」を指定します。

```
plt.legend(loc='upper left')
```

系列の書式を設定しよう

系列の書式は自由に変更できます。matplotlib.pyplot.plot関数のオプショナル引数で設定します。設定方法は大きく2つあります。

1つ目はマーカーの種類と線のスタイル、色をまとめて指定する方法です。2次元グラフの場合、同関数の第3引数（引数名はfmt）に「フォーマット文字列」として指定します。フォーマット文字列の書式は以下です。

書式

```
[マーカー][線][色]
```

引数

```
[マーカー]  ： マーカーの種類
[線]        ： 線のスタイル
[色]        ： マーカーと線の色
```

[マーカー]の指定可能な主な文字は、**表3-1-1-2**のとおりです。

[線]の指定可能な主な文字は、**表3-1-1-3**のとおりです。

[色]の指定可能な主な文字は、**表3-1-1-4**のとおりです。

表3-1-1-2●系列のマーカーを指定する主な文字

文字	マーカー
.	点
o	丸
v	下向き三角形
^	上向き三角形
<	左向き三角形
>	右向き三角形
s	四角形
p	五角形
*	星
+	＋記号
x	×記号
D	◆記号

表3-1-1-3●系列の線のスタイルを指定する主な文字

文字	スタイル
-	実線
--	破線
-.	破線と点線の交互
:	点線

表3-1-1-4●系列の色を指定する主な文字

文字	色
b	青
g	緑
r	赤
c	シアン
m	マゼンタ
y	黄
k	黒
w	白

それぞれ目的の文字を並べて記述します。記述する順番は、この書式の順でなくとも構いません。

例えば、マーカーを上向き三角形、線のスタイルを破線、色は赤に設定したいとします。表3-1-1-2～3-1-1-4で該当する文字は、上向き三角形が「^」、破線が「--」、赤が「r」なので、これらを並べて記述します。

```
^--r
```

あとはフォーマット文字列をmatplotlib.pyplot.plot関数の第3引数に指定します。その例が**リスト3-1-1-6**です。ここでは文字列リテラルとして指定するため、「'」で囲って記述しています。

リスト3-1-1-6●グラフの系列の書式をフォーマット文字列で設定するコード

```
%matplotlib inline
import matplotlib.pyplot as plt
from matplotlib import rcParams

rcParams['font.family'] = 'sans-serif'
rcParams['font.sans-serif'] = ['Yu Gothic', 'Meiryo']

month = [str(i + 1) + '月' for i in range(12)]
tmp_ave2019 = [5.6, 7.2, 10.6, 13.6, 20.0, 21.8,
               24.1, 28.4, 25.1, 19.4, 13.1, 8.5]
tmp_ave2018 = [4.7, 5.4, 11.5, 17.0, 19.8, 22.4,
               28.3, 28.1, 22.9, 19.1, 14.0 ,8.3]

plt.plot(month, tmp_ave2019, '^--r')
plt.plot(month, tmp_ave2018, 'o-.g')
plt.show()
```

リスト3-1-1-6の実行結果が、**図3-1-1-6**です。

図3-1-1-6●リスト3-1-1-6の実行結果。2つの系列を、指定した書式に設定した

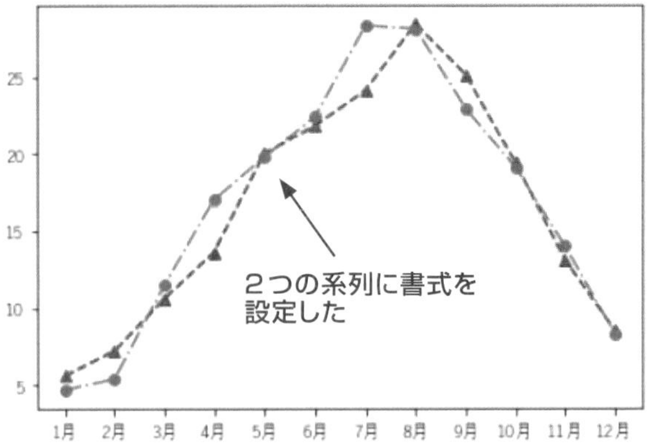

平均気温の2019年の系列にフォーマット文字列を「^--r」と指定することで、その系列の、マーカーを上向き三角形、線のスタイルを破線、色を赤に設定しています。併せて、2018年の系列にはフォーマット文字列を「o-.g」と指定し、マーカーを丸、線のスタイルを破線と点線の交互、色を緑に設定しています。

系列の書式を細かく設定

フォーマット文字列はシンプルな記述で手軽に系列の書式を設定できる半面、「マーカーの種類」「線のスタイル」「色」の3種類しか設定できません。ほかにもっと細かく書式を設定したければ、matplotlib.pyplot.plot関数のオプショナル引数を使います。

同関数の書式関係のオプショナル引数は何種類かあり、その一例が**表3-1-1-5**です。

表3-1-1-5●系列の書式を設定するオプショナル引数の例

引数	意味	設定方法
linewidth	線の幅	数値
alpha	アルファ値(透過度)	数値(0～1の小数)
dashes	破線の形状	「[線の長さ, 間隔]」の形式で数値
markersize	マーカーサイズ	数値
markeredgewidth	マーカーの縁の幅	数値
markerfacecolor	マーカーの色	色の文字(表3-1-1-4)またはRGBのカラーコード
markeredgecolor	マーカーの縁の色	色の文字(表3-1-1-4)またはRGBのカラーコード

リスト3-1-1-7は、表3-1-1-5のオプショナル引数をすべて設定した例です。

リスト3-1-1-7●系列の細かい書式をオプショナル引数で設定するコードの一例

```
%matplotlib inline
import matplotlib.pyplot as plt
from matplotlib import rcParams

rcParams['font.family'] = 'sans-serif'
rcParams['font.sans-serif'] = ['Yu Gothic', 'Meiryo']

month = [str(i + 1) + '月' for i in range(12)]
tmp_ave2019 = [5.6, 7.2, 10.6, 13.6, 20.0, 21.8,
               24.1, 28.4, 25.1, 19.4, 13.1, 8.5]

plt.plot(month, tmp_ave2019, 'o--r',
         linewidth=4, alpha=0.5, dashes=[7.0, 2.5],
         markersize=15, markeredgewidth=5,
         markerfacecolor='y', markeredgecolor='#00E6DA')
plt.show()
```

ベースの書式として第3引数に「'o--r'」(丸マーカー、破線、赤)を指定した上で、さらに各種オプショナル引数を以下のとおりに設定しています。

- **線の幅　4**
- **アルファ値　0.5**
- **破線の形状　線の長さ7.0、間隔2.5**
- **マーカーサイズ　15**
- **マーカーの縁の幅　5**
- **マーカーの色　黄**
- **マーカーの縁の色　薄い緑(カラーコード#00E6DA)**

マーカーの色とマーカーの縁の色において、色の指定方法をあえて変えています。前者が文字「'y'」で黄色、後者はRGB形式「'#00E6DA'」で薄い緑を指定しています。

リスト3-1-1-7の実行結果が、**図3-1-1-7**です。少々極端なデザインのグラフになりましたが、このように線とマーカーの色を変えるなど、書式を自由に設定できます。

図3-1-1-7●リスト3-1-1-7の実行結果。マーカーの幅や色など、系列が指定した書式に設定された

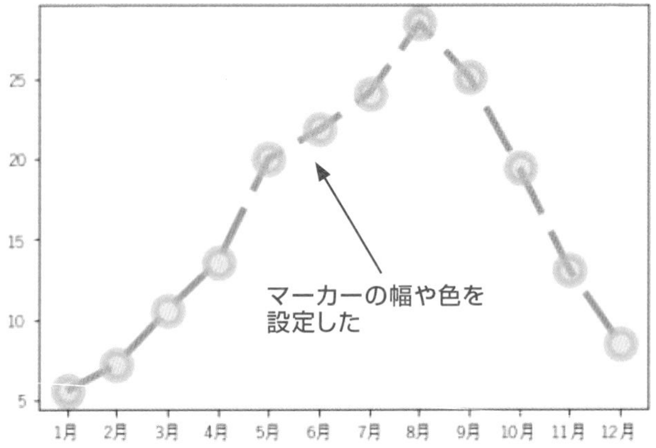

次ページからはMatplotlib解説の後半として、グラフ全体のサイズ変更や軸の書式設定、および、散布図や棒グラフなどほかの種類のグラフの作成方法などを解説します。

3-1-2 グラフの細かい書式設定

Matplotlibのグラフ書式の続きとして、全体のサイズ、軸、グリッドの設定を紹介します。さらには棒グラフと円グラフ、散布図、ヒストグラムの作成や書式設定などを解説します。

グラフ全体の大きさを変える

グラフ全体の大きさは、デフォルトの設定では、幅6.4、高さ4.8インチです。この設定の変更は、「matplotlib.pyplot.figure」関数で行います。大きさを設定するための書式は以下です。

書式

```
matplotlib.pyplot.figure(figsize)
```

引数

```
figsize  : サイズ
```

引数figsizeに、目的のサイズを「(幅, 高さ)」のタプルで指定します。幅と高さの単位はインチです。また、同関数の引数はすべてオプショナル（省略可能）です。引数figsizeは第2引数であり、第1引数を省略するなら、必ずキーワード引数（引数名あり）で指定する必要があります。

サイズを幅8、高さ6インチに設定する例が**リスト3-1-2-1**です。

リスト3-1-2-1●グラフ全体のサイズを幅8、高さ6インチに設定するコード

```
%matplotlib inline
import matplotlib.pyplot as plt

month = ['Jan', 'Feb', 'Mar', 'Apr', 'May', 'Jun',
         'Jul', 'Aug', 'Sep', 'Oct', 'Nov', 'Dec']
tmp_ave2020 = [7.1, 8.3, 10.7, 12.8, 19.5, 23.2,
               24.3, 29.1, 24.2, 17.5, 14.0, 7.7]

plt.figure(figsize=(8, 6))
```

```
plt.plot(month, tmp_ave2020)
plt.show()
```

例に用いるグラフは、3-1-1で使用した、月ごとの平均気温の折れ線グラフです。データは気象庁Webページ（http://www.data.jma.go.jp/obd/stats/etrn/view/monthly_s3.php?%20prec_no=44&block_no=47662）より、2020年ぶんを抜粋しました。X軸（横軸）は月の英語の短縮形（1月なら「Jan」など）とします。系列の書式、ラベルや凡例、日本語化などの処理は、すべて割愛します。

リスト3-1-2-1では、サイズを幅8、高さ6インチに設定するため、matplotlib.pyplot.figure関数の引数figsizeにタプル「(8, 6)」を指定しています。また、前項と同じく、冒頭のimport文によって、「matplotlib.pyplot」を「plt」で記述可能にしてあります。

リスト3-1-2-1の実行結果が**図3-1-2-1**です。

図3-1-2-1●リスト3-1-2-1の実行結果。サイズが、幅8、高さ6インチになった

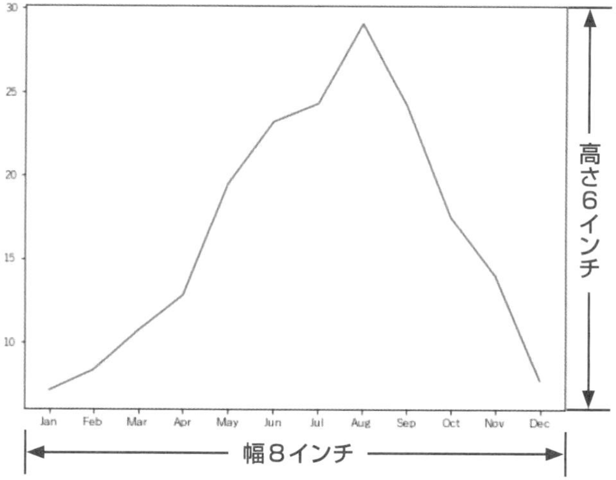

図3-1-2-1だけだとわかりづらいかもしれませんが、デフォルトのサイズで作成したグラフと比べると、図3-1-2-1のグラフは全体が大きくなっています。図3-1-1-1のグラフと比べて、紙面ではX／Y軸にある文字の大きさが小さく見えていることから、グラフ全体が大きくなったことがわかるでしょう。

なお、matplotlib.pyplot.figure関数には、ほかにも省略可能な引数として、全体の色を設定するfacecolorや解像度を設定するdpiなどがありますが、ここでの説明は割愛します。以降の関数やメソッドも、基本的な引数、およびここで解説に用いる主な引数のみを紹介します。

軸の値の範囲を設定

Y軸の値の範囲は、デフォルトでは、プロットする値の範囲から自動で設定されます。例えば図3-1-2-1のY軸なら、上限が30℃です。下限は目盛がなく、目盛の間隔から推察するに3～4あたりでしょうか。

Y軸の値の範囲は、「matplotlib.pyplot.ylim」関数で自由に設定できます。基本的な書式は以下です。

書式

```
matplotlib.pyplot.ylim(bottom, top)
```

引数

```
bottom   : 下限
top      : 上限
```

引数bottomにはY軸の下限の数値を、引数topにはY軸の上限の数値を指定します。また、引数bottomを省略し、引数topをキーワード引数で指定することで、上限のみを設定することも可能です。

リスト3-1-2-1と同じデータを用いたグラフで、Y軸の上限を40、下限を0に設定した例が**リスト3-1-2-2**です。引数bottomに0、引数topに40を指定しています。グラフ全体のサイズはデフォルトとしています。

リスト3-1-2-2●Y軸の上限を40、下限を0に設定するコード

```
%matplotlib inline
import matplotlib.pyplot as plt

month = ['Jan', 'Feb', 'Mar', 'Apr', 'May', 'Jun',
         'Jul', 'Aug', 'Sep', 'Oct', 'Nov', 'Dec']
tmp_ave2020 = [7.1, 8.3, 10.7, 12.8, 19.5, 23.2,
```

3-1

```
                        24.3, 29.1, 24.2, 17.5, 14.0, 7.7]

plt.ylim(0, 40)
plt.plot(month, tmp_ave2020)
plt.show()
```

実行すると、**図3-1-2-2**のように、Y軸の上限と下限が設定されます。

図3-1-2-2●リスト3-1-2-2の実行結果。Y軸の上限が40、下限が0に設定された

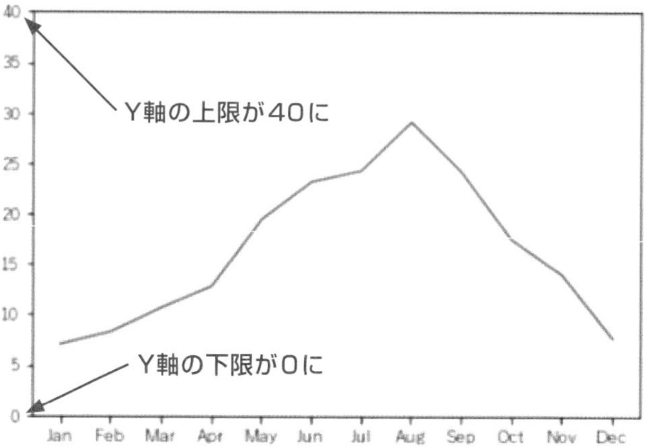

X軸の範囲は「matplotlib.pyplot.xlim」関数で設定します。

書式

```
matplotlib.pyplot.xlim(left, right)
```

引数

left　：下限値
right　：上限値

引数leftにはX軸の下限の数値を、引数rightにはX軸の上限の数値を指定します。リスト3-1-2-2のX軸のデータの場合は文字列のため、上限値と下限値は設定できませんが、数値のデータであれば設定できます。

軸の目盛を設定

Y軸の目盛も、範囲と同じく、デフォルトではプロットする値から自動で設定されます。「matplotlib.pyplot.yticks」関数を使えば、自分で自由に設定できます。基本的な書式は以下です。

書式

```
matplotlib.pyplot.yticks(ticks)
```

引数

ticks　：リストなど

引数ticksには、目盛に設定したい値を、リストなどのオブジェクトで指定します。

例えば、リスト3-1-2-2のグラフのY軸の目盛の間隔は5になっていますが、これを2に変更したいとします。そのコードが**リスト3-1-2-3**です。実行結果は**図3-1-2-3**です。

リスト3-1-2-3●2間隔でY軸の目盛を設定するコード。実行結果を見やすくするため、リスト3-1-2-2と同じく、matplotlib.pyplot.ylim関数で上限は40、下限は0に設定している

```
%matplotlib inline
import matplotlib.pyplot as plt

month = ['Jan', 'Feb', 'Mar', 'Apr', 'May', 'Jun',
         'Jul', 'Aug', 'Sep', 'Oct', 'Nov', 'Dec']
tmp_ave2020 = [7.1, 8.3, 10.7, 12.8, 19.5, 23.2,
               24.3, 29.1, 24.2, 17.5, 14.0, 7.7]

plt.ylim(0, 40)
plt.yticks(range(0, 41, 2))
plt.plot(month, tmp_ave2020)
plt.show()
```

図3-1-2-3●リスト3-1-2-3の実行結果。Y軸の目盛は0から始まり、
2間隔で40まで設定された

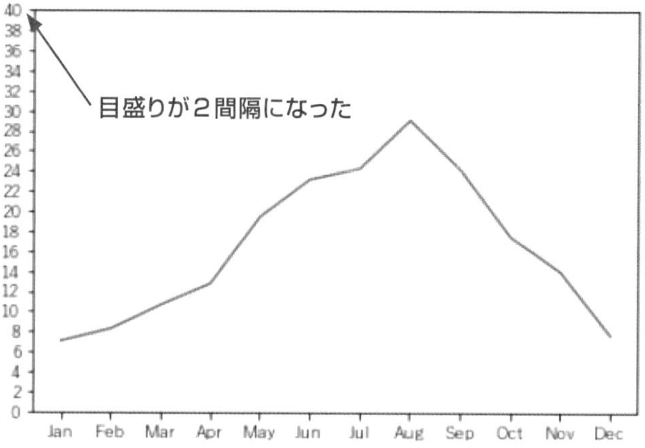

matplotlib.pyplot.yticks関数の引数には、「range(0, 41, 2)」を指定しています。0～40までの2間隔の数値をrange関数で生成しています。もちろん、そのような数値を要素とするリストを記述してもよいのですが、range関数を利用した方が効率的です。

目盛は、一定の間隔にするだけでなく、任意の間隔にすることも可能です。例えば、以下のようなリストを引数ticksに指定すれば、これら4つの数値の目盛が設定されます。

```
plt.yticks([18, 21, 33, 40])
```

もう一方のX軸の目盛の設定は、「matplotlib.pyplot.xticks」関数で行います。

書式

```
matplotlib.pyplot.xticks(ticks)
```

引数

```
ticks  : リストなど
```

引数ticksには、リストなどのオブジェクトを指定します。

ここまで取り上げた目盛は、いわゆる主目盛です。Matplotlibでは主目盛に加

え、補助目盛も簡単に設けられます。「matplotlib.pyplot.minorticks_on」関数で設定します。書式は以下です。引数はありません。

書式

```
matplotlib.pyplot.minorticks_on()
```

引数

なし

実行すると、X軸とY軸の両方に補助目盛が設定されます。間隔や色などはすべて自動で設定されます。カスタマイズはできません。

本項の折れ線グラフに補助目盛を設定するコードが**リスト3-1-2-4**です。実行すると、**図3-1-2-4**のように補助目盛が設定されます。

リスト3-1-2-4●補助目盛を設定するコード。matplotlib.pyplot.minorticks_on関数は引数なしで記述する

```
%matplotlib inline
import matplotlib.pyplot as plt

month = ['Jan', 'Feb', 'Mar', 'Apr', 'May', 'Jun',
         'Jul', 'Aug', 'Sep', 'Oct', 'Nov', 'Dec']
tmp_ave2020 = [7.1, 8.3, 10.7, 12.8, 19.5, 23.2,
               24.3, 29.1, 24.2, 17.5, 14.0, 7.7]

plt.minorticks_on()
plt.plot(month, tmp_ave2020)
plt.show()
```

図3-1-2-4●リスト3-1-2-4の実行結果。X軸とY軸の両方に補助目盛が設定された

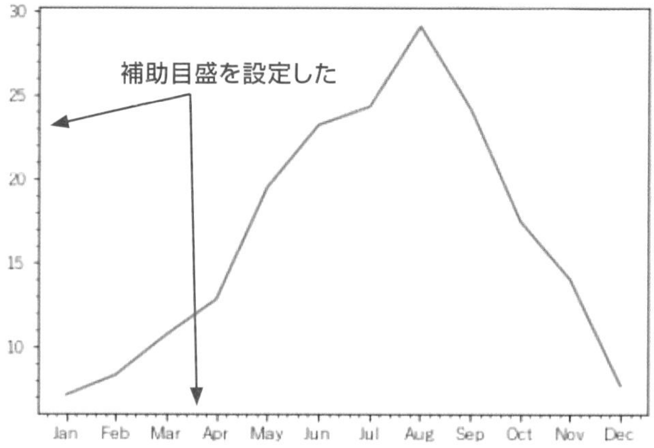

グリッドを表示する

「matplotlib.pyplot.grid」関数を使えば、グリッドを表示できます。書式は以下です。

書式

```
matplotlib.pyplot.grid(b, which, axis, **kwargs)
```

引数

```
b           : Trueまたは省略でグリッド表示
which       : 対象の目盛
axis        : 対象の軸
**kwargs    : グリッド線の書式
```

引数はすべてオプショナルです。引数bはグリッドを表示するための引数であり、表示するにはTrueを設定します。既定値がTrueなので、通常は省略して構いません。引数whichは、どの目盛に表示するのかを**表3-1-2-1**から選び、文字列として指定します。引数axisは、どの軸に表示するのかを**表3-1-2-2**から選び、文字列として指定します。引数**kwargsは、グリッド線の書式を、前項で紹介した折れ線グラフの系列の書式と同様のフォーマット文字列で指定します。

表3-1-2-1●matplotlib.pyplot.grid関数の引数whichに指定可能な文字列

文字列	目盛
major	主目盛(既定)
minor	補助目盛
both	主目盛と補助目盛

表3-1-2-2●matplotlib.pyplot.grid関数の引数axisに指定可能な文字列

文字列	軸
both	X軸とY軸(既定)
x	X軸
y	Y軸

例えば、Y軸のみにグリッドを表示するなら、以下のように記述します。

```
plt.grid(axis='y')
```

引数axisには、Y軸のみを意味する文字列「y」を指定します。引数bを省略しているので、グリッドが表示されます。引数whichは省略しているので、主目盛のみに表示されます。グリッド線の書式も指定を省略しているので、デフォルトの書式が適用されます。

主目盛に加えて補助目盛にも表示したいなら、前述のmatplotlib.pyplot.minorticks_on関数で補助目盛を表示する必要があります。

主目盛と補助目盛にグリッドを設定した例が、**リスト3-1-2-5**です。(1) で主目盛に、(2) で補助目盛に設定しています。実行結果は**図3-1-2-5**です。

リスト3-1-2-5●主目盛と補助目盛にグリッドを設定するコード

```
%matplotlib inline
import matplotlib.pyplot as plt

month = ['Jan', 'Feb', 'Mar', 'Apr', 'May', 'Jun',
         'Jul', 'Aug', 'Sep', 'Oct', 'Nov', 'Dec']
tmp_ave2020 = [7.1, 8.3, 10.7, 12.8, 19.5, 23.2,
               24.3, 29.1, 24.2, 17.5, 14.0, 7.7]
```

```
plt.grid(axis='y') ————————(1)
plt.grid(which='minor', axis='y', alpha=0.2) ————————(2)
plt.minorticks_on()
plt.plot(month, tmp_ave2020)
plt.show()
```

図3-1-2-5●リスト3-1-2-5の実行結果。補助目盛のグリッド線を透過度0.2で表示することで、メリハリができた

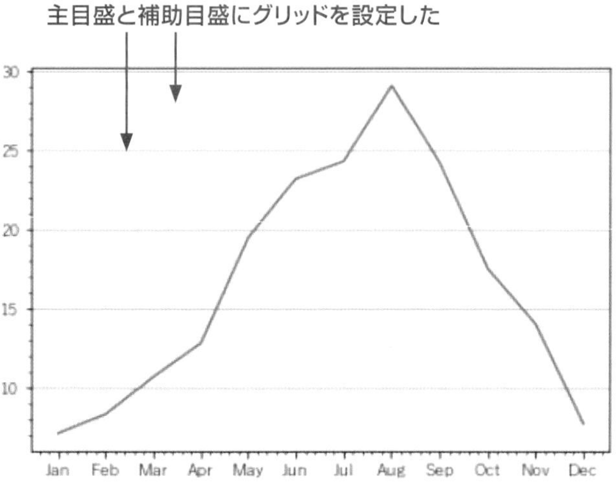

線の書式は、デフォルトでは主目盛も補助目盛も同じであり、デザイン的に少々見づらいと言えます。そこでリスト3-1-2-5では、補助目盛のみグリッド線を「alpha=0.2」によって透過度を0.2に下げています。その際、1つのコードで引数whichに「both」を設定すると、線の書式を個別に設定できません。そこで、主目盛と補助目盛でそれぞれ設定のコードを記述しています。

棒グラフを作成する

これまで折れ線グラフを解説してきましたが、Matplotlibはもちろんほかの種類のグラフも手軽に作成できます。棒グラフなら「matplotlib.pyplot.bar」関数を用います。基本的な書式は以下です。

書式

```
matplotlib.pyplot.bar(x, height, width)
```

引数

```
x        : X軸のデータ
height   : Y軸のデータ
width    : 系列の幅
```

引数xにはX軸の項目や数値を、引数heightにはY軸の値を、折れ線グラフと同様の形式で設定します。引数widthには、系列の幅を設定します。オプショナルであり、省略するとデフォルトの0.8が指定されます。

ほかにもオプショナルの引数として、系列の値を"底上げ"するbottom（主に積み上げ棒グラフに利用）、系列の横方向の表示位置を調整するalignなどがあります。その上、系列の色を設定するcolorをはじめ、各種書式を設定する引数もそろっています。

棒グラフ作成のシンプルな例が**リスト3-1-2-6**です。データはこれまでと同じく、2020年の月ごとの平均気温とします。オプショナルの引数は何も指定せず、系列はデフォルトの書式としています。実行結果は**図3-1-2-6**です。

リスト3-1-2-6●2020年の月ごとの平均気温の棒グラフを作成するコード

```
%matplotlib inline
import matplotlib.pyplot as plt

month = ['Jan', 'Feb', 'Mar', 'Apr', 'May', 'Jun',
         'Jul', 'Aug', 'Sep', 'Oct', 'Nov', 'Dec']
tmp_ave2020 = [7.1, 8.3, 10.7, 12.8, 19.5, 23.2,
               24.3, 29.1, 24.2, 17.5, 14.0, 7.7]

plt.bar(month, tmp_ave2020) ―――――――(1)
plt.show()
```

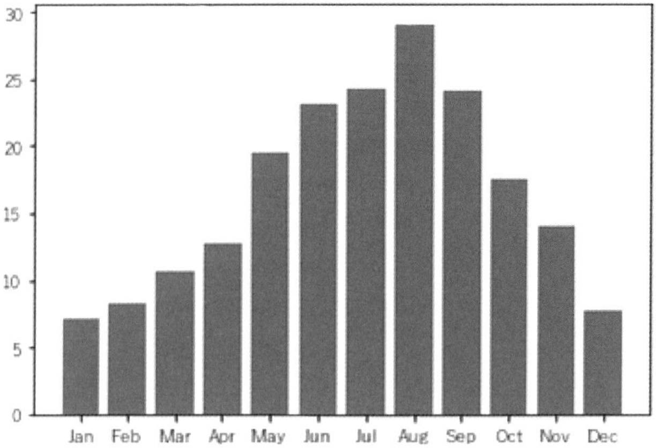

図3-1-2-6●リスト3-1-2-6の実行結果。棒グラフの系列は色が青、幅は0.8など、デフォルトの書式で作成された

ここで、オプショナルの引数を使って、系列の書式を変更した例を紹介します。リスト3-1-2-6のmatplotlib.pyplot.bar関数の部分（(1)の箇所）のみを、**リスト3-1-2-7**に書き換えたとします。同関数のオプショナルの引数widthに0.4を指定し、系列の幅をデフォルトの半分に変更しています。併せて、引数colorに文字列「lightpink」を指定することで、系列の色をライトピンクに設定しています。実行結果は**図3-1-2-7**です。

リスト3-1-2-7●リスト3-1-2-6のmatplotlib.pyplot.bar関数を書き換える

```
plt.bar(month, tmp_ave2020, width=0.4, color='lightpink')
```

図3-1-2-7●棒グラフの系列の書式を変更した例。幅を0.4、色をライトピンクに変更している

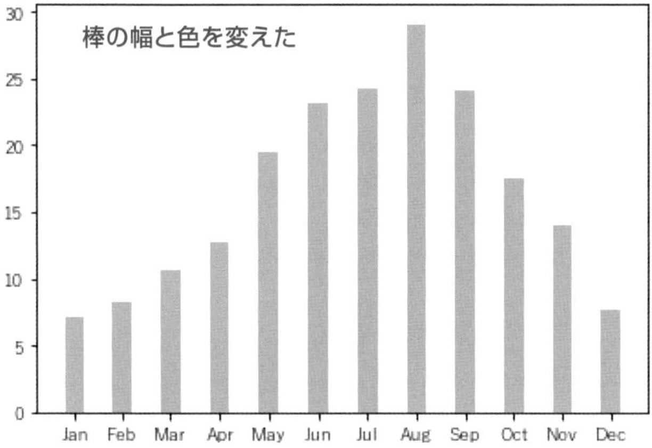

円グラフも自由自在

円グラフは、「matplotlib.pyplot.pie」関数で作成します。書式は以下です。

書式

```
matplotlib.pyplot.pie(x, explode, labels, colors, autopct, startangle, counterclock)
```

引数

```
x            : データ
explode      : 系列を離す距離
labels       : 系列のラベル
colors       : 系列の色
autopct      : 構成割合
startangle   : 出力開始角度
counterclock : 出力方向
```

引数で必須なのは、第1引数xだけです。目的のデータをリストなどの形式で指定します。あとはすべてオプショナルであり、多数ある引数の中から、ここでは使用頻度の高い上記6つをピックアップしました。

まずは必須の引数xと、オプショナルとして引数labelsのみを用いた例を紹介します。データは、ある架空の製品の売上数とします。製品はA～Eの5種類で、売

上数は製品Aから順に427、520、369、477、202個とします。系列のラベル名は製品Aから順に「prodA」、「prodB」、「prodC」、「prodD」、「prodE」とします。

これら製品A〜Eの売上数の円グラフを作成するコードが**リスト3-1-2-8**です。

リスト3-1-2-8●5つの製品の売上数から円グラフを作成するコード

```
%matplotlib inline
import matplotlib.pyplot as plt

x = [427, 520, 369, 477, 202] ―――――――――(1)
labels = ['prodA', 'prodB', 'prodC', 'prodD', 'prodE'] ―――(2)
plt.pie(x, labels=labels) ――――――――――――(3)
plt.show()
```

売上数は、変数xに、前述の売上数を要素とするリストで用意します（(1)）。ラベル名は、変数labelsに、前述のラベル名を要素とするリストで用意します（(2)）。そして、matplotlib.pyplot.pie関数の引数xにリストxを、引数labelsにリストlabelsを指定します（(3)）。引数labelsは第3引数であり、第2引数は省略しているので、キーワード引数で指定します。実行結果は**図3-1-2-8**です。

図3-1-2-8●5製品の売上数が円グラフ化された。各系列の横にラベル名が表示されている

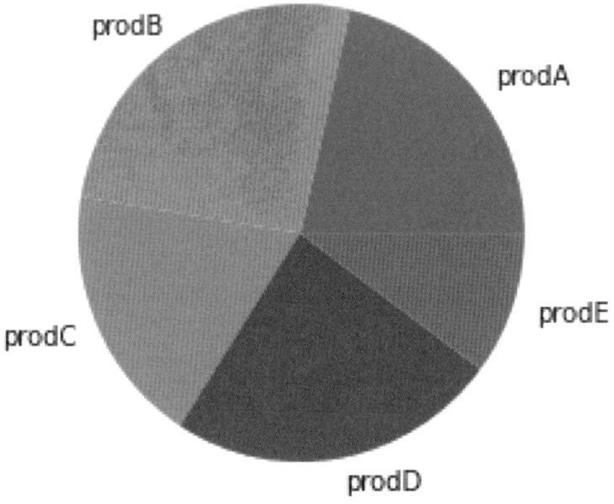

次に、前述の書式における残りのオプショナル引数をすべて使った例を、**リスト**

3-1-2-9で示します。

リスト3-1-2-9●リスト3-1-2-8の円グラフにラベルなどの細かい設定を加えたコード

```
%matplotlib inline
import matplotlib.pyplot as plt

x = [427, 520, 369, 477, 202]
labels = ['prodA', 'prodB', 'prodC', 'prodD', 'prodE']
colors = ['red', 'lightgreen', 'lightpink', 'coral', 'lightblue']
plt.pie(x, explode=[0, 0.1, 0, 0, 0], labels=labels, colors=colors,
        autopct='%.1f%%', startangle=90, counterclock=False)
plt.show()
```

引数explodeを指定すると、円グラフの任意の系列を、円の中心から離して表示します。データの強調によく用いられる方法です。各系列を離す距離をリストとして指定します。今回は製品Bの系列だけを0.1離すとしました。残りの製品の系列は距離0として、「[0, 0.1, 0, 0, 0]」というリストを直接指定しています。

引数colorsには、系列ごとに付けたい色をリストで指定します。直接指定してももちろんよいのですが、ここでは目的の色名の文字列を要素とするリストcolorsを用意し、引数colorsに指定しています。同引数は省略すると、図3-1-2-8のように自動で色が付けられます。

引数autopctはデータの割合を算出して表示します。表示したい形式をフォーマット文字列で指定します。ここでは小数第1位までの数値に文字「%」を付与して表示するよう、「%.1f%%」と指定しました。

引数startangleは、1つ目の系列を出力する開始角度を指定します。同引数は省略すると、図3-1-2-8のように自動で設定されます。ここでは90度から開始するとして、同引数に90を指定しています。

引数counterclockは、系列の出力方向を設定します。Trueを指定すれば反時計回りに、Falseを指定すれば時計回りになります。ここではFalseを指定して、時計回りに出力しています。省略すると図3-1-2-8のように反時計回りで出力されます。

リスト3-1-2-9の実行結果は**図3-1-2-9**です。系列の色をはじめ、各種引数に指定した体裁で円グラフが作成されました。

図3-1-2-9●リスト3-1-2-9の実行結果。指定したデータおよび書式で円グラフが作成された

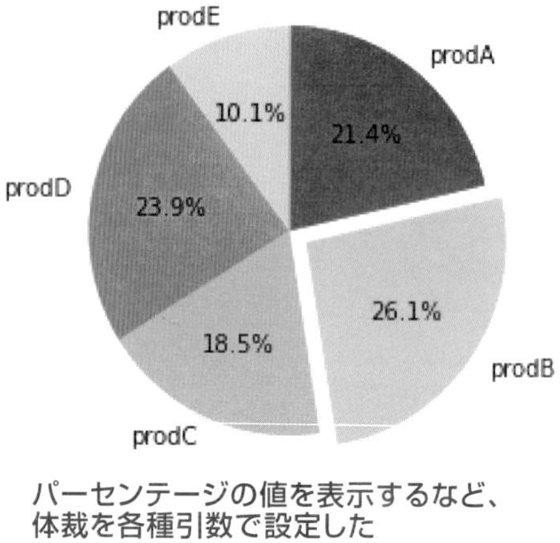

散布図はこの関数で

散布図は、相関関係を調べる際によく利用されます。散布図は「matplotlib.pyplot.scatter」関数で作成します。基本的な書式は以下です。

書式

```
matplotlib.pyplot.scatter(x, y, c)
```

引数

```
x  : X軸のデータ
y  : Y軸のデータ
c  : マーカーの色
```

必須なのは、第1引数xと第2引数yです。目的のデータをリストなどの形式で指定します。あとはすべてオプショナルです。いくつかある引数の中から、ここでは引数cをピックアップして説明します。

同関数の例が、**リスト3-1-2-10**です。

リスト3-1-2-10●生徒10人の数学と理科の点数の散布図を作成するコード

```
%matplotlib inline
import matplotlib.pyplot as plt

x = [90, 65, 78, 52, 66, 80, 58, 69, 68, 86]
y = [95, 60, 81, 43, 74, 64, 70, 65, 59, 77]

plt.scatter(x, y, c='coral')
plt.show()
```

ここで想定しているシチュエーションは、生徒10人の数学と理科のテストの点数の散布図を作る、というものです。数学の点数をX軸、理科の点数をY軸にプロットするとします。前者はリストxに、後者はリストyにデータを用意しています。引数c（マーカーの色）には「coral」（オレンジ色）を指定しました。デフォルトは青色です。実行すると、**図3-1-2-10**のように散布図が作成されます。

図3-1-2-10●リスト3-1-2-10の実行結果。X軸が数学、Y軸が理科の点数となる散布図が作成された

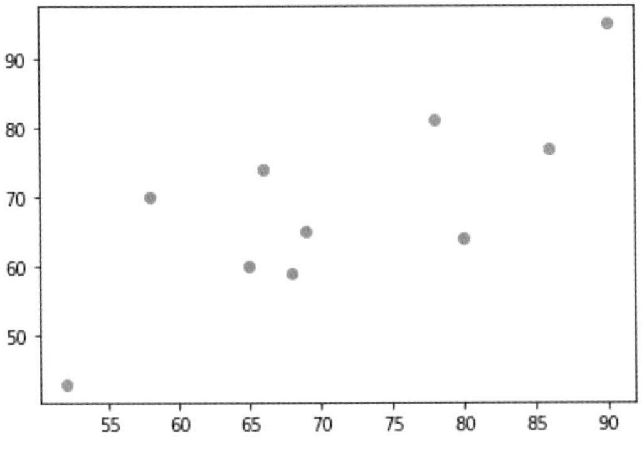

ヒストグラムも作れる

ヒストグラムは、「matplotlib.pyplot.hist」関数で作成します。基本的な書式は以下です。

書式

```
matplotlib.pyplot.hist(x, bins)
```

引数

x　　：データ
bins　：階級数

必須なのは、第1引数xのみです。目的のデータをリストなどの形式で指定します。あとはすべてオプショナルです。いくつかある引数の中から、ここでは引数binsをピックアップして説明します。

引数binsは、階級を設定する引数です。ここで言う階級とは、「データ区間」のことです。データの区間をいくつに分割するか、というのが階級です。デフォルト設定は10です。つまり、デフォルト設定では、データを10の区間で分割することになります。

同関数の例が、**リスト3-1-2-11**です。ここで想定しているシチュエーションは、生徒30人のテストの点数のヒストグラムを作る、というものです。点数をリストxに用意し、同関数の引数xに指定しています。引数binsは省略しています。

リスト3-1-2-11●生徒30人の点数のヒストグラムを作成するコード

```
%matplotlib inline
import matplotlib.pyplot as plt

x = [90, 65, 78, 52, 66, 80, 58, 69, 68, 86,
     71, 55, 76, 43, 66, 83, 75, 84, 63, 55,
     66, 74, 56, 67, 74, 62, 48, 61, 91, 58]

plt.hist(x) ————————(1)
plt.show()
```

実行結果が**図3-1-2-11**です。

図3-1-2-11●リスト3-1-2-11の実行結果。ヒストグラムが作成された。
階級数や書式などはすべてデフォルト

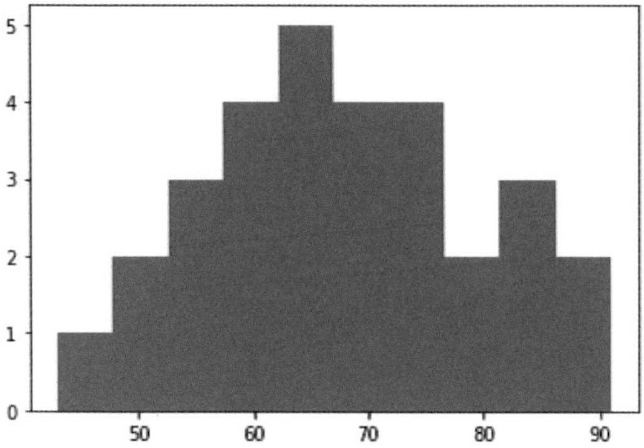

リスト3-1-2-11のmatplotlib.pyplot.hist関数（(1) の箇所）を、**リスト3-1-2-12**のように、引数binsに20を指定するように書き換えると、**図3-1-2-12**のヒストグラムになります。20の区間で分割したので、図3-1-2-11とはヒストグラムが変わりました。

リスト3-1-2-12●リスト3-1-2-11のmatplotlib.pyplot.hist関数を書き換える

```
plt.hist(x, bins=20)
```

図3-1-2-12●リスト3-1-2-12に変更後の実行結果。引数binsに
20を指定することで、階級数が20のヒストグラムが作成された

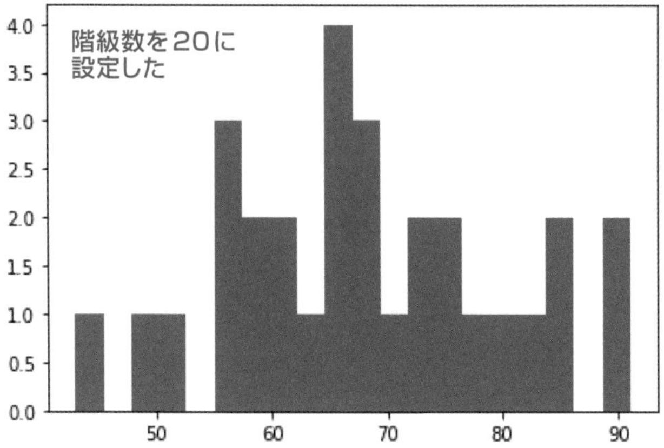

☆　　　☆　　　☆

ここまで、Matplotlibの基本的な使い方を解説しました。

紹介したコードはmatplotlib.pyplot以下の関数を使った方法でしたが、それに加えて、オブジェクトをベースとする方法もあります。グラフ本体や系列、軸などのオブジェクトを取得し、そのメソッドなどを使って作成や書式設定などを行います。複数のグラフを同時に作成するケースなどに有効な方法です。興味があれば、調べてみるとよいでしょう。

3-2 データ分析・整形に使うpandas

3-2-1 データ分析の基礎

データ分析の定番ライブラリである「pandas」。集計やグラフ作成、表の整形・加工なども行えます。外部ライブラリですが、Anacondaに標準で備わっており、インストール作業なしで使えます。pandasの使い方の基本を解説します。

データはDataFrameで扱う

pandasで分析を行うためには、最初に、対象となるデータを読み込む必要があります。さまざまな形式のデータを読み込めますが、ここではCSVファイルを対象データとして説明していきます。CSVファイルとは、表形式のテキストデータを扱うためのファイル形式です。表のデータの列を「,」(カンマ)で、データの行を改行で区切った書式です。

CSVファイルを読み込むには、「pandas.read_csv」関数を用います。基本的な書式は以下です。

書式

```
pandas.read_csv(filepath_or_buffer, index_col, parse_dates, encoding)
```

引数

```
filepath_or_buffer  : CSVファイル
index_col           : インデックスの列
parse_dates         : 日付に変換
encoding            : エンコーディング
```

引数filepath_or_bufferには、目的のCSVファイル名を文字列として指定します。ホームディレクトリ(Windowsならば、「C:¥Users¥＜ユーザー名＞」)以外の場所にCSVファイルを置いている場合は、パス付きで指定します。

引数index_colは、表のインデックスとして使いたい列の番号を、1列目を0とする数値で指定します。ここで言う「表のインデックス」とは、行（レコード）を特定するための一意のデータの列であり、データベースではおなじみの仕組みです。Pythonのリストにおけるインデックスとは別の仕組みです。この引数index_colを省略すると、インデックスの列は特に指定されません。その場合、インデックスは0開始の連番が自動で付与されます。

引数parse_datesは、日付の列をPythonの日付形式（datetime）に変換して読み込むならばTrueを、そのままテキストとして読み込むならばFalseを指定するか省略します。日付のデータはテキスト形式のままだと分析に支障をきたすので、通常は日付形式に変換します。

引数encodingは、文字エンコードを指定します。例えば、シフトJISならば「shift_jis」、cp932ならば「cp932」です。省略した場合は自動で判別されます。

これらの引数のうち、index_col以降の引数はすべてオプショナル（省略可能）です。

なお、ほかにも省略可能な引数が多数ありますが、ここでは主なものだけを説明します。以降で解説する関数やメソッドも、基本的な引数だけを解説します。

さて、pandas.read_csv関数は、読み込んだデータを「DataFrame」という形式で返します。

このDataFrameの理解が、pandasを使う場合に重要です。

DataFrameは、各種分析などデータ操作を行うためのオブジェクト（DataFrameオブジェクト）です。**図3-2-1-1**のようなイメージの構造であり、表形式のデータを保持し、各種属性やメソッドも備えています。

図3-2-1-1●DataFrameの構造のイメージ。「Series」は列のオブジェクトであり、列単位でデータを抽出して分析する際によく使う

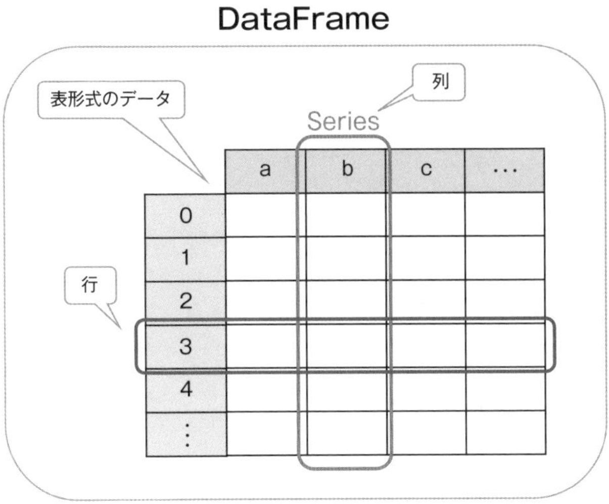

繰り返しになりますが、pandasはこのDataFrameオブジェクトが重要ですので、この図3-2-1-1の表形式の構造をしっかりと把握しておきましょう。

また、pandasには、CSVファイル以外にもExcelファイルを直接読み込める関数なども用意されています。

CSVファイルを読み込む

CSVファイルを読み込ませてみましょう。ここで用いるCSVファイルは「data1.csv」です（**図3-2-1-2**）。

data1.csvの中身は架空の不動産の物件販売データであり、100行あります。先頭行が見出しなので、データの数は99件です。データは、物件ID、最寄駅の名前、そこからの距離（km）、面積（m^2）、建築年（年）、価格（円）の6項目です。先頭列の「物件ID」は、物件を一意に特定するためのデータであり、今回は「A＜連番＞」の形式としています。文字コードはUTF-8で、保存場所はホームディレクトリ直下とします。

図3-2-1-2●本項で例に用いるCSVファイル「data1.csv」をExcelで開いた画面

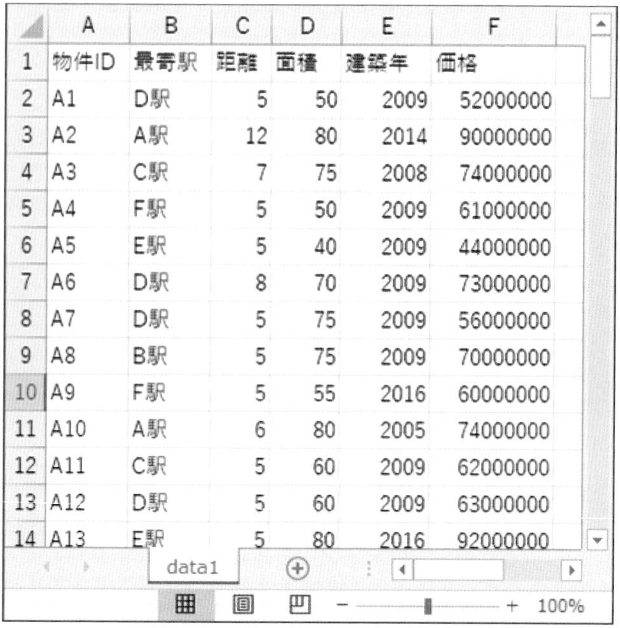

	A	B	C	D	E	F
1	物件ID	最寄駅	距離	面積	建築年	価格
2	A1	D駅	5	50	2009	52000000
3	A2	A駅	12	80	2014	90000000
4	A3	C駅	7	75	2008	74000000
5	A4	F駅	5	50	2009	61000000
6	A5	E駅	5	40	2009	44000000
7	A6	D駅	8	70	2009	73000000
8	A7	D駅	5	75	2009	56000000
9	A8	B駅	5	75	2009	70000000
10	A9	F駅	5	55	2016	60000000
11	A10	A駅	6	80	2005	74000000
12	A11	C駅	5	60	2009	62000000
13	A12	D駅	5	60	2009	63000000
14	A13	E駅	5	80	2016	92000000

data1.csvを読み込み、先頭5行のデータを出力するためのコードです（**リスト3-2-1-1**）。

リスト3-2-1-1●data1.csvを読み込み、先頭5行を出力するコード

```
import pandas as pd

df = pd.read_csv('data1.csv')
df.head()
```

pandasのモジュールは、asキーワードを使って、「pd」としてインポートするのが慣例です。asを使うことで、関数名の記述を短くできます。

引数filepath_or_bufferには、目的のCSVファイル名である文字列「data1.csv」を指定しています。その他の引数は省略しています。戻り値は変数dfに格納しています。この変数dfがDataFrameオブジェクトであり、以降の処理に用います。

DataFrameの先頭5行を表示するには、DataFrameオブジェクトの「head」メ

ソッドを用います。引数なしです。

リスト3-2-1-1の実行結果は**図3-2-1-3**です。このように、表の体裁が自動で整えられて出力されます。

図3-2-1-3●リスト3-2-1-1の実行結果。左端の列がインデックスの番号

```
import pandas as pd

df = pd.read_csv('data1.csv')
df.head()
```

	物件ID	最寄駅	距離	面積	建築年	価格
0	A1	D駅	5	50	2009	52000000
1	A2	A駅	12	80	2014	90000000
2	A3	C駅	7	75	2008	74000000
3	A4	F駅	5	50	2009	61000000
4	A5	E駅	5	40	2009	44000000

引数index_colを省略したため、インデックスの列が自動で追加され、出力結果の左側にその連番（0開始）が表示されています。引数encodingも省略したため、エンコードは自動判別され、日本語も問題なく読み込めています。引数parse_datesはそもそも日付データを含んでいないので使用しません。

次に引数index_colを使った例を解説します。列「物件ID」をインデックスに指定する例を示しましょう。そのコードは、**リスト3-2-1-2**です。

リスト3-2-1-2●リスト3-2-1-1のpandas.read_csv関数のコードを変更した。引数index_colに0を指定することで、先頭列（列「物件ID」）をインデックスとして読み込む

```
import pandas as pd

df = pd.read_csv('data1.csv', index_col=0)
df.head()
```

前述のリスト3-2-1-1のpandas.read_csv関数に、引数index_colを追加したものになります。列「物件ID」は先頭列（1列目）なので、引数index_colには0を指定しています。

リスト3-2-1-2の実行結果は、**図3-2-1-4**です。列「物件ID」がインデックス扱いになり、列名が一段低く表示されます。また、図3-2-1-3では存在していた左側の連番がないことも確認しましょう。

図3-2-1-4●リスト3-2-1-2を使った実行結果。列「物件ID」がインデックスになった

```
import pandas as pd

df = pd.read_csv('data1.csv', index_col=0)
df.head()
```

	最寄駅	距離	面積	建築年	価格
物件ID					
A1	D駅	5	50	2009	52000000
A2	A駅	12	80	2014	90000000
A3	C駅	7	75	2008	74000000
A4	F駅	5	50	2009	61000000
A5	E駅	5	40	2009	44000000

data1.csvは列「物件ID」によって、行を一意に特定できるので、そのままインデックスとして使えます。このように、インデックスに使える列を含むデータなら引数index_colで指定し、含まないなら引数index_colを省略して、自動付与される連番のインデックスを用いるといったかたちで使い分けるとよいでしょう。

なお、DataFrameオブジェクトにはheadメソッドに加え、末尾5行を表示する「tail」メソッドもあります。引数なしです。

データの概要を調べる

ここからは、データ分析をはじめ、DataFrameの各種操作方法を解説します。

ここから先のコードにおけるDataFrameは、リスト3-2-1-2を実行した直後の変数dfを引き続き使うとします。つまり、図3-2-1-4の状態で、データが読み込み済みのDataFrameです。そのため、読み込みのコード（リスト3-2-1-2）は掲載せず、分析のコードなどだけを記述します。print関数は出力内容などに応じて適宜使います。

まずは、DataFrame全体のデータ概要の調べ方です。

行数と列数は「shape」属性、各列のデータ型は「dtypes」属性で得られます。data1.csvを読み込んだDataFrameオブジェクトである変数dfの行数と列数をshape属性で、各列のデータ型をdtypes属性で取得・出力するコードが**リスト3-2-1-3**です。

リスト3-2-1-3●変数dfのDataFrameオブジェクトの行・列数とデータ型を取得するコード

```
print(df.shape)
print(df.dtypes)
```

リスト3-2-1-3の実行結果が**図3-2-1-5**です。

図3-2-1-5●リスト3-2-1-3の実行結果。行数と列数はタプル形式になる。データ型は列名と型名の表として得られる

```
1 print(df.shape)
2 print(df.dtypes)

(99, 5)
最寄駅    object
距離      int64
面積      int64
建築年     int64
価格      int64
dtype: object
```

行数と列数は、「(行数, 列数)」のタプル形式で得られます。data1.csvのデータ自体は99件なので、行数は99が得られました。

データ型は列名と型のペアで取得されます。列「最寄駅」はobject型と出力されていますが、実体はstr型です。このようにdtypes属性では、文字列のデータの列はobject型と表示されます。列「距離」以降はすべて、整数のデータ型であるint64型と出力されています。

列を抽出するには

次に、DataFrameオブジェクトから指定した行と列を抽出する方法をいくつか解説します。分析の際に行単位や列単位でデータを抽出する機会は多いので、ここで解説する方法を適宜用いてください。

単一の列を抽出するには、列名（列ラベル）を使って以下の書式で記述します。

書式

```
DataFrame名[列名]
```

「DataFrame名」の部分には、DataFrameオブジェクトが入った変数名を指定します。「列名」の部分には、目的の列名を文字列として指定します。ちょうど辞書と同じ形式になり、「DataFrame名」が辞書名、「列名」がキーに該当します。

例えば、**リスト3-2-1-4**のように、変数dfのDataFrameオブジェクトを用いて、列名に「最寄駅」を指定したとします。

リスト3-2-1-4●列「最寄駅」を抽出するコード

```
df['最寄駅']
```

リスト3-2-1-4を実行すると、**図3-2-1-6**のように、列「最寄駅」が取得・出力されます。

列はSeriesオブジェクトとして取得されるので、列「最寄駅」のデータに加え、インデックスの列（「物件ID」）もセットで得られます。併せて、列の名前や長さ（その列の行数）などの情報も含まれ、列のあとに出力されます。項目名は、列の名前が「Name」、列の長さが「Length」、データ型が「dtype」です。また、出力の際、その列の行数が多い場合は、先頭と末尾の5行のみが表示されます。

図3-2-1-6●リスト3-2-1-4の実行結果。出力されるのは列「最寄駅」の先頭5行および末尾5行のみ

```
df['最寄駅']
```

```
物件ID
A1      D駅
A2      A駅
A3      C駅
A4      F駅
A5      E駅
        ..
A96     F駅
A97     D駅
A98     C駅
A99     E駅
A100    A駅
Name: 最寄駅, Length: 99, dtype: object
```

複数の列をまとめて取得するには、前述の書式の「列名」の部分に、目的の列名をリストとして指定します。

例えば、列「最寄駅」と列「建築年」を取得したければ、これら2つの列名のリストである「['最寄駅','建築年']」を、前述の書式の「列名」の部分に指定します（**リスト3-2-1-5**）。結果として、「[ ]」が入れ子のかたちになります。

リスト3-2-1-5●列「最寄駅」と「建築年」を抽出するコード

```
df[['最寄駅','建築年']]
```

リスト3-2-1-5を実行すると、**図3-2-1-7**のように、列「最寄駅」と列「建築年」が取得・出力されます。複数の列の場合、列のあとに出力される情報は、列の名前と列の長さとデータ型ではなく、行数と列数です。

図3-2-1-7●リスト3-2-1-5の実行結果。2つの列「最寄駅」と「建築年」が抽出された。最後に行数と列数も取得・出力された。

```
df[['最寄駅','建築年']]
```

	最寄駅	建築年
物件ID		
A1	D駅	2009
A2	A駅	2014
A3	C駅	2008
A4	F駅	2009
A5	E駅	2009
...	...	...
A96	F駅	2014
A97	D駅	2009
A98	C駅	2008
A99	E駅	2007
A100	A駅	2009

99 rows × 2 columns

行はスライスで抽出

行を行番号で抽出するには、以下の書式で記述します。

書式

```
DataFrame名[開始行番号:終了行番号]
```

「開始行番号」と「終了行番号」は数値で指定します。ちょうどリストのスライスと同じ書き方になります。

例えば、行番号4～7を抽出するならば、**リスト3-2-1-6**のように記述します。開始行番号は、4行目の1つ前の3を指定することになります。

リスト3-2-1-6●4～7行目を抽出するコード

```
df[3:7]
```

リスト3-2-1-6を実行すると**図3-2-1-8**のように、行番号4～7の行のデータが抽出・出力されます。

図3-2-1-8●リスト3-2-1-6の実行結果。4～7行目が抽出された

```
1  df[3:7]
```

物件ID	最寄駅	距離	面積	建築年	価格
A4	F駅	5	50	2009	61000000
A5	E駅	5	40	2009	44000000
A6	D駅	8	70	2009	73000000
A7	D駅	5	75	2009	56000000

ほかにも、リストのスライスと同じ要領でいろいろ指定できます。

例えば、

```
df[:7]
```

と記述すると、先頭から行番号7までを抽出できます。

```
df[7:]
```

と記述すると、行番号8から最終行までを抽出できます。

また、「開始行番号」と「終了行番号」の部分は、代わりに、「開始行のインデックスの値」と「終了行のインデックスの値」を文字列として指定することもで

きます。例えば、

```
df['A4':'A7']
```

のように記述すると、図3-2-1-8と同じ結果が得られます。

行番号で抽出するのではなく、指定した条件で行を検索して抽出することもできます。

DataFrameオブジェクトの「query」メソッドを使うと、指定した条件で検索して、行を抽出できます。

書式

```
DataFrameオブジェクト.query(条件式)
```

条件式は、列名や値、比較演算子などを使って記述し、文字列として指定します。

例えば、列「最寄駅」の値が「B駅」の行を抽出したければ、**リスト3-2-1-7**のように記述します。

リスト3-2-1-7●queryメソッドの例。列「最寄駅」が「B駅」の行を検索して抽出する。列名は「"」で囲まない点に注意

```
df.query('最寄駅=="B駅"')
```

リスト3-2-1-7において、条件式は文字列として指定するため、全体を「'」で囲っています。その中身は「最寄駅=="B駅"」と記述しています。「最寄駅」の部分は列名になります。

==は、等しいかどうか判定する比較演算子です。

「B駅」は「"」(ダブルクォーテーション)で囲って文字列の値として指定します。列名の方は「"」で囲まないので注意しましょう。

リスト3-2-1-7を実行すると、**図3-2-1-9**のように抽出されます。ちょうどSQLの選択クエリのように、柔軟に抽出ができます。

図3-2-1-9●リスト3-2-1-7の実行結果。列「最寄駅」が「B駅」の行が検索・抽出された

```
df.query('最寄駅=="B駅"')
```

	最寄駅	距離	面積	建築年	価格
物件ID					
A8	B駅	5	75	2009	70000000
A20	B駅	5	55	2013	53000000
A26	B駅	7	80	2008	94000000
A40	B駅	11	55	1982	28000000
A49	B駅	5	70	2009	68000000
A50	B駅	5	85	2016	87000000
A66	B駅	5	75	2009	76000000
A67	B駅	8	70	2009	61000000
A80	B駅	8	80	2009	78000000
A82	B駅	7	60	2008	56000000
A87	B駅	5	95	2005	73000000
A92	B駅	8	70	2009	59000000
A95	B駅	7	55	2008	55000000

今度は、列番号によって列を抽出してみましょう。

DataFrameオブジェクトの「iloc」メソッドを使うと、列番号によって列を抽出できます。

例えば、先頭列なら列番号0を指定し、

```
df.iloc[:, 0]
```

などと記述します。「[ ]」の中は「行番号,列番号」の形式で指定します。行番号に「:」を指定すると、列を抽出できます。行番号のみ指定すると、行を抽出できます。行番号も列番号も指定すると、その位置に該当する値を抽出できます。

文字列データの集計

ここからは、分析の方法を解説します。いずれのコードでも、DataFrameオブジェクトの各種分析用メソッドを使います。例に使うDataFrameオブジェクトは、引き続きリスト3-2-1-2でdata1.csvを読み込んだ変数dfとします。

まずは、文字列データを集計する方法を解説します。

ある文字列がデータの中で何回出てくるかといった、出現回数の分析は、メソッド一発でできます。指定した列の要素におけるユニークな値（重複しない一意な値）の出現回数は、Seriesオブジェクトの「value_counts」メソッドで求められます。引数なしで実行します。前述したように、Seriesオブジェクトは列のオブジェクトです。

例えば、列「最寄駅」におけるユニークな値（各駅名）の出現回数を求めるなら、**リスト3-2-1-8**のように記述します。列「最寄駅」のSeriesオブジェクトは前述のように変数dfを使い、

```
df['最寄駅']
```

と記述すればよいのでした。

リスト3-2-1-8●列「最寄駅」のユニークな値の出現回数をカウントするコード

```
df['最寄駅'].value_counts()
```

リスト3-2-1-8を実行すると、**図3-2-1-10**のように、ユニークな値として、各駅名とその出現回数が取得・出力されます。併せて、列名とデータ型も出力されます。なお、この結果もSeriesオブジェクトになります。

図3-2-1-10●リスト3-2-1-8の実行結果。各最寄駅の出現回数が求められた

```
1  df['最寄駅'].value_counts()

D駅    21
E駅    18
C駅    18
F駅    15
A駅    15
B駅    13
Name: 最寄駅, dtype: int64
```

また、ユニークな値そのものを調べてリストアップするには、DataFrameオブジェクトの「unique」メソッドを使います。ユニークな値が何個あるのか、その数を調べるには、DataFrameオブジェクトの「nunique」メソッドを使います。いずれも引数なしです。

例えば、列「最寄駅」のユニークな値そのもの、およびその数を調べるなら、**リスト3-2-1-9**のように記述します。リスト3-2-1-9の実行結果は、**図3-2-1-11**です。ユニークな値はリストのかたちで得られます。

リスト3-2-1-9●列「最寄駅」のユニークな値をリストアップし、なおかつ、その個数も求めるコード

```
print(df['最寄駅'].unique())
print(df['最寄駅'].nunique())
```

図3-2-1-11●リスト3-2-1-9の実行結果。列「最寄駅」のユニークな値がリスト形式で得られた。個数も求められている

```
1  print(df['最寄駅'].unique())
2  print(df['最寄駅'].nunique())

['D駅' 'A駅' 'C駅' 'F駅' 'E駅' 'B駅']
6
```

列「最寄り駅」のユニークな値の個数

列「最寄り駅」のユニークな値（駅名）

数値データの分析もメソッド一発で！

次に、数値データの分析方法を解説します。

数値データについては、DataFrameオブジェクトの「describe」メソッドを使えば、各列の平均や標準偏差などの要約統計量をまとめて取得できます。引数なしです。なお、要約統計量とは、「そのデータの特徴を要約した数値」のことです。

変数dfでのコードの例が**リスト3-2-1-10**、その実行結果が**図3-2-1-12**です。このように数値データの各列について、平均（mean）をはじめ8種類の要約統計量（**表3-2-1-1**）がメソッド一発で求められます。なお、図中の「e+～」というのは、「×10の～乗」の意味です。

リスト3-2-1-10●describeメソッドで要約統計量を求めるコード

```
df.describe()
```

図3-2-1-12●リスト3-2-1-10の実行結果。各列の要約統計量が求められ、表形式で出力された

```
1 df.describe()
```

	距離	面積	建築年	価格
count	99.000000	99.000000	99.000000	9.900000e+01
mean	6.595960	68.333333	2006.797980	6.234343e+07
std	2.226552	11.994897	7.618425	1.407499e+07
min	4.000000	40.000000	1980.000000	2.800000e+07
25%	5.000000	60.000000	2005.000000	5.450000e+07
50%	6.000000	70.000000	2009.000000	6.200000e+07
75%	8.000000	75.000000	2009.000000	7.150000e+07
max	12.000000	95.000000	2016.000000	9.400000e+07

表3-2-1-1●describeメソッドで得られる要約統計量

名前	意味
count	個数
mean	平均
std	標準偏差
min	最小値
25%	1/4分位数
50%	中央値
75%	3/4分位数
max	最大値

なお、DataFrameオブジェクトには、各種の要約統計量が単独でも求められるよう、メソッドがそれぞれ用意されています。

例えば、平均だけを求めたければ「mean」メソッドを使い、「df.mean()」と記述します。実行すると、各列の平均値が取得できます。中央値は「median」メソッドで取得できます。1/4分位数や3/4分位数は「quantile」メソッドを使い、引数に目的のパーセントを0.0～1.0の小数で指定します。

各列同士の相関係数は、「corr」メソッド一発で求められます。相関係数とは、2つのデータの関係性の強さ（片方が増減した際、もう片方がどれだけ増減するか）を表す指標です。変数dfでのコードの例が、**リスト3-2-1-11**です。引数はなしです。たったこれだけのコードで済んでしまいます。

リスト3-2-1-11●corrメソッドで相関係数を求めるコード

```
df.corr()
```


リスト3-2-1-11の実行結果が、**図3-2-1-13**です。各列同士の相関係数がマトリクス形式で表示されます。1に近ければ正の相関が強く、−1に近ければ負の相関が強いと言えます。正の相関とは、片方が増えると、もう片方も増える関係性です。負の相関とは、片方が増えると、もう片方が減る関係性です。逆に、0に近いほど相関は弱いと言えます。なお、マトリクスの対角線上は同じ列同士の相関係数なので、すべて必ず1になります。

図3-2-1-13●リスト3-2-1-11の実行結果。各列同士の相関係数がcorrメソッド一発で求められた

```
df.corr()
```

	距離	面積	建築年	価格
距離	1.000000	0.028019	-0.169687	-0.087022
面積	0.028019	1.000000	0.100125	0.635030
建築年	-0.169687	0.100125	1.000000	0.611399
価格	-0.087022	0.635030	0.611399	1.000000

グループ分けして分析

元のデータをグループ分けした上で、各種分析を行うことも可能です。例えばここでの例ならば、最寄駅ごとに物件をグループ分けし、距離など各列の平均値などを求めるといった分析になります。

まずは、DataFrameオブジェクトの「groupby」メソッドによってグループ化します。基本的な書式は以下です。

書式

```
DataFrameオブジェクト.groupby(by)
```

引数

by　：グループ分けの基準

引数byには、例えば列でグループ分けするなら、目的の列名を文字列として指定します。列「最寄駅」でグループ分けするなら、その列名の文字列を指定します。

groupbyメソッドは、実行すると、「DataFrameGroupBy」オブジェクトを返します。指定した基準でグループ分けされたDataFrameです。通常はその戻り値を変数に格納し、以降の処理に用います。そして、DataFrameGroupByオブジェ

クトでも、前述の各種分析用メソッドが使えるので、それらで分析を行います。

例を示します。**リスト3-2-1-12**は、列「最寄駅」でグループ分けした上で、平均値をそれぞれ求めるコードです。

リスト3-2-1-12●列「最寄駅」でグループ分けした上で、各列の平均値を求めるコード

```
group = df.groupby('最寄駅')
print(group.mean())
```

1行目のコードでは、groupbyメソッドの引数に、目的の列名である「最寄駅」を文字列として指定しています。同メソッドの戻り値は、変数groupに代入しています。DataFrameGroupByオブジェクトであり、列「最寄駅」でグループ分けされたDataFrameになります。

2行目のコードでは、変数groupを使い、meanメソッドを実行しています。平均値を求めるメソッドであり、引数なしで実行します。さらにその戻り値をprint関数で出力しています。

リスト3-2-1-12の実行結果が、**図3-2-1-14**です。物件の最寄駅ごとに、距離、面積、建築年、価格の平均値が求められました。なお、print関数を使わず「group.mean()」とだけ記述すると、図3-2-1-13のような表の体裁で出力されます。

図3-2-1-14●リスト3-2-1-12の実行結果。各列の平均値が物件の最寄駅ごとに求められた

```
1  group = df.groupby('最寄駅')
2  print(group.mean())

           距離         面積          建築年          価格
最寄駅
A駅    7.466667  70.000000  2001.933333  6.140000e+07
B駅    6.615385  71.153846  2007.230769  6.600000e+07
C駅    6.277778  68.055556  2005.555556  5.777778e+07
D駅    6.380952  69.047619  2008.285714  6.571429e+07
E駅    6.411765  69.117647  2008.294118  6.241176e+07
F駅    6.600000  62.666667  2009.000000  6.080000e+07
```

また、corrメソッドを使えば、最寄駅ごとに相関係数が求められます（**リスト3-2-1-13**）。

リスト3-2-1-13の実行結果が、**図3-2-1-15**です。このようにグループ分けすることで、より詳細な分析が行えます。

リスト3-2-1-13●列「最寄駅」でグループ分けした上で、
各列同士の相関係数を求めるコード

```
print(group.corr())
```

図3-2-1-15●リスト3-2-1-13の実行結果。各列同士の相関係数が
最寄駅ごとに求められた

```
print(group.corr())
```

```
                 距離        面積       建築年        価格
最寄駅
A駅  距離   1.000000 -0.084148  0.137703  0.031116
     面積  -0.084148  1.000000  0.448047  0.753476
     建築年 0.137703  0.448047  1.000000  0.824570
     価格   0.031116  0.753476  0.824570  1.000000
B駅  距離   1.000000 -0.413521 -0.734627 -0.568797
     面積  -0.413521  1.000000  0.326883  0.786518
     建築年 -0.734627  0.326883  1.000000  0.665698
     価格  -0.568797  0.786518  0.665698  1.000000
C駅  距離   1.000000  0.207944 -0.242580 -0.052933
     面積   0.207944  1.000000 -0.365430  0.439652
     建築年 -0.242580 -0.365430  1.000000  0.470859
     価格  -0.052933  0.439652  0.470859  1.000000
D駅  距離   1.000000  0.019869 -0.156940  0.052913
     面積   0.019869  1.000000  0.421740  0.715776
     建築年 -0.156940  0.421740  1.000000  0.651117
     価格   0.052913  0.715776  0.651117  1.000000
E駅  距離   1.000000  0.196918 -0.030964  0.003394
     面積   0.196918  1.000000 -0.067521  0.674669
     建築年 -0.030964 -0.067521  1.000000  0.586068
     価格   0.003394  0.674669  0.586068  1.000000
F駅  距離   1.000000 -0.030183 -0.043548 -0.266682
     面積  -0.030183  1.000000 -0.323879  0.430329
     建築年 -0.043548 -0.323879  1.000000  0.329898
     価格  -0.266682  0.430329  0.329898  1.000000
```

さらにグループ分けしたあと、指定したグループのみ抜き出して分析することも可能です。以下の書式にて、グループを指定します。

書式

```
DataFrameGroupByオブジェクト[列名]
```

「列名」の部分には、目的の列名を文字列として指定します。

例えば、先ほどの変数groupを使い、列「面積」のみ抜き出して平均値を求めたいならば、**リスト3-2-1-14**のように記述します。「group['面積']」と記述することで、列「面積」のみを抜き出しています。

リスト3-2-1-14●列「最寄駅」でグループ分けし、さらに列「面積」のみ抽出して平均値を求めるコード

```
group['面積'].mean()
```

リスト3-2-1-14の実行結果は、**図3-2-1-16**です。列「面積」の平均値のみが、最寄駅ごとに求められています。

図3-2-1-16●リスト3-2-1-14の実行結果。面積の平均値が最寄駅ごとに求められた

```
1  group['面積'].mean()

最寄駅
A駅    70.000000
B駅    71.153846
C駅    68.055556
D駅    69.047619
E駅    69.117647
F駅    62.666667
Name: 面積, dtype: float64
```

グラフもメソッド1つでOK

pandasではグラフも作成できます。

DataFrameオブジェクトおよびSeriesオブジェクトの「plot」以下の各種メソッドを用います。例えば、ヒストグラムなら「hist」メソッドです。

Pythonでグラフ作成のライブラリと言えば「Matplotlib」ですが、pandasのplotはその橋渡しをするだけの役割であり、内部でMatplotlibの関数を呼び出します。

グラフ化したいデータに日本語がある場合、文字化けを起こさないよう、**リス**

ト3-2-1-15を事前に実行し、Matplotlibで日本語フォントを有効化しておいてください。このコードは3-1-1で登場したものと同じ処理です。

リスト3-2-1-15●Matplotlibで日本語フォント（ここでは游ゴシックとメイリオ）を有効化する処理

```
from matplotlib import rcParams

rcParams['font.family'] = 'sans-serif'
rcParams['font.sans-serif'] = ['Yu Gothic', 'Meiryo']
```

ここでの例で、列「面積」のデータのヒストグラムを作成するコードが**リスト3-2-1-16**です。

変数dfのDataFrameオブジェクトを用いて、「df['面積']」によって列「面積」のSeriesオブジェクトを抽出します。それに続けて、「.plot.hist()」と記述し、histメソッドを引数なしで実行した例です。

リスト3-2-1-16●列「面積」のヒストグラムを作成するコード

```
df['面積'].plot.hist()
```

リスト3-2-1-16の実行結果は、**図3-2-1-17**です。物件の面積でヒストグラムができました。

さらにhistメソッドの各種オプショナル引数などを指定すれば、書式などを細かく設定できます。

図3-2-1-17●リスト3-2-1-16の実行結果。
グラフ作成もメソッド1つでできる

```
df['面積'].plot.hist()
```

```
<AxesSubplot:ylabel='Frequency'>
```

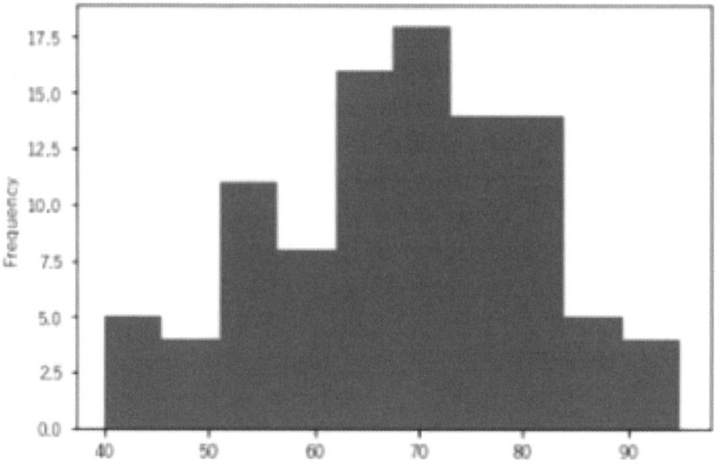

グラフ作成のメソッドは、hist以外にも、例えば棒グラフの「bar」などがあります。

メソッドごとにオプショナル引数の種類は異なり、グラフの種類ごとに書式を細かく設定できます。

また、データをグループ分けした上でのグラフ作成も可能です。その一例が、**リスト3-2-1-17**です。

meanメソッドに続けて、「.plot.bar()」とbarメソッドを記述しています。つまり、リスト3-2-1-14の「group['面積'].mean()」によって最寄駅でグループ分けして列「面積」の平均値を求めたあと、barメソッドで棒グラフを作成したかたちです。このようにメソッドチェーンのように記述できます。もちろん、求めた「面積」の平均値を変数に格納し、その変数でbarメソッドを実行するかたちのコードでも構いません。これで、最寄駅ごとの物件の面積の平均値を、棒グラフにできました。

リスト3-2-1-17●列「最寄駅」でグループ分けした上で、列「面積」の平均値の棒グラフを作成するコード

```
group['面積'].mean().plot.bar()
```

リスト3-2-1-17の実行結果は、**図3-2-1-18**です。

図3-2-1-18●リスト3-2-1-17の実行結果。最寄駅ごとの物件の面積の平均値の棒グラフが作成された

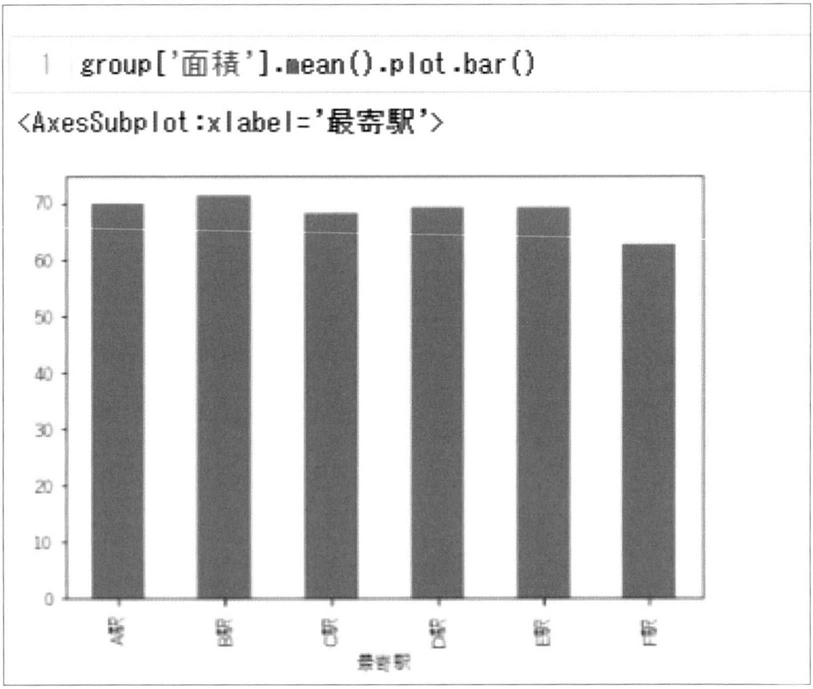

なお、Matplotlibのグラフ作成メソッドの引数に、pandasのSeriesオブジェクトを指定することも可能です。

3-2-2 データの整形・加工

pandasによるデータ分析の続きとして、「移動平均」の出し方を紹介します。そのあと、分析の前処理として、データのクレンジングや整形・加工の基本を解説します。

移動平均を求めるには

移動平均とは、時系列データの推移の傾向を調べるのによく用いられる手法であり、その手法で得られる値のことです。時系列データのある一定区間ごとの平均値を、区間をずらしながら求めた値です。新型コロナの報道において「過去7日間の新規感染者数の移動平均」などの値が発表されていましたね。

ここでは例として、2021年6～8月の日経平均株価の終値について、7日間の移動平均を求めます。よって、過去7日間の終値の平均値を日ごと順に求めていきます。

分析用データは、CSVファイル「data2.csv」とします。データの件数は63件です（データは64行目まで。1行目は列見出し）。**図3-2-2-1**のように、1列目に日付が、2列目に終値が格納されています。文字コードはUTF-8で、保存場所はホームディレクトリ直下とします。

図3-2-2-1●CSVファイル「data2.csv」をExcelで開いた画面

	A	B	C
1	日付	終値	
2	2021/6/1	28814.34	
3	2021/6/2	28946.14	
4	2021/6/3	29058.11	
5	2021/6/4	28941.52	
6	2021/6/7	29019.24	
7	2021/6/8	28963.56	

pandasで移動平均を求めるには、まずは「Rolling」オブジェクトを取得します。指定した区間（今回の例なら7日間）で集計を行うためのオブジェクトです。Rollingオブジェクトの取得は「rolling」メソッドで行います。基本的な書式は以下です。

書式

```
オブジェクト.rolling(window)
```

オブジェクト

```
DataFrameオブジェクト または Seriesオブジェクト
```

引数

```
window  : 区間
```

上記書式の「オブジェクト」の部分には、DataFrameオブジェクト、またはその列のSeriesオブジェクトを指定します。DataFrameオブジェクトやSeriesオブジェクトについては、3-2-1の内容を参照してください。

引数windowには区間を数値で指定します。引数windowは第1引数であり、ほかにも省略可能なオプショナル引数がいくつかありますが、解説は省略します。以降で解説する関数やメソッドも、基本的な引数のみを紹介していきます。

移動平均は、取得したRollingオブジェクトの「mean」メソッドで求めます。引数はなしです。実行すると、戻り値として移動平均が得られます。

リスト3-2-2-1が、2021年6～8月の日経平均株価終値の7日間の移動平均を求めて出力するコードです。

リスト3-2-2-1●日経平均株価終値の7日間の移動平均を求めるコード

```
import pandas as pd

df = pd.read_csv('data2.csv') ――――――(1)
cp = df.iloc[:,1] ――――――――――――――(2)
cp_ma7 = cp.rolling(7).mean() ――――――(3)
print(cp_ma7)
```

（1）で、「data2.csv」を読み込み、そのDataFrameオブジェクトを変数dfに取得します。

(2) では、2列目の終値をilocメソッドで取り出し、そのSeriesオブジェクトを変数cpに格納して、次の処理に使います。

(3) が7日間の移動平均を求める処理です。終値のSeriesオブジェクトである変数cpを使い、rollingメソッドの引数windowには、目的の区間である7日間の数値である7を指定しています。これで区間が7日間のRollingオブジェクトが得られ、その後ろにメソッドチェーンのかたちでmeanメソッドを付けて、7日間移動平均を求めます。この戻り値はSeriesオブジェクトとして得られます。変数cp_ma7に格納し、次の処理に使います。

リスト3-2-2-1の最後で、変数cp_ma7をprint関数で出力します。その結果が**図3-2-2-2**です。7日間移動平均の最初の5件と最後の5件のみが出力されます。なお、最初の7日間は過去データが存在しない（1～7日目よりも前の終値のデータは存在しない）ので、移動平均は求められず、データなし（NaN）となります。

図3-2-2-2●リスト3-2-2-1の実行結果。7日間移動平均が出力された

```
print(cp_ma7)

0              NaN
1              NaN
2              NaN
3              NaN
4              NaN
           ...
58    27465.134286
59    27510.537143
60    27518.427143
61    27591.015714
62    27744.771429
Name: 終値, Length: 63, dtype: float64
```

求めた移動平均が、どのような傾向のものなのかを見るには、元データと並べてグラフ化するのが定番です。そのコードの一例が**リスト3-2-2-2**です。

グラフ作成の方法は、Matplotlibを活用することを含めると何通りもあります。ここでは、pandasによる方法を採用しました。そのコードがリスト3-2-2-2です。

リスト3-2-2-2●日経平均株価の終値と、リスト3-2-2-1で求めた7日間移動平均をグラフにプロットするコード

```
from matplotlib import rcParams

rcParams['font.family'] = 'sans-serif'
rcParams['font.sans-serif'] = ['Yu Gothic', 'Meiryo']

df['7日間移動平均'] = cp_ma7 ——————————(1)
df.plot(x='日付', y=['終値', '7日間移動平均'], figsize=(9, 6)) ——(2)
```

実行結果は**図3-2-2-3**です。折れ線グラフにしました。横軸は日付けです。

図3-2-2-3●リスト3-2-2-2の実行結果。系列の色や軸目盛など、グラフの体裁はサイズ以外はデフォルトのまま

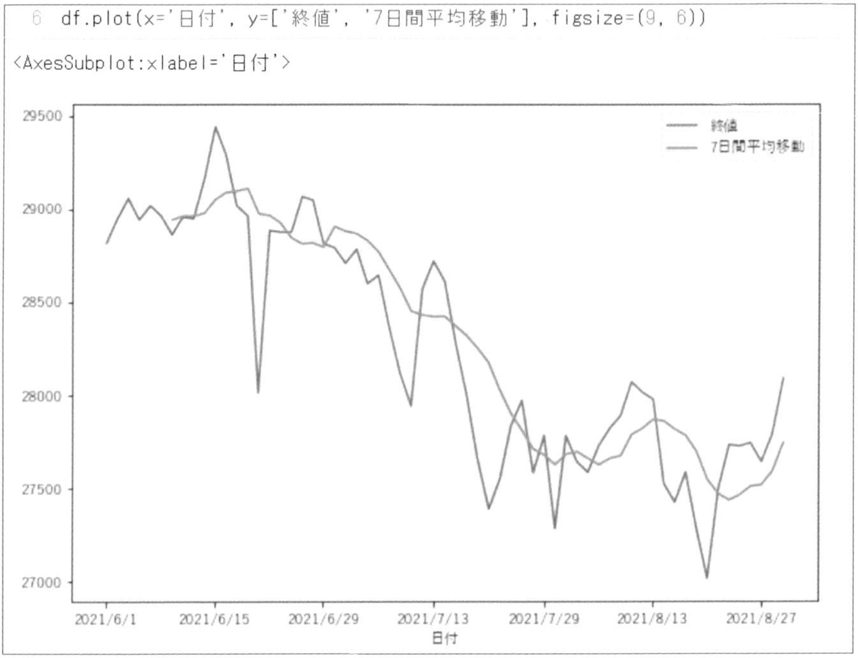

リスト3-2-2-2の最初の3行は、日本語が文字化けを起こさないよう、日本語フォント（游ゴシックとメイリオ）を有効化する処理です。3-1-1で解説したとおり、内部でMatplotlibを呼び出している関係から、このようなコードになります。

リスト3-2-2-2の（1）は、変数dfのDataFrameオブジェクトに、リスト3-2-2-1で求めた終値の7日間移動平均（変数cp_ma7）を、新たな列として追加する処理です。代入演算子の＝の左辺「df['7日間移動平均']」ですが、「[ ]」の中に存在しない列名を文字列として指定すると、その列名で新たな列がDataFrameに生成されます。その新たな列に変数cp_ma7を代入することで、終値の7日間移動平均を格納できます。

あとはDataFrameオブジェクトの「plot」メソッドで折れ線グラフを作成します。引数の指定方法は基本的に、3-1-1で解説したmatplotlib.pyplot.plot関数と同じです。X軸のデータは引数x、Y軸のデータは引数yに指定します。(2）では、引数xにx軸の値として、列名「日付」を文字列として指定しています。引数yにはy軸の値の列名を指定するのですが、今回は終値と7日間移動平均の2つをプロットしたいので、両者の列名をリスト形式で指定します。さらにデフォルトのサイズは小さめで見づらいため、引数figsizeにサイズをタプル形式で指定して大きくしています。

“汚れた”データをきれいにする

次に、分析の前処理について解説します。まずはデータのクレンジングについて解説します。

ここまで例に用いてきたデータは、pandasでの分析にそのまま用いることができるような“きれいな”データでした。

しかし、現実的には、そのままでは使えない“汚れた”データしか手元にない場合が多々あります。例えば、「データが一部抜けている」「異常な値が入っている」「表記が揺れている」（統一されていない）などのデータです。

そういったデータの場合、事前に整形などを行い、きれいにしなければなりません。そのような行為を「クレンジング」などと呼びます。pandasにはクレンジングのための各種メソッドが用意されています。その代表的なものの基本的な使い方を解説します。

例に用いるデータは、CSVファイル「data3.csv」とします。**図3-2-2-4**のように、1列目が氏名、2列目が性別、3列目が身長のデータです。データ件数は13件です。文字コードはUTF-8で、データの保存場所はホームディレクトリ直下とします。

図3-2-2-4●CSVファイル「data3.csv」をExcelで開いた画面

	A	B	C
1	氏名	性別	身長
2	安達 絵里	女性	142
3	井上　俊彦	男性	186
4	井本　由美	女性	155
5	小栗 知之	男性	168
6	加藤　恭子	女性	161
7	加藤 史朗	男性	278
8	鈴木 義和	男性	
9	玉森　洋樹	男性	172
10	中鉢 朋子	女性	170
11	鍋田 あゆみ	女性	153
12	宮治 英夫	男性	276
13	山岡　洋宣	男性	166
14	山下 育郎	男性	165

data3.csvの中身をよく見てみると、列「氏名」に入力された姓と名の間のスペースにおいて、半角と全角が混在しており、表記が揺れています。また、列「身長」は8行目が抜けています。さらに7行目と12行目には「200cm台後半」という、身長としては通常考えられない異常な値が誤って入力されています。これらの汚れたデータをクレンジングしていきます。

クレンジングを行う場合も、最初に目的のデータをDataFrameオブジェクトに読み込みます。そのコードが**リスト3-2-2-3**です。これまでと同じく、read_csv

メソッドで読み込み、変数dfに格納します。

リスト3-2-2-3●data3.csvを読み込むコード

```
import pandas as pd

df = pd.read_csv('data3.csv')
```

リスト3-2-2-3を実行後、別のセルで変数dfのみを入力・実行し、中身を出力した結果が**図3-2-2-5**です。

図3-2-2-5●リスト3-2-2-3を実行後、変数dfを別セルで出力。インデックスは、Excelの行番号より2だけ小さい数値

```
df = pd.read_csv('data3
```

```
df
```

	氏名	性別	身長
0	安達 絵里	女性	142.0
1	井上　俊彦	男性	186.0
2	井本　由美	女性	155.0
3	小栗 知之	男性	168.0
4	加藤　恭子	女性	161.0
5	加藤 史朗	男性	278.0
6	鈴木 義和	男性	NaN
7	玉森　洋樹	男性	172.0
8	中鉢 朋子	女性	170.0
9	鍋田 あゆみ	女性	153.0
10	宮治 英夫	男性	276.0
11	山岡　洋宣	男性	166.0
12	山下 育郎	男性	165.0

「データの抜け」なども含めて、そのまま読み込まれていることが確認できます。データの抜けは「NaN」と表示されます。以降、DataFrameオブジェクトの出力はこの方法（別のセルで変数dfのみを入力・実行する方法）を用いることにします。print関数よりも見やすいからです。

また、出力の際、自動で付与されたインデックスの数値が左側に表示されます。見出し行を除き、先頭行を0とした数値が付与されます。そのため、図3-2-2-4のExcelの行番号から2だけ少ない数値になります。

図3-2-2-5のような汚れたデータをクレンジングするにあたり、処理の大まかな流れとしては、この変数dfのDataFrameオブジェクトに対して、各種メソッドでクレンジングの処理を都度行い、その結果で変数dfを更新していきます。それによって、すべての“汚れ”をクレンジングします。

全角・半角を統一

まずは列「氏名」の姓と名の間のスペースの全角・半角を統一しましょう。ここでは半角に統一するとします。全角・半角の統一は、置換で行うのが手軽です。置換はSeriesオブジェクトの「str」以下の「replace」メソッドで行います。

書式

```
オブジェクト.str.replace(pat, repl)
```

オブジェクト

Seriesオブジェクト

引数

```
pat  ： 置換したい文字列
repl ： 置換後の文字列
```

列「氏名」のスペースを半角に統一するコードが**リスト3-2-2-4**です。

リスト3-2-2-4●列「氏名」の姓と名の間のスペースを半角に統一するコード

```
df['氏名'] = df['氏名'].str.replace('　', ' ')
```

＝の右辺では、まずは「df['氏名']」によって列「氏名」のSeriesオブジェクトを取得します。そのreplaceメソッドの引数patに全角スペース、引数replに半角スペースをそれぞれ文字列として指定します。これで、列「氏名」の全角スペースがすべて半角スペースに置換されて、戻り値として得られます。

そして、その戻り値を「df['氏名']」自身に代入しています。前述のリスト3-2-2-2では、「[ ]」の中に存在しない列名を指定することで、新たな列を生成しました。一方、リスト3-2-2-4のように既存の列名を指定すると、その列のデータを上書きして変更できます。これで半角スペースに統一された変数dfに更新できます。

リスト3-2-2-4を実行し、変数dfを出力した結果が**図3-2-2-6**です。列「氏名」の姓と名の間のスペースがすべて半角に統一されました。

図3-2-2-6●リスト3-2-2-4を実行後、変数dfを別セルで出力

	氏名	性別	身長
0	安達 絵里	女性	142.0
1	井上 俊彦	男性	186.0
2	井本 由美	女性	155.0
3	小栗 知之	男性	168.0
4	加藤 恭子	女性	161.0
5	加藤 史朗	男性	278.0
6	鈴木 義和	男性	NaN
7	玉森 洋樹	男性	172.0
8	中鉢 朋子	女性	170.0
9	鍋田 あゆみ	女性	153.0
10	宮治 英夫	男性	276.0
11	山岡 洋宣	男性	166.0
12	山下 育郎	男性	165.0

Seriesオブジェクトのstr以下には、replaceメソッド以外にも、アルファベットの大文字・小文字を変換するなど、表記揺れの修正に使えるメソッドがいくつか用意されています。

データの抜けを穴埋めする

次に、データの抜けに対処しましょう。抜けているデータを専門用語では、「欠損値」と呼びます。図3-2-2-4で確認した通り、列「身長」の8行目（インデックスは6）に欠損値があります。

欠損値の対処には大きく分けて、「何かしらの値で穴埋めする」と、「データを行（レコード）ごと削除する」の2通りがあります。まずは前者を紹介します。どのような値で穴埋めするのかも、何通りか考えられます。ここではその一例として、中央値で埋める方法を紹介します。中央値とは、対象となるデータ群を値の大きさの順番で並べた場合に、データ群全体の中央にくる値のことです。

欠損値を穴埋めするには、DataFrameオブジェクトの「fillna」メソッドを用います。

書式

```
オブジェクト.fillna(value)
```

オブジェクト

DataFrameオブジェクト

引数

value　：穴埋めする値

引数valueの指定方法も、何パターンかあります。ここでは、指定した列を指定した値で穴埋めするパターンを紹介します。以下の辞書の形式で引数valueに指定します。

書式

```
{列名:値}
```

辞書のキーには、目的の列名を文字列として指定します。辞書の値には、穴埋めする値を指定します。この形式の辞書を、fillnaメソッドの引数valueに指定するのです。実行すると、指定した列が指定した値で穴埋めされ、そのDataFrameオブジェクトが戻り値として得られます。

列「身長」の欠損値を中央値で穴埋めするコードが**リスト3-2-2-5**です。

リスト3-2-2-5●列「身長」の欠損値を中央値で穴埋めするコード

```
df = df.fillna({'身長': df['身長'].median()})
```

＝の右辺では、DataFrameオブジェクトの変数dfを使い、fillnaメソッドを実行しています。引数valueには、「{'身長': df['身長'].median()}」と指定しています。辞書のキーには、目的の列名である文字列「身長」を指定しています。

辞書の値には「df['身長'].median()」を指定しています。「df['身長']」で列「身長」のSeriesオブジェクトを取得し、そのmedianメソッドで中央値を取得しています。

リスト3-2-2-5を実行し、変数dfを出力した結果が**図3-2-2-7**です。列「身長」の8行目（インデックスは6）にあった欠損値が中央値で穴埋めされました。この例では、列「身長」に欠損値は1つしかありませんでしたが、もし複数あっても、リスト3-2-2-5を実行するだけで、すべての欠損値が中央値で穴埋めされます。

図3-2-2-7●リスト3-2-2-5を実行後、変数dfを別セルで出力

```
df = df.fillna({'身長':
```

```
df
```

	氏名	性別	身長
0	安達 絵里	女性	142.0
1	井上 俊彦	男性	186.0
2	井本 由美	女性	155.0
3	小栗 知之	男性	168.0
4	加藤 恭子	女性	161.0
5	加藤 史朗	男性	278.0
6	鈴木 義和	男性	167.0
7	玉森 洋樹	男性	172.0
8	中鉢 朋子	女性	170.0
9	鍋田 あゆみ	女性	153.0
10	宮治 英夫	男性	276.0
11	山岡 洋宣	男性	166.0
12	山下 育郎	男性	165.0

欠損値が中央値で埋められた

どの列に欠損値がどれだけあるのかをとりあえず把握したい場合は、**リスト3-2-2-6**のコードを用います。DataFrameオブジェクトの「isnull」メソッドで各列の欠損値を洗い出し、「sum」メソッドで合計して数を求めています。いずれのメソッドも引数なしで実行します。

リスト3-2-2-6●各列の欠損値の数を集計するコード

```
print(df.isnull().sum())
```

リスト3-2-2-6を実行すると、**図3-2-2-8**のように集計結果が得られます。なお、ここでの変数dfは、リスト3-2-2-5で穴埋めする前のものを使っています。

図3-2-2-8●リスト3-2-2-6の実行結果

```
1  print(df.isnull

氏名     0
性別     0
身長     1
dtype: int64
```

もう1つの欠損値の対処である、「データを行（レコード）ごと削除する」は通常、欠損値を含むデータを除外して分析したい場合に用います。その処理は、DataFrameオブジェクトの「dropna」メソッド一発でできます。引数はなしです。

書式

```
オブジェクト.dropna()
```

オブジェクト

DataFrameオブジェクト

例えば、**リスト3-2-2-7**のように記述します。リスト3-2-2-5で穴埋めする前の変数dfを使って実行すると、列「身長」に欠損値を含む8行目（インデックス6）のデータが丸ごと削除されます。

リスト3-2-2-7●欠損値を含むデータを行ごと削除するコード

```
df.dropna()
```

「外れ値」のデータを除外

最後に、異常な値をクレンジングしましょう。

前述の通り、列「身長」の7行目（インデックス5）と12行目（インデックス10）には、200cm台の後半という異常な値が入っています。このように、他の値に比べて異常に大きく外れている値のことを、専門用語で「外れ値」などと呼びます。外れ値が含まれていると分析が適切に行えないので、対処が必要です。

外れ値の対処も何通りか考えられますが、ここでは行ごとデータを除外するとします。ここでの例では、列「身長」に外れ値が入っている7行目と12行目を丸ごと削除します。

外れ値の除外を行うには、データの検索機能を利用するのが手軽です。外れ値のデータを見つけ出して除外したいのですが、検索機能を使う場合、「外れ値ではないデータを検索して抽出する」という方法で行います。一体どういう方法なのか、具体例を挙げて説明します。

まずは検索の方法を解説します。pandasでデータの検索を行うには、DataframeオブジェクトのDataframeオブジェクトの「query」メソッドを使います。

書式

```
オブジェクト.query(expr)
```

オブジェクト

DataFrameオブジェクト

引数

expr　：検索条件

引数exprには、検索条件の式を文字列として指定します。検索条件の式は主に、「>」などの比較演算子を用いて、以下の形式で記述します。

書式

列名　比較演算子　値

比較演算子の左辺に、条件に用いる列名を指定します。右辺には、しきい値など条件の値を指定します。実行すると検索が行われ、検索条件に合致するデータのみを含むDataFrameオブジェクトが戻り値として得られます。

ここでは例として、身長が200cm以上のデータを外れ値と見なして、データを除外するとします。この場合、検索の条件は「身長が200cmより小さい」になります。この条件で検索されたデータは、身長が200cm以上のデータではないので、外れ値を除外できます。この条件式は以下になります。

```
'身長 < 200'
```

比較演算子は、「～より小さい」の「<」を使います。左辺には目的の列名である「身長」を指定し、右辺にはしきい値の「200」を指定しています。式は文字列として指定する決まりなので、全体を「'」で囲みます。「'」で囲むのは列名の「身長」だけでなく、式全体である点に注意しましょう。

この条件式をqueryメソッドの引数exprに指定します。これで、身長が200cmより小さいデータが検索されます。あとは検索結果でDataFrameを更新（検索結果を変数dfに代入して上書き）すれば、身長が200cm以上という外れ値のデータが除外される結果となります。そのコードが**リスト3-2-2-8**です。

リスト3-2-2-8●身長のデータが200cm以上のデータを除外するコード

```
df = df.query('身長 < 200')
```

リスト3-2-2-8は、リスト3-2-2-5までを実行したあとの変数dfを前提としたコードです。リスト3-2-2-7を実行した場合は、お手数ですがリスト3-2-2-5まで再度実行してからリスト3-2-2-8を実行してください。

実行結果が**図3-2-2-9**です。図3-2-2-7の状態では7行目（インデックス5）と12行目（インデックス10）にあった外れ値のデータが行ごと除外されました。

図3-2-2-9●リスト3-2-2-8を実行後、変数dfを別セルで出力。
身長が200cm以上のデータが行ごと除外できた

```
df = df.query('身長 < 20
```

```
df
```

	氏名	性別	身長
0	安達 絵里	女性	142.0
1	井上 俊彦	男性	186.0
2	井本 由美	女性	155.0
3	小栗 知之	男性	168.0
4	加藤 恭子	女性	161.0
6	鈴木 義和	男性	167.0
7	玉森 洋樹	男性	172.0
8	中鉢 朋子	女性	170.0
9	鍋田 あゆみ	女性	153.0
11	山岡 洋宣	男性	166.0
12	山下 育郎	男性	165.0

また、全データの上位・下位の5%などのように、分位（パーセンタイル）によって外れ値を判別する方法もよく使われます。指定した分位数は、DataFrameオブジェクトの「quantile」メソッドで取得できます。引数には、目的の分位をパーセントの小数で指定します。例えば、上位の5%を除外する（全体の95%を採用する）に該当する分位数なら、以下のように記述します。

```
df['身長'].quantile(0.95)
```

この記述を用いた**リスト3-2-2-9**のコードによって、上位5%を外れ値と見なして除外できます。(1) のコードにて目的の分位数を求め、変数thrに格納します。(2) のコードでは、その変数thrを使ってqueryメソッドの条件式を指定しています。条件式の文字列内に変数名を使う場合、変数名の前に「@」を付けます。

リスト3-2-2-9●上位の5%を外れ値と見なして除外するコード

```
thr = df['身長'].quantile(0.95) ——————(1)
df = df.query('身長 < @thr') ——————(2)
```

変数dfの中身が図3-2-2-9の状態でのリスト3-2-2-9の実行結果が、**図3-2-2-10**です。上位5%に該当する3行目 (インデックス1) のデータが行ごと除外されました。

図3-2-2-10●リスト3-2-2-9を実行後、変数dfを別セルで出力。上位5%のデータ(インデックス1のデータ)が除外された

```
df = df.query('身長 <
```

```
df
```

	氏名	性別	身長
0	安達 絵里	女性	142.0
2	井本 由美	女性	155.0
3	小栗 知之	男性	168.0
4	加藤 恭子	女性	161.0
6	鈴木 義和	男性	167.0
7	玉森 洋樹	男性	172.0
8	中鉢 朋子	女性	170.0
9	鍋田 あゆみ	女性	153.0
11	山岡 洋亘	男性	166.0
12	山下 育郎	男性	165.0

「ダミー変数」に変換

データの中には、クレンジングが必要ではなくても、分析を行うために整形・加工が必要なものがあります。

例えば、「ダミー変数」への変換です。ダミー変数とは、数値ではないデータを数値に変換したものです。今回の例の場合、2列目に「性別」というデータがあり、「男性」または「女性」という2種類の文字列が入っています。この形式のデータを、「男性」と「女性」の列を新たに設け、男性なら列「男性」に1、列「女性」に0を入れる形式に変換します。女性ならその逆で、列「男性」に0、列「女性」に1を入れます。

ダミー変数への変換を具体例で見ていきましょう。ダミー変数への変換は、「pandas.get_dummies」関数でできます。

書式

```
pandas.get_dummies(data)
```

引数

```
data  : 列
```

引数dataには、ダミー変数に変換したい列のSeriesオブジェクトを指定します。今回の例で列「性別」をダミー変数に変換したければ、**リスト3-2-2-10**のように記述します。引数dataには、列「性別」のSeriesオブジェクトを「df['性別']」と指定しています。

リスト3-2-2-10●列「性別」をダミー変数に変換するコード

```
pd.get_dummies(df['性別'])
```

実行すると、変換・生成されたダミー変数の列が戻り値として得られます（**図3-2-2-11**）。「男性」「女性」という列名も自動で設定されます。

図3-2-2-11●リスト3-2-2-10の実行結果。列「性別」から変換・生成されたダミー変数が出力される

```
1 pd.get_dummie
```

	女性	男性
0	1	0
2	1	0
3	0	1
4	1	0
6	0	1
7	0	1
8	1	0
9	1	0
11	0	1
12	0	1

変換・生成したダミー変数は多くの場合、元のDataFrameに連結することで、そのDataFrameでの分析作業に使えるように追加します。

リスト3-2-2-10で変換・生成したダミー変数を元のDataFrameに連結するコードが**リスト3-2-2-11**です。データの連結は「pandas.concat」関数で行います。

リスト3-2-2-11●ダミー変数を元のDataFrameに連結するコード

```
pd.concat([df, pd.get_dummies(df['性別'])], axis=1)
```

pandas.concat関数の書式は次のとおりです。

書式

```
pandas.concat(objs, axis)
```

引数

```
objs  ： 連結するDataFrameや列
axis  ： 連結方向
```

引数objsには、連結するDataFrameや列（Series）のオブジェクトをリストとして指定します。

リスト3-2-2-11では、元のDataFrameである変数dfと、「pd.get_dummies(df['性別'])」で変換・生成したダミー変数の2つを要素とするリストを指定しています。

引数axisには、DataFrameやリストを連結する方向として、行方向（縦方向）なら数値の0、列方向（横方向）なら1を指定します。リスト3-2-2-11では1を指定し、列方向に連結しています。なお、引数axisはオプショナル引数であり、省略するとデフォルト値の0を指定したと見なされます。

リスト3-2-2-11の実行結果が**図3-2-2-12**です。2つの要素を連結した結果がpandas.concat関数の戻り値として得られます。もし、元のDataFrameを更新するなら、この戻り値を変数dfに代入して上書きします。

図3-2-2-12●リスト3-2-2-11の実行結果。連結結果が出力される

```
pd.concat([df, pd.get_dummies(df[
```

	氏名	性別	身長	女性	男性
0	安達 絵里	女性	142.0	1	0
2	井本 由美	女性	155.0	1	0
3	小栗 知之	男性	168.0	0	1
4	加藤 恭子	女性	161.0	1	0
6	鈴木 義和	男性	167.0	0	1
7	玉森 洋樹	男性	172.0	0	1
8	中鉢 朋子	女性	170.0	1	0
9	鍋田 あゆみ	女性	153.0	1	0
11	山岡 洋宣	男性	166.0	0	1
12	山下 育郎	男性	165.0	0	1

2つの表を結合する

続いて、データの加工について解説します。

データをマスタ系の表（テーブル）とトランザクション系の表に分けて管理するケースはよくあります。

例えば商品の売上なら、**図3-2-2-13**のようにマスタ系の表で商品の一覧を用意し、**図3-2-2-14**のようなトランザクション系の表で売上を記録していきます。

図3-2-2-13●「商品マスタ.csv」。マスタ系の表の例。商品の一覧

	A	B	C
1	商品ID	商品名	単価
2	1	商品A	1000
3	2	商品B	1500
4	3	商品C	2000
5	4	商品D	3000
6	5	商品E	3500

図3-2-2-14●「売上.csv」。トランザクション系の表の例。売上の記録。
マスタ系の表とは、共通する列である「商品ID」で紐づけて結合する

	A	B	C
1	日付	商品ID	数量
2	2021/9/1	3	10
3	2021/9/1	4	12
4	2021/9/1	4	5
5	2021/9/2	2	36
6	2021/9/2	1	8
7	2021/9/2	3	17
8	2021/9/3	2	16
9	2021/9/3	3	20

トランザクション系の表だけでは、商品名や単価がわからないので、分析する際はマスタ系の表と結合する必要があります。2つの表はともに列「商品ID」があり、その値によってデータを紐づけて結合します。

分析の際は通常、2つの表を結合して1つの表にしてから実施します。その際、

ここでの例なら、列「商品ID」で紐づける必要があります。そういった結合は「pandas.merge」関数で行います。

書式

```
pandas.merge(left, right, how, on)

引数
left  : 結合先の表
right : 結合する表
how   : 結合方法
on    : キーの列
```

引数leftには、結合先の表のDataFrameオブジェクトを指定します。図3-2-2-13、図3-2-2-14の例ならば、トランザクション系の表を指定します。

引数rightには、結合する表のDataFrameオブジェクトを指定します。図3-2-2-13、図3-2-2-14の例ならば、マスタ系の表を指定します。

引数howには結合方法を文字列として指定するのですが、ここでの例のような場合は文字列「left」を指定します。この結合の仕組みや他の方法との違いはデータベースの専門知識となるので、詳細はデータベースの書籍を参照してください。

引数onには、キーの列の列名を文字列として指定します。キーの列とは、2つの表を紐づける値が入った列です。ここでの例なら列「商品ID」です。

このように引数を指定すると、2つの表を結合した表のDataFrameオブジェクトが戻り値として得られます。

マスタ系の表が「商品マスタ.csv」、トランザクション系の表が「売上.csv」という名前のCSVファイルで、ホームディレクトリに保存されているとします。その場合、2つの表を結合するコードが**リスト3-2-2-12**です。

リスト3-2-2-12●2つのCSVファイルの表を結合するコード

```
df_m = pd.read_csv('商品マスタ.csv') ————(1)
df_t = pd.read_csv('売上.csv') ————(2)
df = pd.merge(df_t, df_m, how='left', on='商品ID') ————(3)
```

(1) で商品マスタ.csvを読み込み、(2) で売上.csvを読み込みます。

(3) では、それら2つの表のDataFrameオブジェクトをpandas.merge関数で結合しています。引数howには文字列「left」を指定しています。引数onには、キーの列名として文字列「商品ID」を指定します。結合した表のDataFrameオブジェクト（pandas.merge関数の戻り値）は変数dfに格納しています。

リスト3-2-2-12の実行結果が、**図3-2-2-15**です。このように結合することで、売上データの商品IDに応じて、商品マスタから商品名と単価を紐づけた1つの表が生成できました。

図3-2-2-15●リスト3-2-2-12を実行後、変数dfを別セルで出力

```
df_m = pd.read_csv('商品マスタ.csv')
df_t = pd.read_csv('売上.csv')
df = pd.merge(df_t, df_m, how='left'
```

```
df
```

	日付	商品ID	数量	商品名	単価
0	2021/9/1	3	10	商品C	2000
1	2021/9/1	4	12	商品D	3000
2	2021/9/1	4	5	商品D	3000
3	2021/9/2	2	36	商品B	1500
4	2021/9/2	1	8	商品A	1000
5	2021/9/2	3	17	商品C	2000
6	2021/9/3	2	16	商品B	1500
7	2021/9/3	3	20	商品C	2000

☆　　☆　　☆

pandasは、データの分析で活用されるのはもちろんのこと、大量の汚れたデータのクレンジングや整形に使えることから、最近では機械学習に用いる学習データの前処理で使いこなす人が増えてきています。

3-3 さまざまな機械学習で使うscikit-learn

3-3-1 回帰

「scikit-learn」は機械学習の定番ライブラリです。機械学習とは、大量のデータで構成される既知の情報（説明変数）から、それらのデータ全体の傾向などを導き出し、未知の結果（目的変数）を予測（推論）する仕組みです。ディープラーニングに代表される現在のAIの仕組みの根幹をなしています。

本節から、scikit-learnの基本的な使い方を解説していきます。

scikit-learnは外部ライブラリですが、Anacondaに標準で備わっており、インストール作業なしで使えます。

最初に、機械学習の全体像を紹介します。

機械学習で行う処理は、大きく分類すると、「回帰」「分類」「クラスタリング」の3種類となります。それらの違いは**表3-3-1-1**のとおりです。3-3では、この3つの処理をscikit-learnで行う方法を順番に説明していきます。

表3-3-1-1●回帰、分類、クラスタリングの違い

種類	概要	例	学習方式
回帰	連続した数値を予測する	最高気温からアイスクリームの売上を予測	教師あり学習
分類	指定された属性（種類）に分ける	犬と猫の画像の分類	教師あり学習
クラスタリング	似たような性質のものをグルーピング	ショッピングサイトにおけるオススメ商品の選定	教師なし学習

表3-3-1-1の「学習方式」の「教師あり学習」を使う機械学習では、プログラムに学習を施すための個々の学習データに“正解”の情報が付きます。例えば、犬と猫の画像を分類するケースを考えてみましょう。その場合、画像に映っているのが犬なのか猫なのかを示す情報（その画像の“正解”の情報）を、それぞれの画

像に付与しておきます。この“正解”の情報は「ラベル」と呼ばれます。そうしたラベルを付けた画像（学習データ）を大量に用意し、機械学習でプログラムに「学習」させることで、画像分類AIプログラムの分類精度を高めるのです。

一方、「教師なし学習」で使う学習データにはラベルは付いていません。ラベル（“正解”の情報）がなくてもグルーピングできるようにする機械学習なのです。

なお、学習方式にはほかにも「強化学習」というものがあります。これは、AIプログラムが試行錯誤して正解にたどり着いた場合、“報酬”と呼ばれる点数のようなものをAIプログラムに与えることで、AIを少しずつ賢くさせる機械学習です。犬や猿に餌を与えながら芸当を教えるようなイメージです。

さて、scikit-learnは前述のように、回帰、分類、クラスタリングに対応しています。それぞれで必要となる処理の関数／メソッドが用意されています。さらに回帰、分類、クラスタリングの中にも、それぞれアルゴリズムが複数ありますが、それらの関数／メソッドもそろっています。加えて、典型的なデータセットが標準で複数種類付属しており、必要な機能一式が提供されています。データセットとは、学習データを整理してまとめたものです。

機械学習の大まかな流れ

scikit-learnにかぎらず、機械学習の教師あり学習は基本的には**図3-3-1-1**の流れに沿って処理を進めていきます。

本項では、図3-3-1-1の流れに沿って、回帰のプログラムをscikit-learnで実装します。

図3-3-1-1●機械学習の処理の大まかな流れ

ここでの回帰の例に用いるデータセットは、「Boston house-prices dataset」です。このデータセットには、米国ボストンの住宅地についての情報が大量に収められています。どのような条件の住宅の価格がいくらなのか、といった情報です。機械学習ではよく用いられるデータセットで、scikit-learnに最初から付属しています。

Boston house-prices datasetは、**表3-3-1-2**の14項目からなる物件データが506件含まれています。つまり、506件の物件データそれぞれに14項目の値があるわけです。

表3-3-1-2●Boston house-prices datasetのデータの項目。CHASは0か1いずれかの値をとる

項目名	概要
CRIM	犯罪発生率
ZN	25,000平方フィート以上の住宅区画の割合
INDUS	小売業以外が占める面積の割合
CHAS	チャールズ川沿いかどうか
NOX	窒素酸化物の濃度
RM	平均部屋数
AGE	1940年より前の物件の割合
DIS	ボストン雇用施設からの距離
RAD	環状高速道路へのアクセシビリティ指標
TAX	$10,000あたりの固定資産税率
PTRATIO	教師1人あたりの生徒数
B	人種の比率
LSTAT	低所得者の割合
MEDV	物件価格の中央値

ここでは、表の一番上から13項目めまでの、「CRIM」（犯罪発生率）～「LSTAT」（低所得者の割合）の値をもとに、表の一番下にある「MEDV」（物件価格の中央値）を回帰によって推論してみましょう。つまり、前述したように、「どのような条件の物件はいくらなのか」を推測するのです。なお、これはあくまでも機械学習の仕組みについて学ぶためのデータであり、ボストンの住宅地についての恣意的・差別的な評価を行うものではありません。ご了承ください。

データセットを読み込む

それでは、図3-3-1-1にある【STEP1】の「データセット準備」を解説します。まずは目的のデータセットを読み込みます。用いるBoston house-prices datasetについては、同データセット専用の関数である「sklearn.datasets.load_boston」関数で読み込めます。

書式

```
sklearn.datasets.load_boston()
```

引数

なし

sklearn.datasets.load_boston関数を引数なしで実行すると、読み込んだデータセットのオブジェクトが戻り値として返されます。通常、そのオブジェクトを変数に格納し、以降の処理に用います。

なお、同関数には省略可能な引数がありますが、説明は割愛します。以降の関数やメソッドも基本的な引数のみを紹介します。

Boston house-prices datasetのデータセットを読み込むコードが**リスト3-3-1-1**です。

リスト3-3-1-1●Boston house-prices datasetを読み込むコード

```
from sklearn.datasets import load_boston

ds_boston = load_boston() ————————(1)
```

リスト3-3-1-1の冒頭では、from import文によって、関数名におけるモジュール名の部分を記述不要となるようにインポートしています。以降のコードも同様にインポートするとします。

(1) が実際に読み込む処理です。ここでは、戻り値であるデータセットのオブジェクトを変数ds_bostonに格納しています。

データセットのオブジェクトには、「data」属性に説明変数、「target」属性に目的変数が読み込まれます。

このデータセットの場合、説明変数はCRIM（犯罪発生率）〜LSTAT（低所得者の割合）の13項目で、目的変数はMEDV（物件価格の中央値）と定められています。

つまり、犯罪発生率など13項目の説明変数から、目的変数である物件価格の中央値が決まります。

このデータセットには既知の物件価格の中央値が506件あり、それぞれの物件には13項目の説明変数があります。それら506件の物件の傾向などを学習したあと、未知の物件価格（「もしもボストンのこのエリアでこんな条件の物件が売りに出されたら、いくらになるだろうか」という価格）の中央値を推論することになります。

リスト3-3-1-1を実行すると、sklearn.datasets.load_boston関数によって、定められた説明変数と目的変数が、data属性とtarget属性に読み込まれます。つまり、データセットのオブジェクト（変数ds_boston）のdata属性に犯罪発生率などの13項目のデータが読み込まれ、target属性に物件価格の中央値が読み込まれます。

ただ、リスト3-3-1-1は実行しても、画面には何も出力されません*。読み込まれた13項目（説明変数）のデータの中身を見てみましょう。

リスト3-3-1-2を実行すると、**図3-3-1-2**のような出力結果が得られます。

リスト3-3-1-2●Boston house-prices datasetの犯罪発生率〜低所得者の割合の13項目のデータを出力するコード

```
ds_boston.data
```


* scikit-learnのバージョン（scikit-learnを含んだAnacondaのバージョン）によっては、将来的なバージョンアップでこのデータセットが使えなくなることを示すアラートが画面に出力されます。アラートが出力されると驚いてしまいますが、リスト3-3-1-1は問題なく実行できています。誌面に掲載した実行結果の図3-3-1-2では、そのアラートの部分をカットしています。

図3-3-1-2●リスト3-3-1-2の実行結果。犯罪発生率〜低所得者の割合の13項目のデータが出力された

```
ds_boston = load_boston()

ds_boston.data

array([[6.3200e-03, 1.8000e+01, 2.3100e+00, ..., 1.5300e+01, 3.9690e+02,
        4.9800e+00],
       [2.7310e-02, 0.0000e+00, 7.0700e+00, ..., 1.7800e+01, 3.9690e+02,
        9.1400e+00],
       [2.7290e-02, 0.0000e+00, 7.0700e+00, ..., 1.7800e+01, 3.9283e+02,
        4.0300e+00],
       ...,
       [6.0760e-02, 0.0000e+00, 1.1930e+01, ..., 2.1000e+01, 3.9690e+02,
        5.6400e+00],
       [1.0959e-01, 0.0000e+00, 1.1930e+01, ..., 2.1000e+01, 3.9345e+02,
        6.4800e+00],
       [4.7410e-02, 0.0000e+00, 1.1930e+01, ..., 2.1000e+01, 3.9690e+02,
        7.8800e+00]])
```

リスト3-3-1-2は、データセットのオブジェクトが格納された変数ds_bostonのdata属性をそのまま出力する処理です。もちろん、print関数で出力しても構わないのですが、ここでは使わないこととします。

犯罪発生率〜低所得者の割合の13項目のデータは2次元のリストのような形式で格納されます。1行の中には犯罪発生率〜低所得者の割合（以下、低所得者）の13項目のデータの値が格納され、それが506件分あります。図3-3-1-2の出力結果では、途中が省略されたかたちになっています。

各データの値は指数形式で出力されます。この形式は「小数×10の累乗」を意味しています。「e」が10を表し、その後ろに続く「−03」や「＋01」などの数値は10の何乗なのかを表します。「−03」なら「−3乗」、「＋01」なら「1乗」です。

例えば、図3-3-1-2の1行1列目に出力された犯罪発生率の値「6.3200e−03」なら、「6.3200×10の−3乗」という意味です。

10の−3乗は0.001であり、「6.3200×0.001」となるため、具体的な値は「0.00632」になります。

1行2列目の 25,000平方フィート以上の住宅区画の割合の値「1.8000e+01」は、「1.8000×10の1乗」を意味し、具体的な値は「18」です。

実はこれら犯罪発生率～低所得者の13項目のデータは、本書の3-4で解説する「NumPy」というライブラリの多次元リスト（多次元配列）であるndarrayの形式です。scikit-learnでは、データはNumPyの形式で保持されます。そのため、NumPyの各種メソッドや属性が利用できます。NumPyについては3-4で詳細な解説をしますが、ここでは基本的な説明をしましょう。

例えば、ndarrayのリストの形状を取得する「shape」属性が使えます。ここで言う「形状」とは何行×何列で数値が並んでいるかという行列の構造を意味します。

リスト3-3-1-3を実行すると、**図3-3-1-3**のように「(506, 13)」と出力されます。これは「506行13列」を意味します。説明変数である犯罪発生率～低所得者の13項目のデータが506件あると確認できました。

リスト3-3-1-3●説明変数の形状をndarrayのshape属性で確認するコード

```
ds_boston.data.shape
```

図3-3-1-3●リスト3-3-1-3の実行結果。506行13列と確認できた

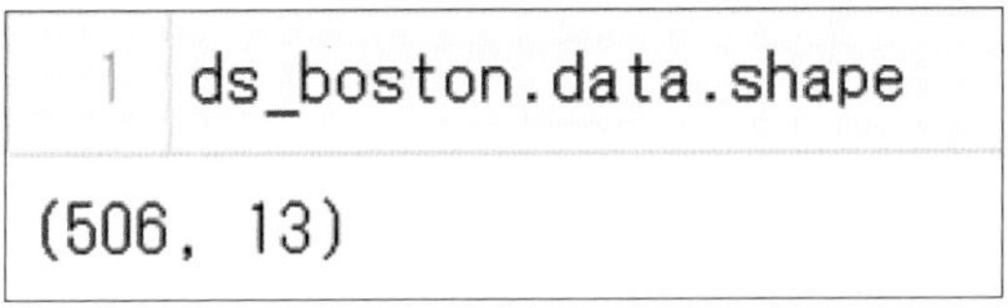

さらには、pandasのように、内部でデータをNumPyの形式で扱うライブラリとも互換性があり、データをやり取りできます。実際、scikit-learnとpandasの組み合わせはよく用いられます。

また、scikit-learnのデータセットのオブジェクトの「feature_names」属性を使うと、説明変数の項目名がndarray形式で得られます（**リスト3-3-1-4**、**図3-3-1-4**）。

リスト3-3-1-4●説明変数の項目名をfeature_names属性で確認するコード

```
ds_boston.feature_names
```

図3-3-1-4●リスト3-3-1-4の実行結果。全13の項目名がndarray形式で出力された

```
ds_boston.feature_names
```

```
array(['CRIM', 'ZN', 'INDUS', 'CHAS', 'NOX', 'RM', 'AGE', 'DIS', 'RAD',
       'TAX', 'PTRATIO', 'B', 'LSTAT'], dtype='<U7')
```

target属性で、目的変数も確認してみましょう。**リスト3-3-1-5**を実行すると、**図3-3-1-5**のように物件価格の中央値が506件ぶん出力されます。このデータもndarray形式であり、506行1列です。こちらもshape属性を使えば、形状を506行1列と確認できます。

リスト3-3-1-5●目的変数をtarget属性で確認するコード

```
ds_boston.target
```

図3-3-1-5●リスト3-3-1-5の実行結果。目的変数である物件価格の中央値が506件ぶんすべて出力される。この図では途中までしか表示されていないが、スクロールすれば最後まで見られる

```
ds_boston.target
```

```
array([24. , 21.6, 34.7, 33.4, 36.2, 28.7, 22.9, 27.1, 16.5, 18.9, 15. ,
       18.9, 21.7, 20.4, 18.2, 19.9, 23.1, 17.5, 20.2, 18.2, 13.6, 19.6,
       15.2, 14.5, 15.6, 13.9, 16.6, 14.8, 18.4, 21. , 12.7, 14.5, 13.2,
       13.1, 13.5, 18.9, 20. , 21. , 24.7, 30.8, 34.9, 26.6, 25.3, 24.7,
       21.2, 19.3, 20. , 16.6, 14.4, 19.4, 19.7, 20.5, 25. , 23.4, 18.9,
       35.4, 24.7, 31.6, 23.3, 19.6, 18.7, 16. , 22.2, 25. , 33. , 23.5,
       19.4, 22. , 17.4, 20.9, 24.2, 21.7, 22.8, 23.4, 24.1, 21.4, 20. ,
       20.8, 21.2, 20.3, 28. , 23.9, 24.8, 22.9, 23.9, 26.6, 22.5, 22.2,
       23.6, 28.7, 22.6, 22. , 22.9, 25. , 20.6, 28.4, 21.4, 38.7, 43.8,
       33.2, 27.5, 26.5, 18.6, 19.3, 20.1, 19.5, 19.5, 20.4, 19.8, 19.4,
```

学習用と評価用に分割

【STEP1】の「データセット準備」では、データセットを読み込んだあと、そのデータセットを「学習用」と「評価用（テスト用）」に分割します。

【STEP1】～【STEP5】の流れをもう一度概観しましょう。まず学習用のデータセットでモデルの学習を行います。モデルとは、説明変数から目的変数を導出するための仕組みです。モデルの正体は「数式」であり、アルゴリズムおよび各種パラメータで構成されています。モデルは、学習を行うことによって、最適なパラメータの値を得ます。

次にその学習済みのモデルを使い、評価用のデータセットの説明変数（犯罪発生率～低所得者の13項目のデータ）から、実際にAIプログラムを使った推論を行います。その場合、正しい目的変数（物件価格の中央値）は評価用データセットに含まれており、すでに“正解”はわかっていますが、あえて推論します。そして、その推論結果と評価用データセットの目的変数（“正解”）を比べることで、どれだけ高い精度で推論できるAIプログラムができたのかを評価するのです（**図3-3-1-6**）。

図3-3-1-6●データセットを学習用と評価用に分割

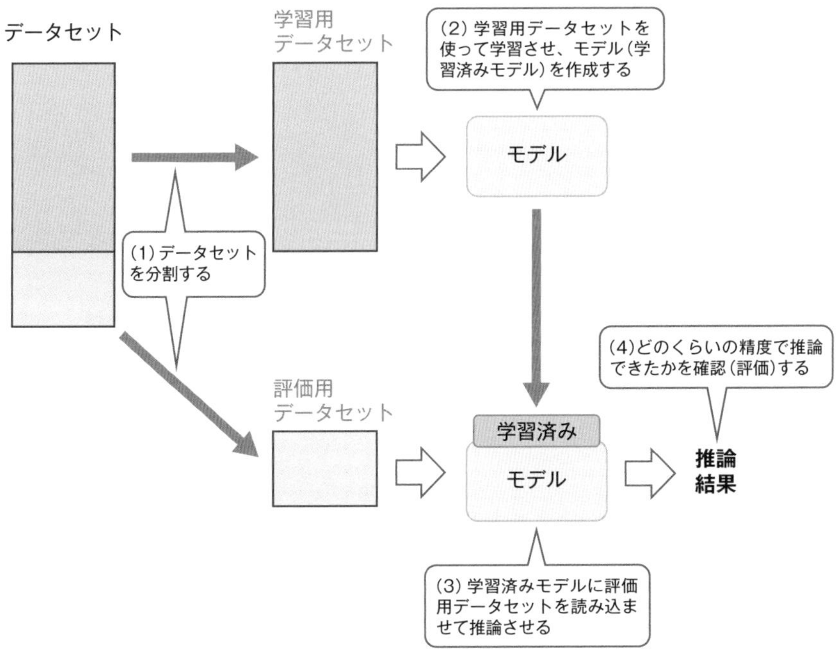

データセットを「学習用」と「評価用（テスト用）」に分割する理由はなぜでしょう。

考えてみてください。もしもデータセットのすべてを学習に使い、再び同じデータセットを用いて評価してしまったとしましょう。その場合、同じデータセットで学習と評価を行うことになります。これでは、正解を知っているデータで答え合わせをしていることになってしまいます。つまり、適切な評価はできません。なので、学習と評価でデータセットを分けるのです。

評価した結果、もしも推論の精度が低ければ、データセットやモデルの見直しなどによって精度の改善を図ります。このような分割から評価・改善までの一連の流れは、機械学習の手法のセオリーです。

データセットを学習用と評価用に分割する際は、全体の何割かを前者に、残りを後者に割り当てます。scikit-learnにはそのための関数である「sklearn.model_selection.train_test_split」関数が用意されています。指定した割合に応じて、ランダムにデータセットを分割します。基本的な書式は以下です。

書式

```
sklearn.model_selection.train_test_split(*arrays, test_size)
```

引数

```
*arrays    : 説明変数と目的変数
test_size  : 評価用データセットの割合
```

引数*arraysの部分は少々ややこしいのですが、説明変数と目的変数をカンマ区切りで指定します。そのため、上記書式では引数が2つですが、実際には3つ指定するかたちになります。

test_sizeには、評価用（テスト用）データセットの割合を小数点数で指定します。

このように引数を指定すると、分割した結果が戻り値として、

```
(学習用説明変数, 評価用説明変数, 学習用目的変数, 評価用目的変数)
```

のタプル形式で得られます。

リスト3-3-1-1で読み込んだデータセットを学習用と評価用に分割するコードが**リスト3-3-1-6**です。ここでは例として、評価用データセットの割合を全体の3割としています。

リスト3-3-1-6●説明変数(犯罪発生率〜低所得者の13項目のデータ)と目的変数(物件価格の中央値)を学習用と評価用に分割するコード

```
from sklearn.model_selection import train_test_split

(x_train, x_test, y_train, y_test) = train_test_split( ————(1)
    ds_boston.data, ds_boston.target, test_size=0.3)
```

(1) が分割する処理です。関数名「train_test_split」の後ろの「(」で改行していますが、下の行も含んだ実質1行のコードです。

引数*arraysには説明変数（犯罪発生率〜低所得者の13項目のデータ）として「ds_boston.data」を、目的変数（物件価格の中央値）として「ds_boston.target」をカンマ区切りで指定しています。引数test_sizeには、評価用データセットを全体の3割にするため、0.3を指定しています。その前にあるオプショナル引数を省略する関係で、通常はキーワード引数で指定します。

リスト3-3-1-6では、戻り値の代入先は「(x_train, x_test, y_train, y_test)」というタプルにしています。このタプル内の4つの変数に、以下のように分割したデータセットが格納されます。

x_train　学習用説明変数
x_test　評価用説明変数
y_train　学習用目的変数
y_test　評価用目的変数

リスト3-3-1-6は実行しても何も出力されません。本当に指定した割合で分割されたのかを、それぞれをshape属性で、何行×何列の形状なのかを確認してみましょう。

図3-3-1-7のように、各々のshape属性をprint関数で出力すると、学習用の説明変数と目的変数がともに354行、評価用の説明変数と目的変数が152行とわかります。つまり、学習用が354件、評価用が152件です。元のデータセットはリスト3-3-1-3で確認したとおり506件であり、評価用がデータセット全体の30%となっていて、意図通り分割されたことがわかります。

図3-3-1-7●分割された割合を確認するため、4つの変数の形状を出力した結果

```
(x_train, x_test, y_tr
    ds_boston.data, ds
```

```
print(x_train.shape)
print(y_train.shape)
print(x_test.shape)
print(y_test.shape)
```

```
(354, 13)
(354,)
(152, 13)
(152,)
```

併せて、中身も見てみましょう。ここでは学習用説明変数（変数x_train）のみを出力するとします。筆者環境での出力結果が**図3-3-1-8**です。前述のとおり、sklearn.model_selection.train_test_split関数はデータセットをランダムに分割します。ですので、読者の皆さんの手元とは結果の中身が異なります。

図3-3-1-8●筆者環境で学習用説明変数x_trainを出力した結果

```
x_train
```

```
array([[3.77498e+00, 0.00000e+00, 1.81000e+01, ..., 2.02000e+01,
        2.20100e+01, 1.71500e+01],
       [2.89600e-01, 0.00000e+00, 9.69000e+00, ..., 1.92000e+01,
        3.96900e+02, 2.11400e+01],
       [3.96100e-02, 0.00000e+00, 5.19000e+00, ..., 2.02000e+01,
        3.96900e+02, 8.01000e+00],
       ...,
       [2.43938e+01, 0.00000e+00, 1.81000e+01, ..., 2.02000e+01,
        3.96900e+02, 2.82800e+01],
       [7.24400e-02, 6.00000e+01, 1.69000e+00, ..., 1.83000e+01,
        3.92330e+02, 7.79000e+00],
       [6.66400e-02, 0.00000e+00, 4.05000e+00, ..., 1.66000e+01,
        3.90960e+02, 5.33000e+00]])
```

モデルを指定する

データセットの準備が終わったら、次は【STEP2】の「モデル指定」です。学習・推論を行うためのモデルを指定します。言い換えると、学習・推論を行うためのアルゴリズムなどを選択することになります。

回帰には複数のモデルがあります。scikit-learnには、主要な回帰のモデルがクラスとして複数用意されています。指定したモデルのクラスから、そのオブジェクトを生成し、学習と推論を行います。

ここでは例として、オーソドックスな「重回帰分析」を行う「sklearn.linear_model.LinearRegression」クラス（以下、LinearRegression）を指定します。

重回帰分析とは、複数の説明変数（今回の例なら犯罪発生率〜低所得者の13項目のデータ）を使って目的変数（今回の例なら物件価格の中央値）の推論を行う回帰分析です。なお、1つの説明変数で目的変数を推論するのが「単回帰分析」です。

LinearRegressionオブジェクトを生成するコンストラクタの基本的な書式は以下です。省略可能な引数はいくつかありますが、基本的には引数なしで使えます。

書式

```
sklearn.linear_model.LinearRegression()
```

引数

なし

LinearRegressionのオブジェクトを生成するコードが**リスト3-3-1-7**です。生成したオブジェクトは通常、変数に格納し、以降の処理に用います。ここでは変数lrに格納します（(1)）。なお、リスト3-3-1-7は実行しても何も出力しません。

リスト3-3-1-7●重回帰分析のLinearRegressionオブジェクトを生成するコード

```
from sklearn.linear_model import LinearRegression

lr = LinearRegression() ―――――――(1)
```

学習はメソッド1つで済む

【STEP2】の「モデル指定」が終わったら、次は【STEP3】の「学習」です。基本的に、scikit-learnで学習を行うには、生成したモデルのオブジェクトの「fit」メソッド1つで済んでしまいます。

重回帰分析のLinearRegressionオブジェクトの場合、fitメソッドの基本的な書式は以下です。

書式

```
オブジェクト.fit(X, y)
```

オブジェクト

```
LinearRegressionオブジェクト
```

引数

```
X  ： 学習用説明変数
y  ： 学習用目的変数
```

引数に学習用説明変数と学習用目的変数を指定するだけです。この例の場合、コードは**リスト3-3-1-8**の1行のみになります。

リスト3-3-1-8●fitメソッドで学習を行うコード

```
lr.fit(x_train, y_train)
```

引数Xには変数x_trainを指定しています。この変数にはリスト3-3-1-6によって、学習用の説明変数（犯罪発生率〜低所得者の13項目のデータ）が格納されているのでした。引数yには、学習用の目的変数（物件価格の中央値）が格納されている変数y_trainを指定します。

リスト3-3-1-8を実行すると学習が行われ、**図3-3-1-9**のように「LinearRegression()」と出力されます。これはfitメソッドの仕様として、学習後のモデルのオブジェクトを返すようになっており、それが出力されたものです。特に気にしなくてOKです。

図3-3-1-9●リスト3-3-1-8の実行結果。「LinearRegression()」と出力される

```
lr.fit(x_train, y_train)
```

```
LinearRegression()
```

学習済みモデルの評価

学習が終わったら、【STEP4】の「評価」を行います。ここで言う評価とは、学習したモデルがどれだけ高い精度で推論できるかを調べることです。ここで、評価用のデータセットを使います。

回帰の評価の方法は何種類かあり、scikit-learnにはそのための関数がそろっています。ここでは「決定係数」という指標による評価を用いるとします。推論結果がどれだけ実際のデータに当てはまっているかを表す指標であり、1に近いほど精度が高いことを意味します。

scikit-learnでは、決定係数はモデルのオブジェクトの「score」メソッドで得られます。重回帰分析のLinearRegressionオブジェクトの場合、基本的な書式は以下です。

書式

```
オブジェクト.score(X, y)
```

オブジェクト

LinearRegressionオブジェクト

引数

X　：　評価用説明変数
y　：　評価用目的変数

引数Xには評価用の説明変数（犯罪発生率～低所得者の13項目のデータ）を、引数yには評価用の目的変数（物件価格の中央値）を指定します。実行すると、決定係数が算出され、戻り値として得られます。

この例で決定係数を求めるコードは、**リスト3-3-1-9**です。

リスト3-3-1-9●評価用データセットを用いて決定係数を求めるコード

```
lr.score(x_test, y_test)
```

引数Xには評価用説明変数であるx_testを、引数yには評価用目的変数であるy_testを指定します。

実行すると**図3-3-1-10**のように決定係数がscoreメソッドの戻り値として得られ、出力されます。筆者環境の場合、0.770651373876024という決定係数が得られました。まずまずの精度と言えるでしょう。この決定係数は、データセットをランダムに分割した関係で、読者の皆さんのお手元とは異なります。

図3-3-1-10●リスト3-3-1-9の実行結果。決定係数が出力された

```
1  lr.score(x_test, y_test)

0.770651373876024
```

回帰で推論を行う

学習したモデルに問題がなければ、【STEP5】の「推論」を行います。説明変数（犯罪発生率～低所得者の13項目のデータ）から目的変数（物件価格の中央値）を推論します。

scikit-learnでは、推論はモデルのオブジェクトの「predict」メソッドで行います。重回帰分析のLinearRegressionオブジェクトの場合、基本的な書式は以下です。

書式

```
オブジェクト.predict(X)
```

オブジェクト

LinearRegressionオブジェクト

引数

X　：　説明変数

引数Xには、推論に用いる説明変数を指定します。実行すると、推論結果がndarray形式で返されます。

ここでは例として、評価用データセットの先頭の説明変数を用いて推論を行うとします。本来は、評価用データセットではない説明変数を新たに用いるべきですが、ここでは評価用データセットを用いるとします。そのコードが**リスト3-3-1-10**です。

リスト3-3-1-10●評価用データセットの先頭の説明変数を用いて推論するコード

```
lr.predict(x_test[:1])
```

引数Xには「x_test[:1]」を指定しています。データセットの先頭の説明変数を取り出すため、リストのスライスを「:1」と指定しています。ndarrayはリストと同様に、スライス機能が使えます。

リスト3-3-1-10を実行すると、筆者環境の場合、**図3-3-1-11**の推論結果(23.43886275)が得られました。

図3-3-1-11●リスト3-3-1-10の実行結果。推論結果がndarray形式で出力された

```
1  lr.predict(x_test[:1])

array([23.43886275])
```

この評価用データセットの先頭には、目的変数の“正解”も含まれていますよね。ですので、その実際の“正解”の値と比べてみましょう。実際の値は、

```
y_test[:1]
```

で確認すると19.4でした。まずまずの精度で推論できました。

また、predictメソッドは引数Xに複数の説明変数のndarrayを渡せば、複数の説明変数からまとめて推論することも可能です。例えば、リスト3-3-1-10のコードで引数Xに「x_test[:2]」と、評価用データセットの先頭と2番目の説明変数を渡すと、2つの推論結果がndarray形式で得られます。

必要に応じて前処理も

以上が、【STEP1】～【STEP5】の大まかな流れをscikit-learnで実装する基本的な方法です。

しかし、実際にscikit-learnで回帰の学習を実施する際、データセットの中身などによっては“前処理”が必要になるケースがあります。前処理とは、欠損値や外れ値への対処など、データセットを整理する処理のことです。

ここではscikit-learnの関数による前処理の例として「標準化」を紹介します。

説明変数は通常、今回の例の犯罪発生率～低所得者の13項目のように、複数種類の項目が用いられます。複数種類の項目があるということは、項目ごとに値の取り得る範囲が大きく異なるのが一般的です。0～100までの範囲で収まる項目もあれば、0～100万まで必要な項目もあるでしょう。取り得る範囲が大きく違うと、アルゴリズムなどの関係で、学習に悪影響を及ぼしてしまいます。

そこで、平均が0、分散が1となるよう、説明変数の値を変換してやります。このような処理を標準化と呼ぶのです。ちなみに、分散とは、データのばらつきの度合いのことをいいます。

ここでの例における学習用説明変数を標準化するコードが、**リスト3-3-1-11**です。

リスト3-3-1-11●学習用説明変数を標準化するコード

```
from sklearn.preprocessing import StandardScaler

scaler = StandardScaler() ―――――――――(1)
scaler.fit(x_train) ――――――――――――――(2)
x_train_scaled = scaler.transform(x_train) ―――――――(3)
```

標準化は、「sklearn.preprocessing.StandardScaler」クラスで行います（以下、「StandardScaler」）。リスト3-3-1-11の（1）では、同クラスのコンストラクタでStandardScalerオブジェクトを生成し、変数scalerに格納しています。

（2）では、生成したStandardScalerオブジェクト（変数scaler）の「fit」メソッドを使い、平均と分散を求めています。引数には、目的の学習用説明変数である変数x_trainを指定します。この（2）のコードが実行されると、StandardScal erオブジェクトに、算出された平均と分散が保持されます。

(3) では、その平均と分散を使い、StandardScalerオブジェクトの「transform」メソッドによって標準化を実施しています。引数には、目的の学習用説明変数を指定します。実行すると、標準化された学習用説明変数が返されます。(3) では、変数x_train_scaledに格納しています。

別のセルで変数x_train_scaledを出力した結果が**図3-3-1-12**です。標準化前である図3-3-1-8と比べると、データが標準化後の値に変わったことがわかります。なお、元の学習用説明変数x_trainは、データセットをランダムに分割したものなので、図3-3-1-12は読者の皆さんの手元とは結果の中身が異なります。

図3-3-1-12●学習用説明変数を標準化し、出力した結果

```
x_train_scaled = scaler.transform(x_train)
```

```
x_train_scaled
```

```
array([[ 0.01992034, -0.47778755,  1.00223898, ...,  0.792792  ,
        -4.05695712,  0.66469315],
       [-0.3880315 , -0.47778755, -0.22571516, ...,  0.32967588,
         0.43980121,  1.23494921],
       [-0.41729198, -0.47778755, -0.88276553, ...,  0.792792  ,
         0.43980121, -0.64160772],
       ...,
       [ 2.43328292, -0.47778755,  1.00223898, ...,  0.792792  ,
         0.43980121,  2.25540744],
       [-0.41344934,  2.22804037, -1.39380471, ..., -0.08712863,
         0.38498463, -0.67305041],
       [-0.41412821, -0.47778755, -1.04921829, ..., -0.87442603,
         0.36855165, -1.02463686]])
```


そのほかの回帰のモデル

ここでは回帰のモデルの例として、重回帰分析のLinearRegressionクラスを紹介しました。これ以外にも、回帰のモデルはあります。主なものは**表3-3-1-3**のとおりです。各モデルの詳細の解説はここでは割愛します。

表3-3-1-3●重回帰分析以外の主な回帰のモデル

種類	意味	クラス
SGD Regressor	「SGD」(確率的勾配降下法)を回帰に用いた方法	sklearn.linear_model.SGDRegressor
Lasso	正則化を加えた線形回帰	sklearn.linear_model.Lasso
RidgeRegression	正則化を加えた最小二乗法による方法	sklearn.linear_model.Ridge
ElasticNet	LassoとRidgeRegressionの折衷	sklearn.linear_model.ElasticNet

これら回帰のモデルをどのようなケースで使えばよいのかは、scikit-learnのチートシートが参考になります（**図3-3-1-13**）。回帰と分類、クラスタリングそれぞれについて、どのモデルを選べばよいか、フローチャート形式で探せます。

図3-3-1-13●scikit-learnチートシートの回帰の箇所
（出典：「Choosing the right estimator」https://scikit-learn.org/stable/tutorial/machine_learning_map/index.html）

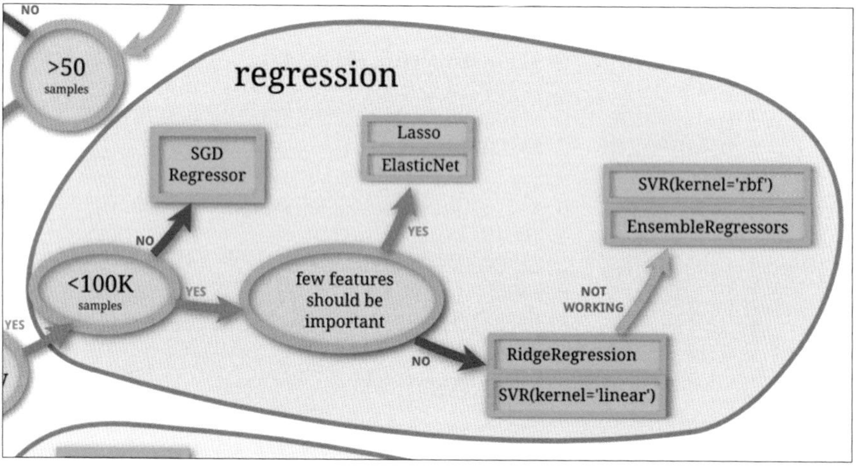

回帰のモデルの選択の部分についてザッと解説すると、データセットが10万件より多いならば、「SGD Regressor」を選びます。10万件以下の場合で説明変数の一部が特に重要ならば、「Lasso」または「ElasticNet」を選びます。説明変数のすべてが重要ならば、「RidgeRegression」などを選んでいきます。

このように、条件などに応じて適切なモデルを選ぶのです。

3-3-2 分類

3-3-1では「回帰」を中心に、scikit-learnを使ったデータの前処理など基本的な方法を解説しました。3-3-2では、「分類」の基礎を解説します。

花びらなどの特徴でアヤメを分類

分類とは、「指定された属性（種類）に分けること」を指します。例えば、動物が写っている画像を、「犬」「猫」「その他」に分類するといったことを指します。

本項で分類の例に用いるデータセットは「Iris Data Set」という、植物のアヤメ（Iris）に関するデータセットです。このデータセットには、アヤメの花についてのデータが大量に収録されています。

アヤメにはさまざまな品種があります。その品種は、「がく」と「花びら」の特徴で区別できます。つまり、ここで行う分類は、その特徴でもって、アヤメを品種ごとに分類するというものです。

Iris Data Setも、3-3-1で使った「Boston house-prices dataset」と同じく、機械学習ではよく用いられる定番のデータセットであり、scikit-learnに最初から付属しています。

Iris Data Setのデータセットの中身は**表3-3-2-1**のとおりです。

表3-3-2-1●Iris Data Setの特徴量とラベル。sepal（がく）とpetal（花びら）の単位はすべてセンチメートル（cm）

▼特徴量

項目名	概要
sepal length	がくの長さ
sepal width	がくの幅
petal length	花びらの長さ
petal width	花びらの幅

▼ラベル

項目名	値
setosa	0
versicolour	1
virginica	2

表3-3-2-1にある「特徴量」というのは、分類する対象の特徴を表す数値のことです。

ここでは、「がく（sepal）の長さ（length）」と「がくの幅（width）」、「花びら

（petal）の長さ」と「花びらの幅」という4項目を特徴量としています。つまり、例えば「あるアヤメの品種はがくの長さが長い」という特徴があれば、「がくの長さ」という特徴量を用いて、他の品種のアヤメと区別する（分類する）ことができるわけです。

なお、このデータセットに収録されているデータ件数（アヤメの個数）は150です。150件のアヤメそれぞれに4項目の特徴量が数値として記録されているのが、このデータセットです。

これら4項目の特徴量を用いて、150件のアヤメを、「setosa」「versicolour」「virginica」という3つの品種に分類するのがここでの目的です。4項目の特徴量が「説明変数」に該当し、3つの品種が「目的変数」に該当します。説明変数と目的変数については、前項で解説しましたね。

「setosa」に数値の0、「versicolour」に1、「virginica」に2、という番号がそれぞれ割り振られており、データセットのラベルとして用意されています。

それでは、このIris Data Setを用いて、scikit-learnで分類を行ってみましょう。基本的には、回帰と同じ流れで行えます。前項で紹介した機械学習の教師あり学習の処理の流れで、

【STEP1】データセット準備
【STEP2】モデル指定
【STEP3】学習
【STEP4】評価
【STEP5】推論

に沿って作業を進めていきます。

アヤメの品種を分類しよう

最初は【STEP1】の「データセット準備」です。Iris Data Setは、同データセット専用の関数である「sklearn.datasets.load_iris」関数で読み込めます。

書式

```
sklearn.datasets.load_iris()
```

引数
なし

sklearn.datasets.load_iris関数を引数なしで実行すると、読み込んだデータセットのオブジェクトが戻り値として返されます。通常、そのオブジェクトを変数に格納し、以降の処理に用います。

なお、同関数には省略可能な引数がありますが、説明は割愛します。以降の関数やメソッドも、基本的な引数のみを紹介します。

Iris Data Setのデータセットを読み込むコードが**リスト3-3-2-1**です。

リスト3-3-2-1●Iris Data Setのデータセットを読み込むコード

```
from sklearn.datasets import load_iris

ds_iris = load_iris() ──────────(1)
```

リスト3-3-2-1の冒頭では、from import文によって、関数名におけるモジュール名の部分を記述不要となるようにインポートしています。以降のコードも同様にインポートしていきます。

(1) が実際に読み込む処理です。ここでは、戻り値であるデータセットのオブジェクトを変数ds_irisに格納しています。

sklearn.datasets.load_iris関数を用いると、データセットのオブジェクトには、data属性に説明変数が、target属性に目的変数が読み込まれます。

Iris Data Setの場合、説明変数である4つの項目（sepal length（がくの長さ)、sepal width（がくの幅)、petal length（花びらの長さ)、petal width（花びらの幅))がこの並びのまま150件ぶん、data属性に読み込まれます。

target属性には、目的変数である、setosaが数値の0、versicolourが1、virginicaが2として計150件読み込まれます。

リスト3-3-2-1を実行しただけでは、とくに画面には何も変化はありません。説明変数の中身を見るために、**リスト3-3-2-2**を実行しましょう。**図3-3-2-1**のような出力結果が得られます。

リスト3-3-2-2●data属性で説明変数の中身を出力

```
ds_iris.data
```

図3-3-2-1●リスト3-3-2-2の実行結果。説明変数が150件出力された

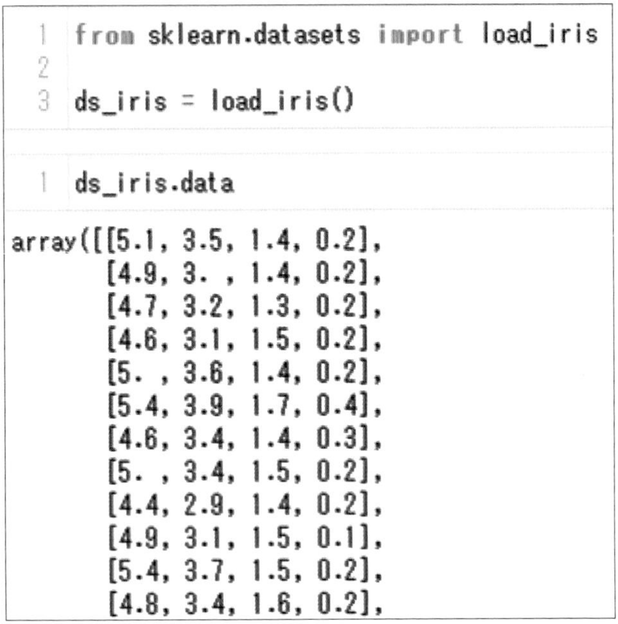

前項のBoston house-prices datasetと同じく、NumPyの多次元リスト（多次元配列）であるndarrayの形式で結果が表示されました。

この説明変数は、「[ ]」が2重の2次元リストです。

内側の「[ ]」には、4つの項目sepal length（がくの長さ）、sepal width（がくの幅）、petal length（花びらの長さ）、petal width（花びらの幅）の数値がカンマ区切りで並びます。データ型は小数なので、例えば3の場合は「3.」といったように、小数点が表示されます。

外側の「[ ]」の中には、それら4つの数値をワンセットとして、さらにカンマ区切りで150件が並んでいます。図3-3-2-1の画面でスクロールしていくと、ちゃん

と150件あることが確認できます。

リスト3-3-2-2は、データセットのオブジェクトが格納された変数ds_irisのdata属性をそのまま出力するコードです。print関数で出力してもよいのですが、出力結果の見やすさなどから、直接出力するとします。以下も同様にしていきます。

続けて、説明変数の形状（何行×何列かという行列の構造）も確認しましょう（**リスト3-3-2-3**）。ndarrayのshape属性で確認します。

実行すると、**図3-3-2-2**のように「(150, 4)」と出力され、150行×4列であると確認できました。

なお、説明変数の項目名は、前項で紹介したfeature_names属性で出力して確認できます。

リスト3-3-2-3●説明変数の形状をndarrayのshape属性で確認するコード

```
ds_iris.data.shape
```

図3-3-2-2●リスト3-3-2-3の実行結果。説明変数の形状が150行×4列と出力された

```
ds_iris.data.shape
(150, 4)
```

次にtarget属性で、目的変数も確認してみましょう（**リスト3-3-2-4**）。

リスト3-3-2-4を実行すると、**図3-3-2-3**のように150件ぶんが出力されます。

リスト3-3-2-4●目的変数をtarget属性で確認するコード

```
ds_iris.target
```

図3-3-2-3●リスト3-3-2-4の実行結果。目的変数が出力された

```
ds_iris.target
```

```
array([0, 0, 0, 0, 0, 0, 0, 0, 0, 0, 0, 0, 0, 0, 0, 0, 0, 0, 0, 0, 0, 0,
       0, 0, 0, 0, 0, 0, 0, 0, 0, 0, 0, 0, 0, 0, 0, 0, 0, 0, 0, 0, 0, 0,
       0, 0, 0, 0, 0, 0, 1, 1, 1, 1, 1, 1, 1, 1, 1, 1, 1, 1, 1, 1, 1, 1,
       1, 1, 1, 1, 1, 1, 1, 1, 1, 1, 1, 1, 1, 1, 1, 1, 1, 1, 1, 1, 1, 1,
       1, 1, 1, 1, 1, 1, 1, 1, 1, 1, 1, 1, 2, 2, 2, 2, 2, 2, 2, 2, 2, 2,
       2, 2, 2, 2, 2, 2, 2, 2, 2, 2, 2, 2, 2, 2, 2, 2, 2, 2, 2, 2, 2, 2,
       2, 2, 2, 2, 2, 2, 2, 2, 2, 2, 2, 2, 2, 2, 2, 2, 2, 2])
```

図3-3-2-3を見ると、アヤメの品種であるsetosaを表す0、versicolourを表す1、virginicaを表す2が並んでいます。0、1、2は、ちょうど50件ずつまとめて順に並んでいます。この目的変数のデータもndarray形式です。shape属性を使えば、「(150,)」と出力され、形状を150行1列と確認できます。

ここで、図3-3-2-3の先頭のデータに着目してください。数値が0なので、品種はsetosaだとわかります。

さらに、図3-3-2-1の先頭のデータを見てください。これは、図3-3-2-3の先頭データと同じアヤメの個体の特徴量を表しています。数値は、「[5.1, 3.5, 1.4, 0.2]」となっています。

つまり、sepal length（がくの長さ）が5.1cm、sepal width（がくの幅）が3.5cm、petal length（花びらの長さ）が1.4cm、petal width（花びらの幅）が0.2cmならば、品種はsetosaである、ということです。

このような説明変数と目的変数のセットをモデルに学習させたあと、分類（推論）を行います。

データセットを分割

【STEP1】の「データセット準備」の続きとして、データセットの説明変数（がく／花びら、それぞれの長さ／幅）と目的変数（品種）を、学習用と評価用に分割します。

150件のデータを、学習用と評価用に分割する理由を説明しましょう。

分割後に、学習用として使うデータは、まさに機械学習プログラムに学習させるために使うデータです。この学習用データを用いて、プログラムはアヤメを4種類に区別できるようになります。

一方の評価用データは、プログラムが行った区別する処理の精度が、どのくらい高いのかを確認する（評価する）ために用います。ですので、評価用データは、学習時には使いません。学習で使ったデータを分類のときに使ってしまうと、「あらかじめ答えを知っているデータを使って、その機械学習プログラムに区別させる」ということになります。それでは正しい評価ができません。だからデータを分けるのです。ようは、3-3-1の回帰で説明したことと同じですね。

分割は、前項で紹介したsklearn.model_selection.train_test_split関数で行います。ここでは評価用データセットを全体の3割とします。分割結果は､以下のように4つの変数にそれぞれ格納します。

features_train	**学習用説明変数**
features_test	**評価用説明変数**
label_train	**学習用目的変数**
label_test	**評価用目的変数**

分割するコードが**リスト3-3-2-5**です。

sklearn.model_selection.train_test_split関数の引数であるtest_sizeには、評価用データセットを全体の3割にするために、0.3を指定しています。

なお、3-3-1では代入先の4つの変数をタプルにしましたが、ここではタプルにせず、4つの変数にアンパック（複数の変数に展開･代入）しています。どちらでも、実行上は問題ありません。また、「 ¥」（半角スペースと¥マーク）によってコードの途中で改行しています。

リスト3-3-2-5●説明変数と目的変数を、それぞれ学習用と評価用に7:3で分割するコード

```
from sklearn.model_selection import train_test_split

features_train, features_test, label_train, label_test ¥
  = train_test_split(ds_iris.data, ds_iris.target, test_size=
0.3)
```

4つの変数それぞれを、shape属性を用いて何行×何列の形状なのかを確認してみましょう。print文で、形状を出力します。

4つの変数の形状を、print文で出力した結果が、**図3-3-2-4**です。学習用の説明変数と目的変数がともに105行、評価用の説明変数と目的変数がともに45行で、評価用データセットは全体の3割であることが確認できました。

図3-3-2-4●分割された割合を確認するため、4つの変数の形状を出力した結果

```
print(features_train.shape)
print(label_train.shape)
print(features_test.shape)
print(label_test.shape)
```

```
(105, 4)
(105,)
(45, 4)
(45,)
```

併せて、中身も見てみましょう。ここでは学習用説明変数（変数features_train）のみを出力してみます。

筆者環境での出力結果が**図3-3-2-5**です。sklearn.model_selection.train_test_split関数はデータセットをランダムに分割するため、読者の皆さんの手元とは出力結果が異なります。

図3-3-2-5●筆者環境で学習用説明変数features_trainを出力した結果

```
features_train
```

```
array([[6.3, 2.5, 4.9, 1.5],
       [6.2, 2.2, 4.5, 1.5],
       [5.8, 2.8, 5.1, 2.4],
       [6.1, 2.8, 4.7, 1.2],
       [5.8, 4. , 1.2, 0.2],
       [5.1, 3.8, 1.9, 0.4],
       [7.2, 3.6, 6.1, 2.5],
       [5.9, 3. , 4.2, 1.5],
       [5.1, 3.5, 1.4, 0.3],
       [4.9, 2.4, 3.3, 1. ],
       [6.8, 2.8, 4.8, 1.4],
       [6.3, 3.3, 6. , 2.5],
```

【STEP1】の「データセット準備」は以上です。一般的な機械学習のプロセスでは、前処理として、欠損値などがないかを調べ、もしあるならば適宜対処が必要です。でも、Iris Data Setは欠損値がなく、あらかじめデータが整っており、前処理が不要となっています。

分類のモデルを指定

データセットを準備できたら、次は【STEP2】の「モデル指定」です。

回帰と同じく、分類でもモデルが複数あり、scikit-learnには主要なモデルがクラスとして用意されています。指定したモデルのクラスから、そのオブジェクトを生成し、学習と推論を行います。

ここでは例として、「サポートベクトル分類」を行う「sklearn.svm.SVC」クラス（以下、SVC）を指定します。サポートベクトル分類の概要はこのあとすぐに解説しますので、先にコードの書き方を解説します。

SVCオブジェクトを生成するコンストラクタの基本的な書式は以下です。省略可能な引数はいくつかありますが、基本的には引数なしで使えます。

書式

```
sklearn.svm.SVC()
```

引数

なし

SVCのオブジェクトを生成するコードが**リスト3-3-2-6**です。生成したオブジェクトは変数svcに格納し、以降の処理に用います。リスト3-3-2-6は、実行しても何も出力されません。

リスト3-3-2-6●SVCのオブジェクトを生成するコード

```
from sklearn.svm import SVC

svc = SVC()
```

それでは、後回しにしていたサポートベクトル分類の解説を行います。基となっている考え方は**図3-3-2-6**です。

図3-3-2-6●サポートベクトル分類の基となっている考え方

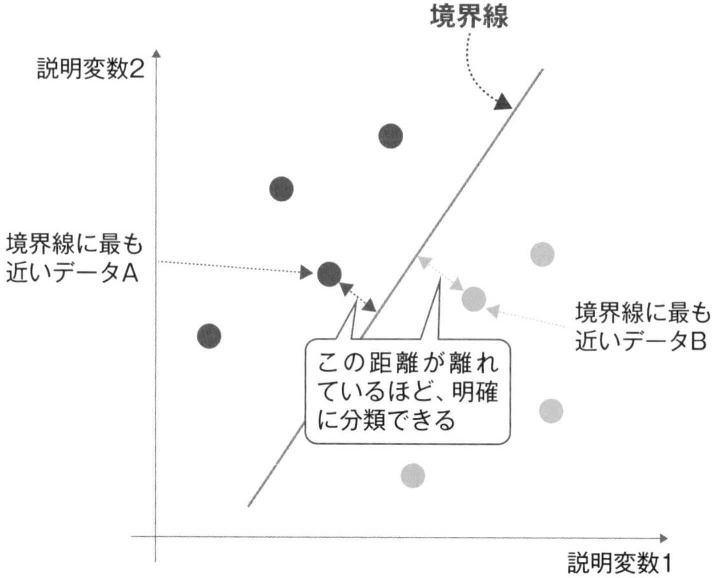

各データにおける1つ目の説明変数を横軸として、2つ目の説明変数を縦軸としてプロットし、散布図を作成します。例えば、アヤメのがくの長さを横軸とし、がくの幅を縦軸とする散布図を作ります。

散布図にプロットしたこれらのデータが置かれた配置の傾向を見て、「これらのデータを2つに分けるとしたら、ここのあたりが境界線だな」と線を引いて分けます。この線を引く行為が「分類」です。このとき、境界線に最も近いところにあるデータ（図3-3-2-6のデータAとデータB）が境界線から離れているほど、明確に分類できていると言えるでしょう。

なお、境界線に最も近いデータのことを「サポートベクトル」と呼びます。ですので、図3-3-2-6の考え方に基づき、サポートベクトルを中心とした仕組み全体のことを「サポートベクトルマシン」と呼ぶのです。

境界を直線（線形）ではなく、曲線（非線形）で引くのが、ここで紹介する「サポートベクトル分類」です。直線タイプに比べて、より複雑な分類に対応できます。

scikit-learnには、直線タイプのモデルも、「sklearn.svm.LinearSVC」クラス

として用意されています。さらにサポートベクトルマシン系以外のアルゴリズムのモデルも何種類か用意されています（**表3-3-2-2**）。

表3-3-2-2●SVC以外の主な分類のモデル

種類	意味	クラス
ロジスティック回帰	ある事象が起こる確率で分類	sklearn.linear_model.LogisticRegression
ランダムフォレスト	条件分岐で分割する「決定木」を複数用いて多数決で分類	sklearn.ensemble.RandomForestClassifier
kNN（k近傍法）	近傍のk個のデータとの距離から多数決で分類	sklearn.neighbors.KNeighborsClassifier

分類モデルの学習

モデルとしてSVC（サポートベクトル分類）を指定できたので、次は【STEP3】の「学習」です。SVCの学習は以下のとおり、SVCオブジェクトのfitメソッドで行います。

書式

```
オブジェクト.fit(X, y)
```

オブジェクト
SVCオブジェクト

引数
X ： 学習用説明変数
y ： 学習用目的変数

お気づきの読者の方も少なくないかと思いますが、3-3-1の回帰の解説で取り上げた重回帰分析のLinearRegressionオブジェクトの学習で用いたfitメソッドと、全く同じ使い方です。このようにscikit-learnでは、学習は回帰も分類も同じやり方でできます。違っているのは、オブジェクトに指定するモデルだけです。

ここでのアヤメの例で学習するコードが**リスト3-3-2-7**です。リスト3-3-2-6でSVCオブジェクトを格納した変数svcを用います。引数Xには、リスト3-3-2-5で分割した学習用説明変数である変数features_trainを、引数yには学習用目的変数の変数label_trainを指定しています。

リスト3-3-2-7●SVCの学習を行うコード

```
svc.fit(features_train, label_train)
```

リスト3-3-2-7を実行すると学習が行われ、**図3-3-2-7**のように「SVC()」と出力されます。前項でも触れましたが、fitメソッドは学習後のモデルのオブジェクトを返す仕様になっており、それが出力されたものです。

図3-3-2-7●リスト3-3-2-7の実行結果。「SVC()」とだけ出力される

```
svc.fit(features_train, label_train)
```

```
SVC()
```

学習済みモデルの評価

モデルの学習が終わったら、【STEP4】の「評価」です。分類も回帰と同じく、評価の方法は何種類かあり、scikit-learnにはそのための関数がそろっています。

ここでは最もベーシックな「正解率」という指標によって評価をします。文字通り、推論結果とラベルを比べて、どれだけ正解できたのかを表す指標です。1に近いほど正解率が高いことを意味します。

正解率は、評価用データを用いて求めます。リスト3-3-2-5で分割した、評価用説明変数と評価用目的変数を使うのです。具体的方法は以下の「1」→「2」の手順です。

1　評価用説明変数で分類

↓

2　正解率を算出

まずは「1」で、評価用説明変数を用いて分類を行います。次の「2」で、「1」の分類結果と、“正解”である評価用目的変数から正解率を算出します。

では、「1」の分類を行う方法を解説します。ここで言う分類とは推論のことです。ですので、【STEP5】の「推論」の方法を先に解説しましょう。

SVCで分類を行うには、SVCオブジェクトの「predict」メソッドを使います。

書式

```
オブジェクト.predict(X)
```

オブジェクト
SVCオブジェクト

引数
X　：　説明変数

引数Xには、推論に用いる説明変数を多次元（ここでの例では2次元）のndarray形式で指定します。実行すると、推論結果（分類結果）がndarray形式で返されます。分類結果は1次元のndarray形式です。次元の違いに注意しましょう。なお、次元の違いについては、「ndarrayの[ ]が1重なら1次元、2重の入れ子になっているなら2次元」といったザックリした理解で構いません。

また、このSVCオブジェクトのpredictメソッドも、重回帰分析のLinearRegressionオブジェクトのpredictメソッドと全く同じ使い方です。異なるのはオブジェクトに指定するモデルだけです。

ここでのアヤメの例で、評価用説明変数から分類を行うコードが**リスト3-3-2-8**です。

リスト3-3-2-8●学習済みモデルで評価用説明変数を分類するコード

```
label_pred = svc.predict(features_test)
```

3-3

predictメソッドの引数には、変数features_testを指定しています。この変数は、リスト3-3-2-5で分割した評価用説明変数でした。戻り値として得られた分類結果を、変数label_predに代入しています。リスト3-3-2-8は実行しても何も出力されません。

「1」においての分類を行う方法は以上です。

ここで、分類結果である変数label_predの中身を見てみましょう。セルに変数名である「label_pred」と入力して実行すると、**図3-3-2-8**の上のように分類結果が出力されました。

図3-3-2-8●リスト3-3-2-8を実行後、評価用説明変数で分類した結果の変数label_predをすぐ下のセルに出力。さらにその下のセルに、評価用目的変数の変数label_testも出力

```
label_pred = svc.predict(features_test)
```

```
label_pred
```

```
array([2, 0, 0, 2, 1, 2, 0, 0, 1, 2, 1, 1, 2, 1, 2, 0, 2, 2, 2, 0, 1, 2,
       0, 0, 0, 0, 2, 1, 0, 0, 0, 1, 1, 1, 1, 0, 1, 2, 0, 0, 0, 2, 2, 1,
       1])
```

```
label_test
```

```
array([2, 0, 0, 2, 1, 2, 0, 0, 2, 2, 1, 1, 2, 1, 2, 0, 2, 2, 2, 0, 1, 2,
       0, 0, 0, 0, 2, 1, 0, 0, 0, 1, 1, 1, 1, 0, 2, 2, 0, 0, 0, 2, 2, 1,
       2])
```

45個の数値が並ぶ1次元のndarray形式です。この分類結果は筆者環境のものであり、読者の皆さんのお手元とは異なります。異なる理由は、リスト3-3-2-5でのデータセット分割がランダムに行われることに起因します。

これらの数値は、0がsetosa、1がversicolour、2がvirginicaを表すのでした。数値の数（ndarrayの要素数）が45なのは、リスト3-3-2-5によって評価用データが45個で分割されたからです。

さらに次のセルに、評価用目的変数である変数名「label_test」を入力し、中身を見てみましょう。出力結果は、図3-3-2-8の下です。これもまた、筆者環境での出力結果です。両者を見比べてみると、だいたい正解できていそうですね。

次は、「2」の正解率の算出を行います。「1」の分類結果と、“正解”である評価用目的変数から算出するのでした。その算出は「sklearn.metrics.accuracy_score」関数でできます。

書式

```
sklearn.metrics.accuracy_score(y_true, y_pred)
```

引数

y_true　：評価用目的変数
y_pred　：分類結果

引数y_trueに評価用目的変数、引数y_predに分類結果をndarray形式で指定します。実行すると、正解率の数値が戻り値として得られます。

正解率を求めるコードが**リスト3-3-2-9**です。

リスト3-3-2-9●評価用目的変数とリスト3-3-2-8で得られた分類結果から正解率を求めるコード

```
from sklearn.metrics import accuracy_score

accuracy_score(label_test, label_pred)
```

sklearn.metrics.accuracy_score関数の引数y_trueには、評価用目的変数である変数label_testを指定しています。引数y_predには、リスト3-3-2-8で得られた分類結果である変数label_predを指定しています。

リスト3-3-2-9の実行結果が**図3-3-2-9**です。今回得られた正解率は「0.9333…」です。この正解率も筆者環境でのものであり、図3-3-2-8の結果から算出されたものです。

図3-3-2-9●リスト3-3-2-9の実行結果。「0.9333…」という高い正解率となった

```
from sklearn.metrics import accuracy_score

accuracy_score(label_test, label_pred)
```

```
0.9333333333333333
```

参考までに、図3-3-2-8で出力した変数label_predと変数label_testを丹念に見比べると、異なるのは3つだけであり、45件中42件正解ということで、正解率は0.9333…と計算できます。

分類の学習済みモデルの評価方法はほかにもあります。なかでも、「混同行列」という方法はよく使われます。ここでは混同行列の詳しい解説は割愛しますが、「sklearn.metrics.confusion_matrix」関数で手軽に作成できてしまいます。

【STEP4】の「評価」は以上です。

新たなアヤメを分類

最後はいよいよ【STEP5】の「推論」です。

SVCでの推論（分類）の方法については、先ほどpredictメソッドを解説しました。ここでは分類の練習として、自分で新たなアヤメのデータを作成し、そのアヤメが4つの品種のどれに分類されるかをやってみましょう。自作する新たなアヤメの特徴量は、**表3-3-2-3**とします。筆者が考えた架空のアヤメのデータです。これら4つの数値を基に、このアヤメがどの品種に該当するのかを推論します。

表3-3-2-3●分類に用いる新たなアヤメの特徴量

項目名	値（cm）
sepal length（がくの長さ）	7
sepal width（がくの幅）	3
petal length（花びらの長さ）	6
petal width（花びらの幅）	2

predictメソッドの引数Xは、2次元のndarray形式で指定する必要があるのでした。そのため、まずは、表3-3-2-3のデータを2次元のndarray形式に変換します。ndarray形式には、NumPyの「numpy.array」関数で変換できます。引数に目的の値をリストとして指定します。今回は2次元なので、2次元のリストとして指定します。

以上を踏まえると、表3-3-2-3のデータを2次元のndarray形式に変換するコードは以下のようになります。引数には2次元のリストにするため、[ ]を2重の入れ子にして指定しています。

```
numpy.array([[7, 3, 6, 2]])
```

このアヤメのデータを分類するコードが**リスト3-3-2-10**です。

上記のndarrayをpredictメソッドの引数に指定しただけです。NumPyのモジュールは慣例通り、「np」としてインポートしています（3-4で改めて解説します）。

リスト3-3-2-10●表3-3-2-3のアヤメを分類するコード

```
import numpy as np

svc.predict(np.array([[7, 3, 6, 2]]))
```

リスト3-3-2-10を実行すると、**図3-3-2-10**のように、「2」という分類結果が得られました。数値の2はvirginicaでした。よって、表3-3-2-3のアヤメの品種はvirginicaであると分類できました。

図3-3-2-10●リスト3-3-2-10の実行結果。表3-3-2-3のアヤメはvirginicaに分類された

```
import numpy as np

svc.predict(np.array([[7, 3, 6, 2]]))
```

```
array([2])
```

以上で、scikit-learnを用いた分類について学びました。このアヤメのデータセットは、scikit-learnを用いた分類の基礎的な実習として定番のものです。まずはこのアヤメの分類で、scikit-learnに慣れるとよいでしょう。

3-3-3 クラスタリング

3-3-2では「分類」について解説しました。3-3-3ではscikit-learnを使った「クラスタリング」の基礎を解説します。

ワインをクラスタリング

まずは、「クラスタリング」の基礎を解説します。クラスタリングは、ショッピングサイトにおけるオススメ商品の選別など、身近なところで活用されている機械学習です。

クラスタリングとは、似た性質のものをグルーピングすることです。グルーピングというと、「分類」と同じもののように思えますが、両者は全く違うものです。

分類は、例えば「犬」か「猫」か、といったように、データを何に分類するのかを明示的に決めます。それに対してクラスタリングは、グループの数だけを決め、データ同士の「似ている度合い」に基づいてグルーピングを行います。また、分類は「教師あり学習」で行いますが、クラスタリングは「教師なし学習」で行うという点が大きく異なります。つまり、「ラベル」を使って学習するのではなく、計算で割り出した「似ている度合い」(数値)を基にしてグルーピングを行うのです。

クラスタリングは教師なし学習なので、“正解”であるラベルが学習データにはありません。ですので、「回帰」のところで紹介した機械学習のプロセス【STEP1】～【STEP5】の処理の流れのうち、【STEP4】の「評価」は行えません。またscikit-learnでのクラスタリングでは、【STEP3】の「学習」と、【STEP5】の「推論」を同時に行うことになります。

それでは、【STEP1】の「データセット準備」に取り掛かりましょう。

ここでクラスタリングの例に用いるデータセットは「Wine recognition dataset」です。ワインのデータセットであり、データ件数は178件です。178のワインそれぞれは、13項目の特徴量で構成されています(**表3-3-3-1**)。このデータセットも、scikit-learnに最初から付属しています。

表3-3-3-1●Wine recognition datasetの特徴量

項目名	概要
Alcohol	アルコール
Malic acid	リンゴ酸
Ash	灰分
Alcalinity of ash	灰分アルカリ度
Magnesium	マグネシウム
Total phenols	総フェノール量
Flavanoids	フラボノイド
Nonflavanoid phenols	非フラボノイドフェノール量
Proanthocyanins	プロアントシアニン
Color intensity	色の濃さ
Hue	色相
OD280/OD315 of diluted wines	希釈したワインのOD280/OD315
Proline	プロリン

Wine recognition datasetは、同データセット専用の関数である「sklearn.datasets.load_wine」関数で読み込めます。

書式

```
sklearn.datasets.load_wine()
```

引数
なし

同関数を引数なしで実行すると、読み込んだデータセットのオブジェクトが戻り値として返されます。実際に読み込むコードが**リスト3-3-3-1**です。

リスト3-3-3-1では、3-3-2でのfrom import文によって、関数名におけるモジュール名の記述を不要としています。以降も同様です。読み込んだデータセットを変数ds_wineに格納しています。このデータセットの特徴量は、data属性に格納されています。変数ds_wineのdata属性を別セルで出力した結果が**図3-3-3-1**です。さらに下の別セルで、shape属性で形状も確認しています。

リスト3-3-3-1●Wine recognition datasetのデータセットを読み込むコード

```
from sklearn.datasets import load_wine

ds_wine = load_wine()
```

図3-3-3-1●リスト3-3-3-1で読み込んだWine recognition datasetの
data属性、形状を出力

```
from sklearn.datasets import load_wine

ds_wine = load_wine()
```

```
ds_wine.data
```

```
array([[1.423e+01, 1.710e+00, 2.430e+00, ..., 1.040e+00, 3.920e+00,
        1.065e+03],
       [1.320e+01, 1.780e+00, 2.140e+00, ..., 1.050e+00, 3.400e+00,
        1.050e+03],
       [1.316e+01, 2.360e+00, 2.670e+00, ..., 1.030e+00, 3.170e+00,
        1.185e+03],
       ...,
       [1.327e+01, 4.280e+00, 2.260e+00, ..., 5.900e-01, 1.560e+00,
        8.350e+02],
       [1.317e+01, 2.590e+00, 2.370e+00, ..., 6.000e-01, 1.620e+00,
        8.400e+02],
       [1.413e+01, 4.100e+00, 2.740e+00, ..., 6.100e-01, 1.600e+00,
        5.600e+02]])
```

```
ds_wine.data.shape
```

```
(178, 13)
```

2項目抽出して標準化

クラスタリングは、2項目のデータによって行います。そのため、データセットの中から、使用する項目の列を2つ選んで抽出する必要があります。ここでは先頭のAlcoholの列、最後のProlineの列を用いるとします。なお、3項目以上でクラスタリングしたい場合、このあと解説する「次元削減」によって2項目にまとめます。

AlcoholとProlineの2列を抽出するコードが**リスト3-3-3-2**です。ndarrayのスライス機能で、目的の列のインデックス（Alcoholが0、Prolineが12）をリスト3-3-3-2のように指定することで、抽出しています。抽出した2列は変数Xに格納し、以降の処理に用います。

リスト3-3-3-2●AlcoholとProlineの2列を抽出するコード

```
X = ds_wine.data[:, [0,12]]
```

リスト3-3-3-2の実行後に変数Xを出力した結果が**図3-3-3-2**です。抽出した2列のデータが178件ぶん並びます。

図3-3-3-2●変数Xの中身。抽出したAlcoholとProlineのデータであることが確認できる

```
1  X = ds_wine.data[:, [0,12]]

1  X

array([[  14.23, 1065.  ],
       [  13.2 , 1050.  ],
       [  13.16, 1185.  ],
       [  14.37, 1480.  ],
       [  13.24,  735.  ],
       [  14.2 , 1450.  ],
       [  14.39, 1290.  ],
       [  14.06, 1295.  ],
       [  14.83, 1045.  ],
       [  13.86, 1045.  ],
       [  14.1 , 1510.  ],
       [  14.12, 1280.  ],
       [  13.75, 1320.  ],
       [  14.75, 1150.  ],
```

図3-3-3-2の出力内容で2列の値を見ると、Alcoholは14前後、Prolineは1000前後と、値が取り得る範囲が大きく違うのがわかります。そこで、3-3-1の「回

帰」で解説した標準化を行います（**リスト3-3-3-3**）。回帰でのコードと同じく、StandardScalerオブジェクトのfitメソッドを使います。標準化後のデータは変数X_stdに格納し、以降の処理に用います。

リスト3-3-3-3●変数Xのデータを標準化するコード

```
from sklearn.preprocessing import StandardScaler

scaler = StandardScaler()
scaler.fit(X)
X_std = scaler.transform(X)
```

変数X_stdを出力した結果が**図3-3-3-3**です。図3-3-3-2と比べると、取り得る範囲の差がずいぶん小さくなりました。これで標準化は終わりです。

図3-3-3-3●変数X_stdの中身。標準化されたデータ

```
from sklearn.preprocessing import StandardScaler

scaler = StandardScaler()
scaler.fit(X)
X_std = scaler.transform(X)
```

```
X_std
```

```
array([[ 1.51861254,  1.01300893],
       [ 0.24628963,  0.96524152],
       [ 0.19687903,  1.39514818],
       [ 1.69154964,  2.33457383],
       [ 0.29570023, -0.03787401],
       [ 1.48155459,  2.23903902],
       [ 1.71625494,  1.72952002],
       [ 1.3086175 ,  1.74544249],
       [ 2.25977152,  0.94931905],
       [ 1.0615645 ,  0.94931905],
       [ 1.3580281 ,  2.43010864],
```

前述のとおり、クラスタリングは教師なし学習なのでモデルの評価はできません。よって、データセットの分割は行わずに、すべてのデータを学習・推論に用います。以上で、【STEP1】の「データセット準備」は終了です。

クラスタリングのモデルを指定

次は【STEP2】の「モデル指定」です。

クラスタリングの主要なモデルも、scikit-learnにはクラスとして複数用意されています。ここでは例として、「k-means法」（k平均法）というアルゴリズムを用いる「sklearn.cluster.KMeans」クラス（以下、KMeans）を指定します。

k-means法とは、クラスタの「重心」を用いてクラスタリングするアルゴリズムです。重心とは、各グループ（各クラスタ）に属する各データの真ん中に位置する場所のことです。

図3-3-3-4はクラス数（分類するグループ）が2つのクラスタリングの例です。

図3-3-3-4●k-means法のアルゴリズム概略

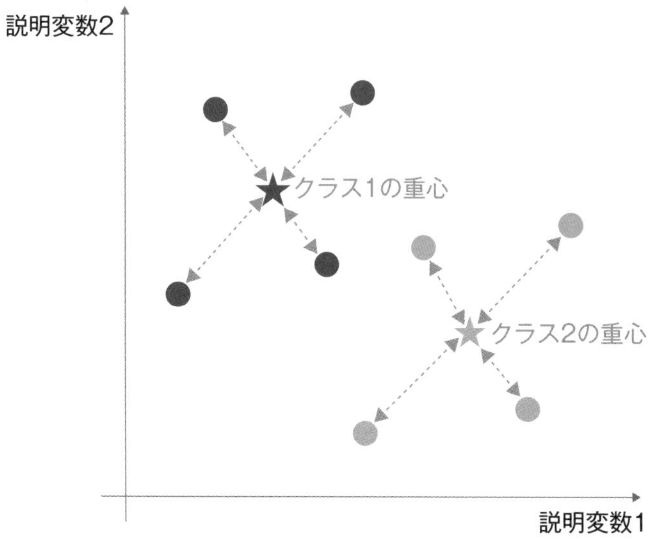

各データの位置は、縦軸と横軸の、2種類の説明変数で決まります。2つのクラスの重心があり、近いデータがそのクラスにクラスタリングされます。最初はランダムな位置に設定した各クラスタの重心によってデータを分けます。その次に、すべてのデータが各クラスタの重心の位置に対してちょうどいいバランスで分けられ

るよう、各重心の位置を段階的に調整していくことでクラスタリングを行います。

KMeansクラスのコンストラクタの基本的な書式は以下です。

書式

```
sklearn.cluster.KMeans(n_clusters)
```

引数

n_clusters　：クラスタ数

引数n_clustersには、クラスタ数を整数で指定します。ここで指定した数のグループにクラスタリングされます。ここではクラスタ数を3にしてやってみましょう。前出の図3-3-3-4での重心は２つですが、これが３つあるクラスタリングになります。

KMeansのオブジェクトを生成するコードが**リスト3-3-3-4**です。引数n_clustersには3を指定します。生成したオブジェクトは変数kmnsに格納しています。

リスト3-3-3-4●クラスタ数3でKMeansオブジェクトを生成するコード

```
from sklearn.cluster import KMeans

kmns = KMeans(n_clusters=3)
```

リスト3-3-3-4は実行しても何も出力されませんが、これで変数kmnsにKMeansオブジェクトが生成でき、クラスタリングが行えるようになりました。

k-means法以外のクラスタリングの主なモデルは、**表3-3-3-2**のとおりです。これらは重心ではなく、「混合ガウス分布」という方法で計算します。クラスタ数の指定の違いもあります。k-means法とGMMはプログラマが決めますが、VBGMMは自動で決められます。

表3-3-3-2●k-means法以外の主なクラスタリングのモデル

種類	クラスタ数の指定	計算方法	クラス
GMM	プログラマ	混合ガウス分布	sklearn.mixture.GaussianMixture
VBGMM	自動	混合ガウス分布	sklearn.mixture.BayesianGaussianMixture

クラスタリングを行う

モデルを用意できたところで、実際にクラスタリングを行いましょう。【STEP3】の「学習」および【STEP5】の「推論」に該当します。

クラスタリングを行うには、KMeansオブジェクトのfitメソッドを実行します。fitメソッドは回帰と分類ではモデルの学習を行う役割でしたが、クラスタリングの場合はクラスタリングを行う役割になります。

引数には目的のデータを指定します。ここでの例では、リスト3-3-3-3で標準化した変数X_stdを指定します（**リスト3-3-3-5**）。

リスト3-3-3-5●KMeansオブジェクトのfitメソッドでクラスタリングを実行

```
kmns.fit(X_std)
```

リスト3-3-3-5を実行すると、クラスタリングが行われます。同時に「KMeans(n_clusters=3)」と出力されます（**図3-3-3-5**）。この出力結果は回帰や分類のときと同じく、fitメソッドの仕様によるものです。

図3-3-3-5●リスト3-3-3-5の実行結果

```
kmns.fit(X_std)
```

```
KMeans(n_clusters=3)
```

fitメソッドを実行すると、クラスタリングした結果がKMeansオブジェクトの「labels_」属性に、ndarray形式で格納されます。属性名の最後に「_」（アンダースコア）が付くので、書き忘れないよう注意しましょう。labels_属性の中身を出力するコードが**リスト3-3-3-6**です。

リスト3-3-3-6●リスト3-3-3-5で実行したクラスタリングの結果を出力するコード

```
kmns.labels_
```

リスト3-3-3-6の実行結果は**図3-3-3-6**です。178のワインそれぞれが、どのグループにクラスタリングされたのか数値で表されます。ここではクラスタ数を3に設定したため、3つのグループにクラスタリングされます。1つ目のグループなら0、2つ目なら1、3つ目なら2です。例えば、図3-3-3-6の1つ目のワインは1なので、2つ目のグループに属します。このようにAlcoholとProlineのデータを使って、178のワインが3つのグループにクラスタリングされました。

図3-3-3-6●リスト3-3-3-6の実行結果。クラスタリングの結果がndarray形式で出力された

```
kmns.labels_
```

```
array([1, 1, 1, 1, 0, 1, 1, 1, 1, 1, 1, 1, 1, 1, 1, 1, 1, 1, 1, 0, 0, 0,
       1, 0, 0, 0, 1, 1, 1, 1, 1, 1, 1, 1, 1, 0, 0, 1, 1, 0, 0, 1, 1, 0,
       0, 1, 1, 1, 1, 1, 1, 1, 1, 1, 1, 1, 1, 1, 1, 2, 2, 2, 0, 2, 2, 2,
       0, 2, 0, 2, 2, 0, 0, 0, 2, 2, 0, 2, 2, 2, 2, 0, 2, 0, 2, 2, 2, 2,
       2, 2, 2, 2, 2, 2, 2, 2, 2, 2, 2, 2, 2, 2, 2, 2, 2, 2, 2, 2, 2, 2,
       2, 2, 2, 2, 2, 2, 2, 2, 2, 2, 2, 2, 2, 0, 2, 2, 2, 2, 2, 2, 0, 0,
       0, 2, 2, 2, 2, 2, 0, 0, 0, 0, 0, 0, 2, 0, 0, 0, 0, 0, 0, 2, 0, 0,
       2, 0, 0, 2, 0, 0, 2, 0, 0, 0, 0, 0, 0, 0, 0, 0, 2, 2, 0, 0, 0, 0,
       0, 0])
```

図3-3-3-6の実行結果はランダムに変わります。皆さんの手元では異なる結果になっていると思います。これは主に、k-means法のアルゴリズムで、重心の最初の位置がランダムに決められることに起因します。

クラスタリング結果をグラフ化

クラスタリングの結果は図3-3-3-6のように数値だけでもわかるのですが、より視覚的に把握できるよう、グラフ化するのも有効です。ここでは散布図を使い、グループごとに色を分けて、178件すべてのデータをプロットします。ここでは、標準化したデータを用いるとします。

そのコードが**リスト3-3-3-7**です。実行結果が**図3-3-3-7**です。178件のデータがグループごとに色分けされてプロットされました。

リスト3-3-3-7●クラスタリングの結果から散布図を作成するコード

```
import matplotlib.pyplot as plt

plt.scatter(X_std[:,0], X_std[:,1], c=kmns.labels_) ―――――(1)
plt.show() ―――――(2)
```

図3-3-3-7●リスト3-3-3-7の実行結果。グループごとに色分けされてプロットされた

```
import matplotlib.pyplot as plt

plt.scatter(X_std[:,0], X_std[:,1], c=kmns.labels_)
plt.show()
```

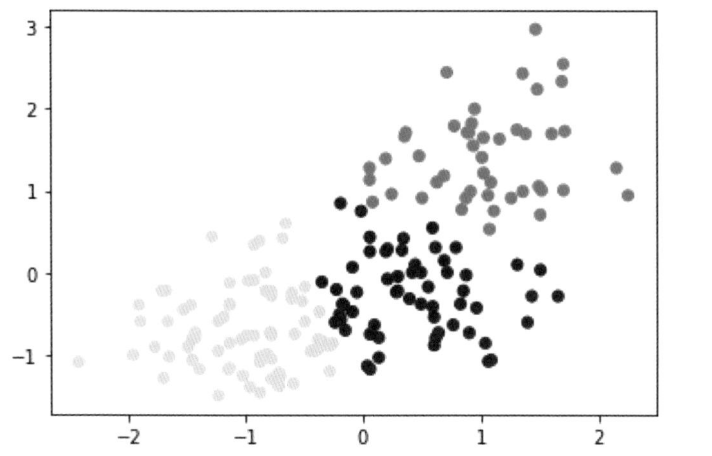

それでは、リスト3-3-3-7を解説します。

グラフ作成にはMatplotlibを利用します。散布図はMatplotlibのmatplotlib.pyplot.scatter関数で作成します。第1引数にx軸のデータを、第2引数にy軸のデータを指定します。(1) では、第1引数には変数X_stdから1列目（インデックスは0）のAlcoholのデータを取り出し、第2引数には2列目（インデックスは1）のProlineのデータを取り出して指定しています。

matplotlib.pyplot.scatter関数の第3引数cには色を指定します。(1) ではこの引数cに、クラスタリングの結果である「kmns.labels_」を指定しているのがポイントです。3つのグループに応じて、0、1、2の数値が入っているのでした。matplotlib.pyplot.scatter関数では、その数値に対応する色として、0なら紫色、1なら青緑色、2なら黄色でプロットされます。なお、前述のとおり、クラスタリングの結果がランダムに変わることから、これらの色も変わる場合があります。

(1) で作成した散布図を、(2) のmatplotlib.pyplot.show関数で画面に描画しています。

なお、リスト3-3-3-7でプロットしたのは変数X_stdのデータなので、標準化されたデータになります。そのため、作成されたグラフのx軸とy軸の目盛も標準化後の値に沿った範囲になっています。

参考までに、標準化前のデータで散布図を作成するコードを**リスト3-3-3-8**で紹介します。変数X_stdではなく、標準化前のデータが入っている変数Xを使っています。(1) の箇所です。

リスト3-3-3-8●標準化前のデータで散布図を作成するコード

```
import matplotlib.pyplot as plt

plt.scatter(X[:,0], X[:,1], c=kmns.labels_) ―――――――(1)
plt.show()
```

実行結果は**図3-3-3-8**です。散布図の全体的なかたちや色は図3-3-3-7と変わりませんが、x軸とy軸の範囲は標準化前のデータなので、データセットの値のままとなっています。

図3-3-3-8●リスト3-3-3-8の実行結果。x軸とy軸は標準化前のデータの範囲になっている

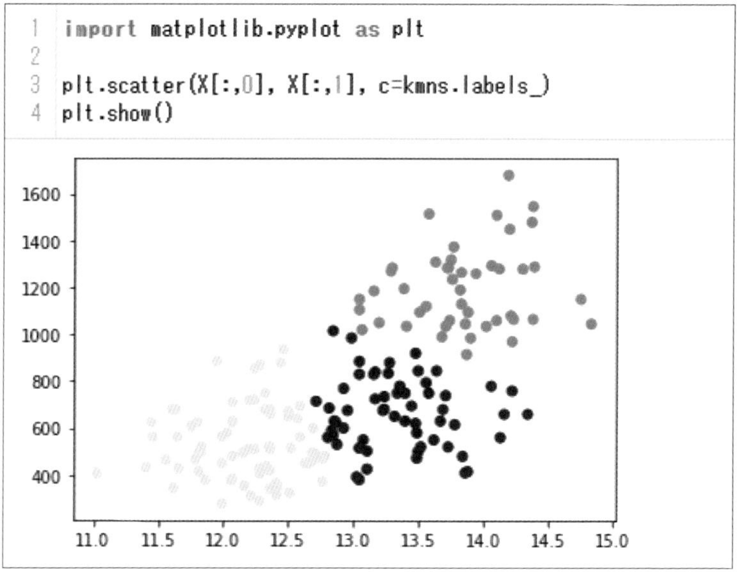

また、KMeansオブジェクトの「cluster_centers_」属性には、各グループの重心の座標の数値が格納されています。重心とは前述のように、各グループの各データの真ん中に位置する場所のことです。

リスト3-3-3-7の散布図に、重心を追加でプロットするコードが**リスト3-3-3-9**です。

リスト3-3-3-9●各グループの重心に「★」をプロットした散布図を作成するコード

```
import matplotlib.pyplot as plt

plt.scatter(X_std[:,0], X_std[:,1], c=kmns.labels_)
plt.scatter(kmns.cluster_centers_[:,0],                                    (1)
    kmns.cluster_centers_[:,1], s=200, marker='*', c='red')
plt.show()
```

(1) にある2つ目のmatplotlib.pyplot.scatter関数で、cluster_centers_属性の値をプロットしています。matplotlib.pyplot.scatter関数の第1引数には重心のX座標の値を、第2引数にはY座標の値を、cluster_centers_属性からスライスで取り出して指定しています。

さらにプロットした重心をより見やすくするため、引数sに200を指定してサイズを大きくし、引数markerに文字列「*」を指定することで「★」の形状にし、さらに引数cに文字列「red」を指定して赤色にしています。

リスト3-3-3-9の実行結果が**図3-3-3-9**です。3つのグループそれぞれで重心の位置に「★」がプロットされており、これらの位置を中心にクラスタリングされたことが視覚的にわかるでしょう。

図3-3-3-9●リスト3-3-3-9の実行結果。3つのグループの重心にそれぞれ「★」がプロットされている

```
import matplotlib.pyplot as plt

plt.scatter(X_std[:,0], X_std[:,1], c=kmns.labels_)
plt.scatter(kmns.cluster_centers_[:,0],
    kmns.cluster_centers_[:,1], s=200, marker='*', c='red')
plt.show()
```

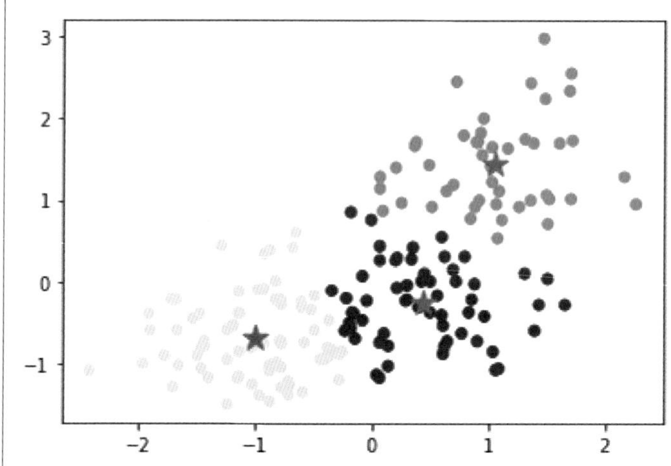

複数の特徴量をまとめる次元削減

ここからは「次元削減」を解説します。次元削減とは、複数種類の特徴量をまとめることを言います。

先ほど行った、ワインのクラスタリングを例にして、次元削減を説明しましょう。ワインのクラスタリングでは、AlcoholとProlineという2項目を用いました。これはこれで2項目の特徴量からクラスタリングできたのですが、ワインのデータセットにはもともと13項目の特徴量があります。

残りの11項目の特徴量も使った方が、より精緻なクラスタリングができそうですよね。

ですので、残りの11項目の特徴量も使ったクラスタリングもやってみましょう！…と言いたいところですが、クラスタリングは必ず2つの項目で行わなければなり

ません。

そこで登場するのが次元削減です。13項目の特徴量の内容を分析・計算して、2項目の特徴量にまとめてしまうのです。こうすれば結果的に、13項目すべてを使ってクラスタリングしたことになります。ここでは、特徴量を表す項目の数を「次元」と言っているのだという認識で構いません。13次元ある特徴量を2次元に削減するのです。

次元削減で使われるアルゴリズムにも、複数の種類があります。scikit-learnには、主要なアルゴリズムがクラスとして用意されています。本項では最もポピュラーな「主成分分析」(Principal Component Analysis：PCA) を採用するとします。

主成分分析のアルゴリズムの概略は、**図3-3-3-10**のとおりです。

図3-3-3-10●主成分分析のアルゴリズム概略

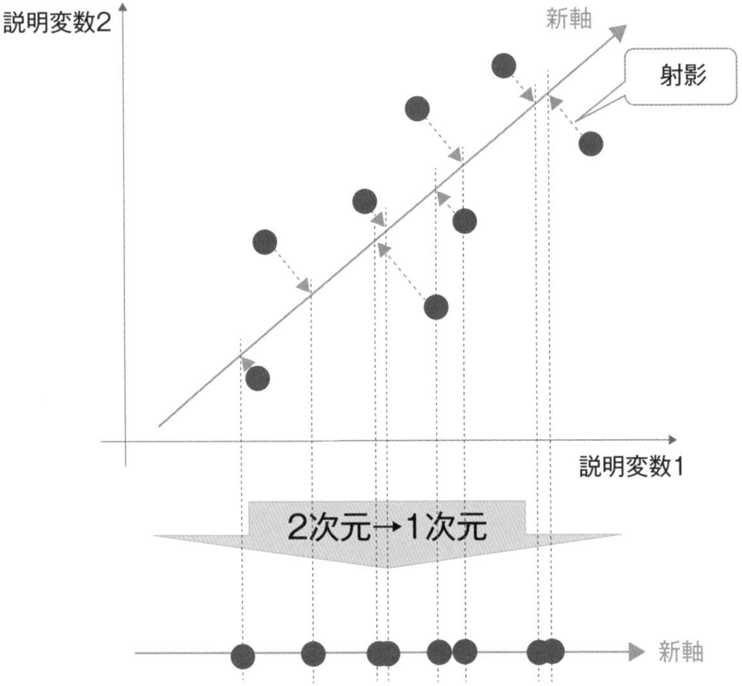

2つの説明変数を縦軸と横軸とした散布図に、データをプロットしているとしま

す。このデータの散らばり具合が特徴になります。主成分分析では、「散らばり具合を最も正しく表せる新たな1つの軸」を計算によって求めます。その軸が、図3-3-3-10の上方にある斜めの「新軸」です。そして、この新軸にデータを垂直方向に移動して重ねることを行います。これを「射影」といいます。この斜めの「新軸」への射影によって、2次元の説明変数を1次元に集約します。

図3-3-3-10の下方にある「新軸」を見てください。射影した結果を新軸の上に記し、かつ、全体の表示の向きを水平に変えたものです。垂直方向の散らばり具合は失われますが、全体としては、2つの説明変数を使った図3-3-3-10の上方のグラフの散らばり具合（特徴）はある程度保たれたまま集約できるのです。

元の散布図では2つの軸にプロットしましたが、このように1つの新軸に集約することで、2項目のデータを1項目にまとめられます。つまり、2次元から1次元に削減できました。3項目以上ある場合でも、上記の繰り返しによって、目的の次元数まで減らせます。

厳密には、主成分分析のアルゴリズムは上記の解説および図3-3-3-10とは少し異なりますが、全体的なイメージはこのとおりです。

scikit-learnには、主成分分析以外のアルゴリズムの次元削減のモデルも用意されています。主なものは**表3-3-3-3**のとおりです。

表3-3-3-3●主成分分析以外の主な次元削減のモデル

種類	概要	クラス
カーネルPCA	「ガウスカーネル」を利用し、曲線の境界で次元削減	sklearn.decomposition.KernelPCA
NMF	2つの行列に分解して次元削減	sklearn.decomposition.NMF

ワインの項目を次元削減

それではscikit-learnを使って、主成分分析による次元削減を行ってみましょう。引き続きワインのデータセットWine recognition datasetを用います。クラスタリングの際に読み込んだ変数ds_wineをそのまま用います（もちろん、リスト3-3-3-1を再実行して、改めて読み込んでも構いません）。

ここでは例として、13項目を2項目にまとめることにします。つまり、13次元のデータを主成分分析で2次元に削減します。

最初に「データセット準備」として、ここでは13項目すべてを標準化します。そのコードが**リスト3-3-3-10**です。

リスト3-3-3-10●ワインの13項目すべてを標準化するコード

```
from sklearn.preprocessing import StandardScaler

scaler = StandardScaler()
scaler.fit(ds_wine.data)
X_std = scaler.transform(ds_wine.data)
```

StandardScalerクラスのインポートとオブジェクト作成を改めて実行しています。fitメソッドおよびtransformメソッドの引数Xには、13項目すべてを標準化するため、ds_wine.dataを指定しています。標準化した結果は変数X_stdに代入し、以降の処理に用います。

リスト3-3-3-10は実行しても何も出力されません。リスト3-3-3-10の実行結果として、別セルに変数X_stdを出力し、標準化後の13項目の数値を確認してもよいでしょう。その際、13列（13次元）のndarray形式であることが確認できます。

次は「モデル指定」です。主成分分析のクラスは「sklearn.decomposition.PCA」です（以下、PCAクラス）。コンストラクタの基本的な書式は以下です。

書式

```
sklearn.decomposition.PCA(n_components)
```

引数

n_components　：次元数

引数n_componentsには目的の次元数を整数で指定します。例えば2次元に削減したければ、2を指定します。

コンストラクタでPCAクラスのオブジェクトを生成したら、実際に次元削減を行います。この処理はPCAオブジェクトの「fit_transform」メソッドでできます。引数Xに次元削減対象のデータをndarray形式で指定すると、オブジェクト生成時に指定した次元数で次元削減されたデータが返されます。

書式

```
オブジェクト.fit_transform(X)
```

オブジェクト

PCAオブジェクト

引数

X　：　次元削減対象のデータ

この例でモデル指定から次元削減までを行うコードが、**リスト3-3-3-11**です。

リスト3-3-3-11●主成分分析のモデル指定と次元削減を行うコード

```
from sklearn.decomposition import PCA

pca = PCA(n_components=2) ―――――――――(1)
X_pca = pca.fit_transform(X_std) ――――――(2)
```

(1) がモデル指定の処理です。PCAクラスのコンストラクタによって、引数n_componentsに2を指定し、2次元に削減するためのPCAオブジェクトを作成しています。変数pcaに格納し、以降の処理に用います。

(2) が次元削減を行う処理です。fit_transformメソッドの引数Xには、リスト3-3-3-10で用意した変数X_stdを指定しています。変数X_stdのデータは13項目(13次元) ですが、fit_transformメソッドによって、2項目 (2次元) にまとめられます。戻り値は変数X_pcaに格納しています。

ここで、本当に2次元に削減されたのか、変数X_pcaを別セルに出力してみましょう。**図3-3-3-11**のように、2列のndarrayが出力され、意図通り2次元に削減できたことが確認できます。

これで、主成分分析による次元削減によって、13項目 (13次元) の特徴を、2項目 (2次元) に削減できました。

図3-3-3-11●リスト3-3-3-11で次元削減した結果を出力。
2列(2次元)に削減された

```
from sklearn.decomposition import PCA

pca = PCA(n_components=2)
X_pca = pca.fit_transform(X_std)
```

```
X_pca
```

```
array([[ 3.31675081, -1.44346263],
       [ 2.20946492,  0.33339289],
       [ 2.51674015, -1.0311513 ],
       [ 3.75706561, -2.75637191],
       [ 1.00890849, -0.86983082],
       [ 3.05025392, -2.12240111],
       [ 2.44908967, -1.17485013],
       [ 2.05943687, -1.60896307],
       [ 2.5108743 , -0.91807096],
       [ 2.75362819, -0.78943767],
       [ 3.47973668, -1.30233324],
       [ 1.7547529 , -0.61107723]
```

次元削減結果でクラスタリング

続けて、2項目（2次元）にまとめたワインをクラスタリングしてみましょう。アルゴリズムはk-means法、クラス数は3とします。

そのコードが**リスト3-3-3-12**です。

リスト3-3-3-12●2次元に削減したワインをクラスタリングするコード

```
from sklearn.cluster import KMeans

kmns = KMeans(n_clusters=3)
kmns.fit(X_pca) ――――――――(1)
```

リスト3-3-3-12は、リスト3-3-3-4とリスト3-3-3-5を合体したコードです。

リスト3-3-3-12の（1）では、KMeansオブジェクトのfitメソッドの引数Xに、リスト3-3-3-11で次元削減した変数X_pcaを指定しています。

リスト3-3-3-12を実行したら、KMeansオブジェクトのlabels_属性を別セルに出力して、クラスタリング結果を見てみましょう。

図3-3-3-12がその実行結果です。図3-3-3-12の実行結果は、k-means法のアルゴリズムの関係上、ランダムに変わりますので、皆さんの手元では異なるかもしれません。

図3-3-3-12●リスト3-3-3-12でクラスタリングした結果を別セルに出力

```
kmns.labels_
```

```
array([1, 1, 1, 1, 1, 1, 1, 1, 1, 1, 1, 1, 1, 1, 1, 1, 1, 1, 1, 1, 1, 1,
       1, 1, 1, 1, 1, 1, 1, 1, 1, 1, 1, 1, 1, 1, 1, 1, 1, 1, 1, 1, 1, 1,
       1, 1, 1, 1, 1, 1, 1, 1, 1, 1, 1, 1, 1, 1, 1, 2, 2, 2, 2, 2, 2, 2,
       2, 2, 2, 2, 2, 1, 2, 1, 2, 2, 2, 2, 2, 2, 2, 2, 2, 0, 2, 2, 2, 2,
       2, 2, 2, 2, 2, 2, 2, 1, 2, 2, 1, 2, 2, 2, 2, 2, 2, 2, 2, 2, 2, 2,
       2, 2, 2, 2, 2, 2, 2, 2, 2, 2, 2, 1, 2, 2, 2, 2, 2, 2, 2, 2, 0, 0,
       0, 0, 0, 0, 0, 0, 0, 0, 0, 0, 0, 0, 0, 0, 0, 0, 0, 0, 0, 0, 0, 0,
       0, 0, 0, 0, 0, 0, 0, 0, 0, 0, 0, 0, 0, 0, 0, 0, 0, 0, 0, 0, 0, 0,
       0, 0])
```

さらに散布図にグラフ化してみましょう。そのコードが**リスト3-3-3-13**です。

scatterメソッドの第1引数と第2引数に指定しているのが変数X_pcaであること以外は、リスト3-3-3-7と同じです。

リスト3-3-3-13●リスト3-3-3-12のクラスタリング結果で散布図を作成するコード

```
import matplotlib.pyplot as plt

plt.scatter(X_pca[:,0], X_pca[:,1], c=kmns.labels_)
plt.show()
```

リスト3-3-3-13の実行結果は**図3-3-3-13**です。13項目の特徴を2項目にまとめてクラスタリングした結果です。つまり、13項目すべての特徴からクラスタリングしたことになります。AlcoholとProlineの2項目のみでクラスタリングした結果（図3-3-3-7）とは、大きく異なります。

図3-3-3-13●リスト3-3-3-13の実行結果。13項目によるクラスタリング結果での散布図

```
import matplotlib.pyplot as plt

plt.scatter(X_pca[:,0], X_pca[:,1], c=kmns.labels_)
plt.show()
```

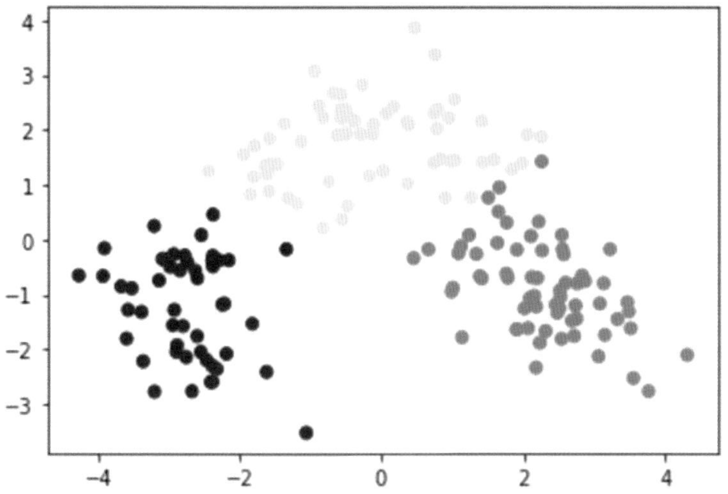

☆　　　☆　　　☆

3-3では、scikit-learnによる、回帰、分類、クラスタリング、次元削減、そして前処理と評価の基礎を解説しました。

scikit-learnには、ほかにも機械学習のさまざまな機能が豊富にそろっています。機械学習の入門用ライブラリとして、うってつけです。

3-4 数値計算処理に使うNumPy

3-4-1 ベクトルや行列の生成

数値計算の定番ライブラリである「NumPy」の基本的な使い方を解説します。

NumPyは、高度な数値計算を効率よく行うためのライブラリです。特に「線形代数」という数学の分野に強く、機械学習やAIのプログラムでよく使われます。そこで本節では、線形代数関連の関数やメソッドを中心に解説していきます。線形代数にはさまざまな専門用語が出てきますが、そうした専門用語の数学的な詳細な内容よりも、NumPyによる計算方法を詳しく解説していくこととします。

NumPyは外部ライブラリですが、Anacondaに標準で備わっており、インストール作業なしで使えます。

NumPyのモジュール名は「numpy」です。asキーワードを使い、「np」という名前でインポートするのがセオリーです（**リスト3-4-1-1**）。そうすることで、関数名などは「numpy.～」ではなく、「np.～」のように短く記述できます。

リスト3-4-1-1●NumPyを「np」でインポート

```
import numpy as np
```

スカラーとベクトルと行列

線形代数では、“数値の集まり”を扱います。

線形代数の世界では、単一の数値のことを「スカラー」と呼びます。

そして、複数のスカラーが集まったものを「ベクトル」と呼びます。ベクトルは、単一の数値（スカラー）が1列または1行に並んだ構造をしています。

複数のベクトルが集まったものを「行列」と呼びます（**図3-4-1-1**）。横方向の並びを「行」、縦方向の並びを「列」と呼びます。本節では以降、スカラー、ベクトル、行列といった3つの用語を用いていきます。

図3-4-1-1●スカラーとベクトルと行列

▼スカラー

$$1$$

▼ベクトル

$$\begin{bmatrix} 1 \\ 2 \\ 3 \end{bmatrix}$$

▼行列

$$\begin{bmatrix} 1 & 2 & 3 \\ 4 & 5 & 6 \\ 7 & 8 & 9 \end{bmatrix}$$

Pythonにはもともと“数値の集まり”を扱う仕組みとしてリストやタプルなどといったデータ構造があり、ベクトルや行列を処理できないこともないのですが、NumPyにはベクトルや行列をより効率よく処理する仕組みが用意されています。

ベクトルを生成

NumPyでスカラーを扱うには、通常のPythonの数値計算と同じく、そのまま数値をコードに記述します。ベクトルと行列は「numpy.ndarray」というオブジェクトとして扱います。2-1や3-3で登場したndarray形式とは、このnumpy.ndarrayオブジェクトに該当します。

numpy.ndarrayオブジェクトを生成する方法は何通りかあります。基本となるのが「numpy.array」関数で生成する方法です。基本的な書式は以下です。

書式

```
numpy.array(object)
```

引数

```
object  : 数値の集まり
```

引数objectには、ベクトルや行列を構成する複数の数値を、リスト形式で指定します。線形代数の世界では、そういった数値の個々を、「要素」や「成分」と呼びます。本書では「要素」と呼ぶことにします。

では、ベクトルを生成してみましょう。

ベクトルを生成するには、要素となる数値をリスト形式で指定します。

例えば、「1」と「2」という2つの数値で構成されるベクトルのnumpy.ndarrayオブジェクトを生成し、変数aに格納する場合は、**リスト3-4-1-2**のようなコードになります。numpy.arrayの引数に、要素の「1」と「2」をリスト形式で指定します。

リスト3-4-1-2●要素が数値の「1」と「2」であるベクトルaを生成

```
a = np.array([1, 2])
```

リスト3-4-1-2を実行後、Jupyter Notebookの別のセルに変数aだけを入力・実行すると、**図3-4-1-2**のような形式で出力されます。「array」に続き、オブジェクト生成時に指定したリストがカッコ内に表示される形式です。ベクトルa（変数a）の要素はこのように表示されます。

図3-4-1-2●ベクトルa（変数a）を別セルに出力

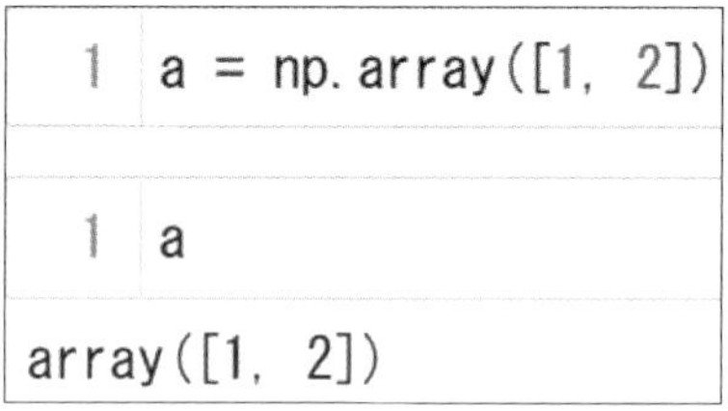

numpy.array関数には、ほかにも省略可能な引数がありますが、ここでの説明は割愛します。以降の関数やメソッドも、基本的な引数のみを紹介します。

行列を生成

次に、行列を生成してみましょう。

行列を生成するには、引数objectに、要素となる数値を2次元リストの形式で指定します。ベクトルは1次元であり、行列は「2次元」というのが大きな違いですね。

行列の生成は、先に具体例を見た方が理解が早いので、まずはコードと実行結果を提示します。

例えば、要素の1行目が「1」と「2」、2行目が「3」と「4」である2行×2列の行列を生成し、変数bに格納するコードが**リスト3-4-1-3**です。

この行列b（変数b）を別セルに出力した例が**図3-4-1-3**です。ベクトルと同じく、「array」に続き、行列の要素が2次元リストの形式で出力されています。

リスト3-4-1-3●2行×2列の行列bを生成

```
b = np.array([[1, 2],
              [3, 4]])
```

図3-4-1-3●行列b（変数b）を別セルに出力

```
b = np.array([[1, 2],
              [3, 4]])
```

```
b
```

```
array([[1, 2],
       [3, 4]])
```

それでは、行列の生成方法を詳しく解説していきます。numpy.arrayの引数objectには、次のようなイメージの書式で指定します。

書式

```
numpy.array([1行目のリスト,
             2行目のリスト……])
```

大まかには、行列の行単位で要素を指定する形式です。

引数objectには2次元リストを指定するのですが、上記書式のイメージでは、まず全体を「[ ]」で囲んでリストとしています。そのリストの1つ目の要素には、1行目の要素となる数値のリストを指定し、2つ目の要素には、2行目の要素となる数値のリストを指定します。各要素はリストとして、「[ ]」で囲んで指定します。

この形式で、必要な行数だけ指定していきます。このようにリストを入れ子にすることで、2次元リストを指定します。コードのかたちは、「[ ]」が2重の入れ子になります。

そして、これらの行のリストの要素数がそのまま行列の列数になります。行列の中では、各行の列数をそろえる必要があるので、各行の要素数は必ずそろえます。

リスト3-4-1-3では、行列の1行目の要素となるリストが「[1, 2]」、2行目の要素となるリストが「[3, 4]」です。これら2つのリストを要素とする2次元リストとするため、さらに外側を「[ ]」で囲い、カンマで区切って指定します。リストを入れ子にするため、リスト3-4-1-3のように、「[ ]」を入れ子にしたコードになります。行の要素が2つある（「[1, 2]」と「[3, 4]」）ので、この行列の行は2です。そして、行の各要素のリストは要素数が2なので、列は2になります。

なお、前述の書式のイメージやリスト3-4-1-3は、コードがより見やすくなるよう、行列の1行目の要素の後ろで改行しています。改行しなくても構いませんが、行単位で要素が把握しやすいなどのメリットがあるので、改行することをオススメします。なお、改行コードとして「 ¥」（半角スペースに¥マーク）記号を入れてもよいのですが、「 (」と「) 」の中なら、記号がなくても改行できます。

以上が、ベクトルおよび行列のnumpy.ndarrayオブジェクトを生成する方法です。なお、Python標準関数のtype関数を用い、変数a（ベクトルa）と変数b（行列b）のデータ型を調べると、ともに「numpy.ndarray」であるとわかります。

また、変数aも変数bもprint関数で出力すると、**図3-4-1-4**のような形式で出力されます。

図3-4-1-4●ベクトルaと行列bをprint関数で出力した例

```
print(a)
```

```
[1 2]
```

```
print(b)
```

```
[[1 2]
 [3 4]]
```

図3-4-1-2や図3-4-1-3と異なり、「array」や「( )」、要素や行の間の「,」は表示されません。本節では原則、図3-4-1-2などのように別セルに変数名だけを入力・実行する方法を用いますが、どちらの方式で出力しても構いません。

形状と次元数とサイズ

このあとに、ベクトルや行列の各種計算方法を解説しますが、その際、ベクトルや行列の「形状」と「次元数」と「サイズ」を意識することが大切です。

形状とは、何行×何列なのか、ということです。ベクトルの場合、形状の行または列のいずれかは、必ず「1」になります。

次元数とは、ザックリ言えば、「数値が何重の入れ子の構造になっているか」というその数のことです。空間で言うと、1次元（線）、2次元（平面）、3次元（立体）……に該当します。

サイズとは、ベクトルや行列を構成する要素の総数です。

これらを具体的に示すと、リスト3-4-1-3で生成した行列bならば、形状は2×2（2行×2列）、次元数は2、サイズは4になります（**図3-4-1-5**）。

図3-4-1-5●形状と次元数とサイズの例

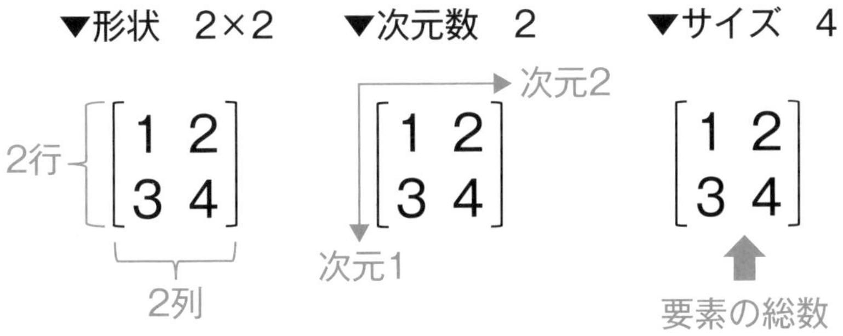

NumPyでは、形状はnumpy.ndarrayオブジェクトの「shape」属性によって、「(行数, 列数)」という形式のタプルとして得られます。次元数は「ndim」属性、サイズは「size」属性で得られます（**表3-4-1-1**）。

表3-4-1-1●形状と次元数とサイズの属性

属性	意味
shape	形状
ndim	次元数
size	サイズ

例えば、リスト3-4-1-3で作成した行列b（変数b）の形状と次元数とサイズを取得・出力するコードが、**リスト3-4-1-4**です。

リスト3-4-1-4●行列bの形状と次元数とサイズを取得・出力

```
print(b.shape)
print(b.ndim)
print(b.size)
```

実行すると、**図3-4-1-6**のように、形状と次元数とサイズが出力されます。

図3-4-1-6●リスト3-4-1-4の実行結果

```
print(b.shape)
print(b.ndim)
print(b.size)
```

```
(2, 2)
2
4
```

形状は「(2, 2)」となっており、2行×2列であることがわかります。次元数は2です。リスト3-4-1-3の生成のコードを見るとわかるように、リストが2重で入れ子になった構造なので、次元数は2となるのです。行列bの要素は4つなので、サイズは4と出力されました。

続けて、より理解を深めるため、新たに2行×3列の行列cを生成し、形状と次元数とサイズを取得・出力してみましょう（**リスト3-4-1-5**）。要素は1行目が「1」と「2」と「3」で、2行目が「4」と「5」と「6」とします。

リスト3-4-1-5●行列cを生成し、形状と次元数とサイズを取得・出力

```
c = np.array([[1, 2, 3],
              [4, 5, 6]])

print(c.shape)
print(c.ndim)
print(c.size)
```

リスト3-4-1-5の実行結果が**図3-4-1-7**です。

図3-4-1-7●リスト3-4-1-5の実行結果

```
c = np.array([[1, 2, 3],
              [4, 5, 6]])

print(c.shape)
print(c.ndim)
print(c.size)
```

```
(2, 3)
2
6
```

行列cは2行×3列なので、形状は「(2, 3)」と出力されます。次元数は2です。列数は3ありますが、生成のコードを見るとわかるように、行列bと同じくリストが2重で入れ子になった構造なので、次元数は2になります。勘違いしがちなポイントなので、もう一度言います。次元数とは、「リストが何重の入れ子になっているか」なのです。形状の行数／列数と混同しないよう注意しましょう。サイズは要素が6つなので、6と出力されます。

今度は、ベクトルの形状と次元数とサイズを取得・出力してみます。リスト3-4-1-2で生成したベクトルa（変数a）を用いて、**リスト3-4-1-6**を実行します。

リスト3-4-1-6●ベクトルaの形状と次元数とサイズを取得・出力

```
print(a.shape)
print(a.ndim)
print(a.size)
```

実行すると、**図3-4-1-8**のように出力されます。

図3-4-1-8●リスト3-4-1-6の実行結果。タプルの行の数値のみとなる

```
print(a.shape)
print(a.ndim)
print(a.size)
```

```
(2, )
1
2
```

形状は「(2,)」となっており、タプルの行の部分の数値しかありません。ベクトルはこのように、行のみのタプルというかたちで形状が表されます。次元数は、ベクトルは1次元なので1となります。要素は2つなので、サイズは2と出力されます。

形状と次元数の理解を深めよう

ここで、形状と次元数の理解をさらに深めるため、ほかの例もいくつか紹介しましょう。まずは、次の**リスト3-4-1-7**です。新たに行列dを生成し、形状と次元数とサイズを取得・出力するコードです。

リスト3-4-1-7●行列dを生成し、形状と次元数とサイズを取得・出力

```
d = np.array([[1, 2]]) ―――――――――(1)
print(d.shape)
print(d.ndim)
print(d.size)
```

リスト3-4-1-7の（1）の「=」の右辺は、一見、リスト3-4-1-2の「=」の右辺「np.array([1, 2])」と同じと思えますが、よく見ると、「[ ]」が2重の入れ子になっています。つまり、dはベクトルではなく、1行×2列の行列を生成しているのです。

リスト3-4-1-7の実行結果は**図3-4-1-9**です。

図3-4-1-9●リスト3-4-1-7の実行結果。次元数は2である

```
d = np.array([[1, 2]])

print(d.shape)
print(d.ndim)
print(d.size)
```

```
(1, 2)
2
2
```

行列dは1行×2列なので、形状は「(1, 2)」と出力されています。図3-4-1-8のベクトルaは、タプルの行の部分しか数値はなかったのですが、dは行列なのでタプルの列の部分に「2」があります。

次元数は2と出力されています。1行しかありませんが、「[ ]」が2重の入れ子で生成した行列なので、次元数は2になります。サイズは2です。ベクトルaも図3-4-1-8のとおりサイズは2ですが、形状と次元数が違う点を認識しましょう。

次に、3次元の行列の例を紹介します（**リスト3-4-1-8**）。

リスト3-4-1-8●3次元リストの例

```
e = np.array([
    [[1, 2],
     [3, 4]],
    [[5, 6],
     [7, 8]]
])

print(e.shape)
print(e.ndim)
```

(1)

2行×2列の行列が2つで構成された行列eです。1つ目の2行×2列の行列の要素は1行目が「1」と「2」で、2行目が「3」と「4」です。2つ目の2行×2列の行列の要素は1行目が「5」と「6」で、2行目が「7」と「8」です。

リスト3-4-1-8の（1）では、そのように行列のオブジェクトを生成しています。

numpy.array関数の引数objectはよく見ると、「[ ]」が3重の入れ子構造になっており、それゆえ3次元の行列となります。1つ目の2行×2列の行列は「[ ]」が2重、2つ目の2行×2列の行列も同じく「[ ]」が2重であり、それらをカンマで区切り、かつ、全体をさらに「[ ]」で囲っています。

リスト3-4-1-8では、(1) のあと、形状と次元数のみを取得・出力しています。実行結果が**図3-4-1-10**です。

図3-4-1-10●リスト3-4-1-8の実行結果。次元数は3

```
e = np.array([
    [[1, 2],
     [3, 4]],
    [[5, 6],
     [7, 8]]
])

print(e.shape)
print(e.ndim)
```

```
(2, 2, 2)
3
```

形状は「(2, 2, 2)」と出力されています。「2行×2列の行列が2つ」という意味であり、「(2, 2, 2)」の1つ目の2が「2つ」、2つ目が「2行」、3つ目が「2列」に該当します。次元数は、「[ ]」が3重の入れ子であり3次元なので、3が出力されました。

では、**リスト3-4-1-9**の行列fの場合、形状と次元数はどうなるでしょうか?

リスト3-4-1-9●リスト3-4-1-8と要素が同じ2次元リスト

```
f = np.array([
    [1, 2],
    [3, 4],
    [5, 6],
    [7, 8]
])

print(f.shape)
print(f.ndim)
```

リスト3-4-1-9の行列fは、リスト3-4-1-8の行列eと要素が全く同じであり、大変似ています。

しかし、よく見ると、行列fは「[ ]」が2重の構造です。そのため、2次元の行列です。要素は1行目が「1」と「2」で、2行目が「3」と「4」で、3行目が「5」と「6」で、4行目が「7」と「8」という構造であり、形状は4行×2列になります。

リスト3-4-1-9の実行結果である**図3-4-1-11**を見ると、形状は4行×2列、次元数は2と出力されています。

図3-4-1-11●リスト3-4-1-9の実行結果。次元数は2

```
f = np.array([
    [1, 2],
    [3, 4],
    [5, 6],
    [7, 8]
])

print(f.shape)
print(f.ndim)
```

```
(4, 2)
2
```

このように、要素は全く同じでも、「[ ]」の数や位置、さらには「,」の数によって形状や次元数が異なる点に注意しましょう。

以上が、行列やベクトルの形状、次元数、サイズを把握する方法です。特に行列同士の計算の際、形状は重要です。形状を正しく把握して計算のコードを書かないと、エラーになってしまうので注意が必要です。これについては、のちほど具体例を紹介します。

ベクトルや行列のデータ型

NumPyのベクトルや行列の要素にはデータ型があり、基本的には生成時に自動で設定されます。要素に整数を指定すれば、整数のデータ型である「int32」が設定されます。要素に小数を指定すれば、小数のデータ型である「float64」が設定されます。これらはPythonのデータ型ではなく、NumPyのデータ型です（Pythonでは整数がint型、小数がfloat型）。

データ型は、numpy.ndarrayオブジェクトの「dtype」属性で取得できます。例えば、リスト3-4-1-2で生成したベクトルaおよびリスト3-4-1-3で生成した行列bのデータ型を取得・出力するコードが**リスト3-4-1-10**です。

リスト3-4-1-10●ベクトルaと行列bのデータ型を取得・出力

```
print(a.dtype)
print(b.dtype)
```

実行結果は**図3-4-1-12**です。ベクトルaも行列bも、ともに、要素に整数を指定して生成したので、データ型はint32です。図3-4-1-12では、そのデータ型の名前が取得・出力されています。

図3-4-1-12●リスト3-4-1-10の実行結果。ともにint32が出力され、整数のデータ型であるとわかった

```
print(a.dtype)
print(b.dtype)

int32
int32
```

numpy.array関数でベクトルや行列を生成する際、データ型を指定することもできます。numpy.array関数のオプショナル引数の1つに「dtype」があり、それにデータ型を指定します。データ型は何種類かあり、整数ならば「numpy.int32」を、小数ならば「numpy.float64」を指定します。

リスト3-4-1-11は、データ型を指定して行列を生成する例です。

リスト3-4-1-11●データ型をfloat64に指定して行列を生成

```
g = np.array([[1, 2],
              [3, 4]],
```

```
              dtype=np.float64)

print(g.dtype)
```

行列名はgとして、形状と要素は行列bと全く同じ整数1～4としますが、データ型は小数で生成します。そのためにnumpy.array関数の引数dtypeに、「np.float64」と指定しています。NumPyのモジュールであるnumpyは「np」の名前でインポートしているので、データ型はこのように記述できます。生成後に、dtype属性でデータ型を取得・出力しています。

実行すると**図3-4-1-13**のように、「float64」と出力されます。このように、明示的にデータ型を設定して行列やベクトルを生成できます。

図3-4-1-13●リスト3-4-1-11の実行結果。float64が出力され、小数のデータ型であると確認できた

```
g = np.array([[1, 2],
              [3, 4]],
             dtype=np.float64)

print(g.dtype)
```

```
float64
```

データ型の指定方法はほかにもあります。例えば、引数dtypeを使わなくても、要素の数値を「1.」のように、小数点の「.」を追記すると、自動でfloat64型になります。また、numpy.ndarrayオブジェクトの「astype」メソッドを使うと、データ型を変更できます。

行列の要素や行/列を切り出す

NumPyのnumpy.ndarrayオブジェクトは、Pythonのリストなどと同じく、インデックスによって個々の要素を取り出したり、スライスによって任意の範囲の行や列を切り出したりできます。その例を3つほど紹介します。

1つ目の例が、**リスト3-4-1-12**です。

リスト3-4-1-5で生成した2行×3列の行列cから、1行2列目の要素を取り出して出力するコードです。目的の行と列をカンマ区切りでインデックスに指定します。Pythonのリストと同じく、インデックスは0から始まるので、1行目なら0、2列目なら1を指定します。

リスト3-4-1-12●行列cから1行2列目の要素を取り出して出力

```
c[0, 1]
```

リスト3-4-1-12の実行結果は**図3-4-1-14**の下です。行列cの1行2列目の要素である「2」が出力されました。なお、図3-4-1-14では、リスト3-4-1-12の実行結果と比較するため、すぐ上のセルに行列cを出力しています。

図3-4-1-14●リスト3-4-1-12の実行結果。該当する要素である「2」が出力された。上のセルには行列cを出力している

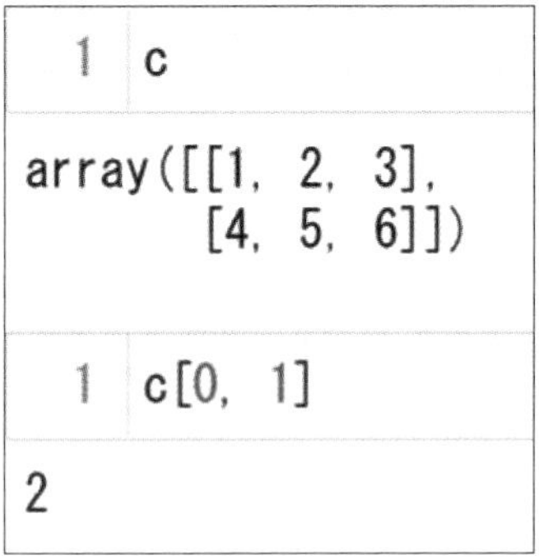

2つ目の例が、**リスト3-4-1-13**です。

行列cから1行目を切り出すコードです。スライスとしてインデックスに「0:1」と指定することで、1行目のみを取り出しています。

リスト3-4-1-13●行列cから1行目を切り出す

```
c[0:1]
```

実行結果は**図3-4-1-15**です。

図3-4-1-15●リスト3-4-1-13の実行結果。行列cの1行目が出力された

```
1  c[0:1]

array([[1, 2, 3]])
```

3つ目の例が**リスト3-4-1-14**です。

行列cから2～3列目を切り出すコードです。すべての行を取り出すので、行の部分は「:」を指定します。列の部分には2～3列目を切り出すため、「1:3」と指定しています。これらもリストのスライスと同じ書き方になります。

リスト3-4-1-14●行列cの2～3列目を切り出す

```
c[:, 1:3]
```

実行結果は**図3-4-1-16**です。

図3-4-1-16●リスト3-4-1-14の実行結果。行列cの2～3列目が出力された

```
1  c[:, 1:3]

array([[2, 3],
       [5, 6]])
```

行列とスカラーの四則演算

NumPyでは、行列とスカラーの四則演算が可能です。行列のすべての要素に対して、スカラーの値を一律で加算することなどができます。

例えば、前述の行列cにスカラーの2を足すコードが**リスト3-4-1-15**です。

リスト3-4-1-15●行列cにスカラーの2を足す

```
c + 2
```

実行すると、**図3-4-1-17**のように、行列cのすべての要素に対して、一律で2

が加算されます。

図3-4-1-17●リスト3-4-1-15の実行結果。行列cの各要素に2が加算された

```
c + 2
```

```
array([[3, 4, 5],
       [6, 7, 8]])
```

足し算以外の四則演算はもちろん、累乗もPythonの各種算術演算子を使って行えます。平方根を取るには、「numpy.sqrt」関数を使います。引数に目的の行列を指定すると、各要素の平方根を取った行列が得られます。

また、行列のみならず、ベクトルでも同様にスカラーとの演算が可能です。

行列同士の四則演算

行列同士の四則演算も、スカラーと同様に算術演算子で行えます。対応する要素同士が演算されます。

例として、2行×2列の行列同士の足し算を紹介します。前述の行列bと、新たに生成した2行×2列の行列hを加算します。行列hの要素は1行目が「2」と「3」で、2行目が「4」と「5」とします。

そのコードが、**リスト3-4-1-16**です。

リスト3-4-1-16●行列hを生成し、行列bに加算

```
h = np.array([[2, 3],    ─┐
              [4, 5]])   ─(1)

b + h ──(2)
```

(1) で行列hを新たに生成し、(2) で行列bと足しています。

実行すると、足した結果が出力されます（**図3-4-1-18**）。対応する要素同士が加算されたことが確認できます。

図3-4-1-18●リスト3-4-1-16の実行結果。行列bと行列hの対応する要素同士が加算された

```
h = np.array([[2, 3],
              [4, 5]])

b + h
```

```
array([[3, 5],
       [7, 9]])
```

行列とベクトルの四則演算も可能です。

例えば、行列bにベクトルaを加算するコードが**リスト3-4-1-17**です。

リスト3-4-1-17●行列bにベクトルaを加算

```
b + a
```

この実行結果が**図3-4-1-19**です。2行×2列の行列bと、要素数2のベクトルaを足した結果、得られたのは2行×2列の行列です。

図3-4-1-19●リスト3-4-1-17の実行結果。行列bの各列にベクトルaが加算された

```
b + a
```

```
array([[2, 4],
       [4, 6]])
```

その加算結果の行列の1列目は、行列bの1列目の要素（値は「1」と「3」）に、ベクトルaの1つ目の要素（値は「1」）がそれぞれ加算されています。同様に、加算結果の行列の2列目は、行列bの2列目の要素（値は「2」と「4」）に、ベクトルaの2つ目の要素（値は「2」）がそれぞれ加算されています。

ベクトル同士の内積

ベクトル同士の「内積」は、後述の「ノルム」と組み合わせて、「ベクトルの類

似度」(厳密には「コサイン類似度」)の計算などに使われます。ベクトルの類似度とは、「2つのベクトルが似ている度合い」を示す値です。この数学の概念は、ショッピングサイトのレコメンドシステムなどに応用されています。あるユーザーが購入した物品を、そのユーザーと似た傾向の商品を購入している別のユーザーに勧める仕組みに使われているのです。

なお、内積とは、対応する要素の「積和」のことです。積和とは、積を足し合わせる計算のことです。例えば、要素数が2である2つのベクトルの内積なら、1列目の要素同士の積と2列目の要素同士の積を足した値になります。

NumPyでベクトルの内積を求めるには、「numpy.inner」関数を用います。基本的な書式は以下です。

書式

```
numpy.inner(a, b)
```

引数

```
a  : ベクトル
b  : ベクトル
```

例として、前述のリスト3-4-1-2で生成したベクトルaと、新たに生成したベクトルiの内積を求めます。ベクトルiの要素は「3」と「4」とします(**リスト3-4-1-18**)。

リスト3-4-1-18●2つのベクトルの内積を求める

```
i = np.array([3, 4])

np.inner(a, i)
```

リスト3-4-1-18を実行すると、ベクトルaとベクトルiの内積が、11と求められます(**図3-4-1-20**)。ベクトルaの1つ目の要素の1と、ベクトルiの1つ目の要素の3を掛けた結果が3です。ベクトルaの2つ目の要素の2と、ベクトルiの2つ目の要素の4を掛けた結果が8です。それらを足し合わせることで積和が11と求められたのです。式で表すと$1 \times 3 + 2 \times 4 = 11$です。

図3-4-1-20●リスト3-4-1-18の実行結果。2つのベクトルの内積が求められた

```
i = np.array([3, 4])

np.inner(a, i)
```

```
11
```

ベクトルのノルム

「ノルム」とは、簡単に言えば、ベクトルの大きさ（長さ）です。NumPyでノルムを求めるには、「numpy.linalg.norm」関数を用います。基本的な書式は以下です。

書式

```
numpy.linalg.norm(x)
```

引数

x　：ベクトル

例えば、ベクトルaのノルムを求めるコードが**リスト3-4-1-19**です。

リスト3-4-1-19●ベクトルaのノルムを求める

```
np.linalg.norm(a)
```

リスト3-4-1-19の実行結果が**図3-4-1-21**です。

図3-4-1-21●リスト3-4-1-19の実行結果。ベクトルaのノルムが求められた

```
np.linalg.norm(a)
```

```
2.23606797749979
```

「2.23606…」という値が出力されています。ベクトルは矢印線のイメージであ

り（2次元の場合）、ノルムの値が大きいと矢印線が長く、値が小さいと矢印線が短いことを示しています。

なお、ベクトルをノルムで割り、方向が同じで大きさが1のベクトルを求めることを「正規化」と呼びます。正規化の目的は主に、さまざまな計算をより簡単な数式のコードで行えるようにすることです。前述のベクトルの類似度などの計算で、正規化が行われます。

3-4-2 行列の計算

NumPyを使って、行列の計算をしましょう。3-4-1で生成した行列b、行列c、行列hを、引き続き使います。それらの行列の形状や要素がわかるように改めて画面に出すので、前のページに戻って確認しなくても大丈夫です。また、NumPyのモジュールはコード「import numpy as np」によって、「np」の名前でインポート済みであることを前提として説明していきます。

行列積を求める

まずは「行列積」の求め方を解説します。機械学習やAIで頻繁に登場する演算であり、使用頻度は高いので、ぜひともマスターしましょう。

行列積は文字通り、行列同士の積です。2つの行列を掛けて新たな行列を得るのですが、単に対応する要素同士を掛けるのではありません。

その計算の仕組みは、**図3-4-2-1**のとおりです。例として、2行×2列の行列同士の行列積を求めています。

図3-4-2-1●行列積の計算の仕組み

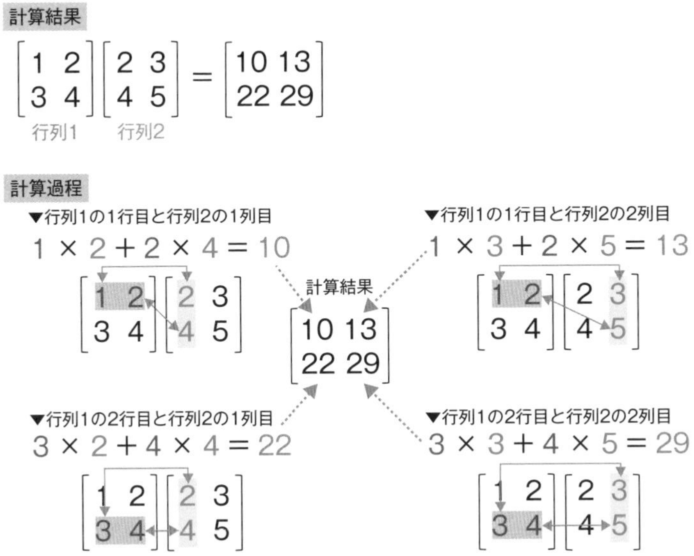

図3-4-2-1では、上方で計算結果を先に提示し、下方でその計算過程を順に図解しています。例えば、計算結果となる行列の1行1列目の要素を求める場合は、「1つ目の行列の1行目と、2つ目の行列の1列目の要素の積和を求める」という計算で導き出します。他の要素も同様に求めるのですが、文章での解説よりも図3-4-2-1のとおりに視覚的に捉えた方がより理解が早いでしょう。

しかし、行列積の計算は、図3-4-2-1のような2行×2列の行列同士ならともかく、行数や列数が増えるとその煩雑さは膨大になります。

でも安心してください。NumPyを使えば、行列積の計算は1行のシンプルなコードでできてしまいます。行列積を求める方法は、以下の4通りが用意されています。

1　numpy.dot関数
2　dotメソッド
3　@演算子
4　numpy.matmul関数

1～4の方法を、1つずつ見ていきましょう。

1の「numpy.dot」関数の基本的な書式は以下です。

書式

```
numpy.dot(a, b)
```

引数

a　：行列
b　：行列

引数aと引数bには、目的の行列のnumpy.ndarrayオブジェクトを指定します。すると、求められた行列積が戻り値として得られます。例えば、行列b（前項のリスト3-4-1-3）と、行列h（前項のリスト3-4-1-16）の行列積を求めるコードが**リスト3-4-2-1**です。

リスト3-4-2-1●行列bと行列hの行列積をnumpy.dot関数で求める

```
np.dot(b, h)
```

リスト3-4-2-1の実行結果が**図3-4-2-2**です。図3-4-2-2では、リスト3-4-2-1のセルのすぐ上のセルに、行列bと行列hを改めて出力しておきました。

図3-4-2-2●リスト3-4-2-1の実行結果（一番下）。2行×2列の行列が得られた

```
1 b

array([[1, 2],
       [3, 4]])

1 h

array([[2, 3],
       [4, 5]])

1 np.dot(b, h)

array([[10, 13],
       [22, 29]])
```

行列bと行列hは、ともに、2行×2列の行列であり、行列積の計算結果も2行×2列の行列です。この例の計算は、図3-4-2-1の具体例と同じなので、図3-4-2-1を改めて見直してみましょう。

次に、2の「dot」メソッドについて解説します。

dotメソッドは、numpy.ndarrayオブジェクトのメソッドです。基本的な書式は以下です。

書式

```
オブジェクト.dot(b)
```

オブジェクト

numpy.ndarrayオブジェクト

引数

b　：行列

dotメソッドを使って、行列bと行列hの行列積を求めるコードが**リスト3-4-2-2**です。

リスト3-4-2-2●行列bと行列hの行列積をdotメソッドで求める

```
b.dot(h)
```

上記書式の「オブジェクト」の部分に行列bを指定し、引数bには行列hを指定しています。実行結果は**図3-4-2-3**です。1のnumpy.dot関数を使ったリスト3-4-2-1と全く同じ結果が得られています。

図3-4-2-3●リスト3-4-2-2の実行結果。リスト3-4-2-1と同じ結果となった

```
b.dot(h)
```

```
array([[10, 13],
       [22, 29]])
```

次に、3の「@」演算子を解説します。

@演算子ならば、これまでの方法よりも、もっとシンプルなコードで済みます。書式は以下です。@演算子の両辺に行列を指定するだけです。

書式

```
a @ b
```

@演算子を使って、行列bと行列hの行列積を求めるコードが**リスト3-4-2-3**

です。実行結果は**図3-4-2-4**であり、numpy.dot関数やdotメソッドの方法と同じ結果が得られています。

リスト3-4-2-3●行列bと行列hの行列積を@演算子で求める

```
b @ h
```

図3-4-2-4●リスト3-4-2-3の実行結果。ここまでのリストと同じ結果となった

```
b @ h
```

```
array([[10, 13],
       [22, 29]])
```

次に、4の「numpy.matmul」関数を解説します。

numpy.matmul関数の基本的な書式は以下です。使い方はnumpy.dot関数と実質同じです。

書式

```
numpy.matmul(x1, x2)
```

引数

x1　：行列
x2　：行列

numpy.matmul関数を使って、行列bと行列hの行列積を求めるコードが、**リスト3-4-2-4**です。実行結果は**図3-4-2-5**であり、ここまでの方法と同じ結果が得られています。

リスト3-4-2-4●行列bと行列hの行列積をnumpy.matmul関数で求める

```
np.matmul(b, h)
```

図3-4-2-5●リスト3-4-2-4の実行結果。ここまでのリストと同じ結果となった

```
np.matmul(b, h)
```

```
array([[10, 13],
       [22, 29]])
```

行列積を求めるこれら4つの方法は、このように、すべて同じ結果が得られます。NumPy公式マニュアルでは、@演算子もしくはnumpy.matmul関数のいずれかの使用が推奨されていますが、numpy.dot関数やdotメソッドを使っても構わないと筆者は考えています。

ただ、numpy.dot関数やdotメソッドはスカラーを引数に指定して計算することも可能ですが、@演算子とnumpy.matmul関数はスカラーを指定するとエラーになります。こうした、本来は行列を指定したいのに誤ってスカラーを指定してしまうミスを未然に防ぐのであれば、@演算子かnumpy.matmul関数を用いるように習慣づけるといいでしょう。

これら4つの方法は、行列積だけでなく、行列とベクトルの積も求められます。その積はベクトルとして得られます。例えばnumpy.dot関数を使い、「np.dot(b, a)」と記述すると、行列bとベクトルa（前項のリスト3-4-1-2）の積として、「array([5, 11])」というベクトルが得られます。AIプログラミングでよく登場する計算です。また、2つの引数にベクトルを指定すれば、内積を求められます。

2行×2列同士以外の行列積

先ほど解説した行列積では、ともに形状が2行×2列の行列bと行列hの例を取り上げましたが、2行×2列同士以外の形状の行列も同様に計算できます。

例えば、2行×2列の行列bと、2行×3列の行列c（前項のリスト3-4-1-5）の行列積を@演算子で求めるコードは、**リスト3-4-2-5**です。その実行結果は**図3-4-2-6**です。

リスト3-4-2-5●2行×2列の行列bと、2行×3列の行列cの行列積を求める

```
b @ c
```

図3-4-2-6●リスト3-4-2-5の実行結果（下）。2行×3列の行列が得られた

```
c
```

```
array([[1, 2, 3],
       [4, 5, 6]])
```

```
b @ c
```

```
array([[ 9, 12, 15],
       [19, 26, 33]])
```

図3-4-2-6では、すぐ上のセルに、行列cを改めて出力しておきました。行列積の計算結果として、2行×3列の行列が得られています。その計算過程を**図3-4-2-7**で図解します。計算の仕組みは、2行×2列の行列同士の場合と同じです。

図3-4-2-7●行列bと行列cの行列積の計算

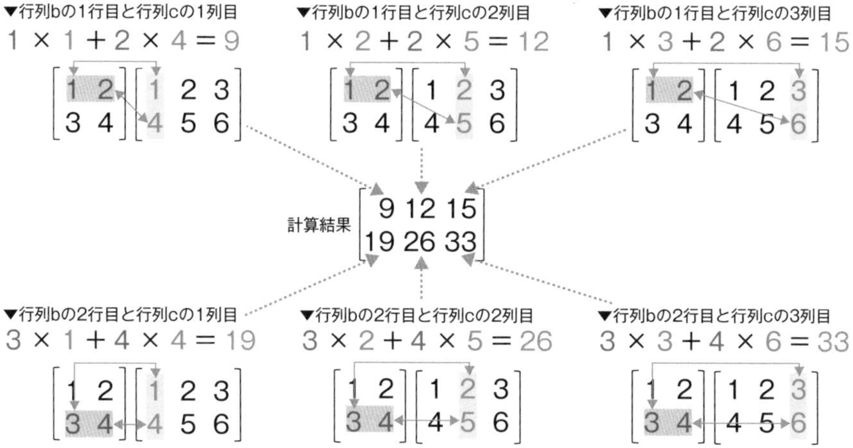

形状の不一致に注意

さて、行列積で注意したいのは、行列の形状と計算の順番によってはエラーになる、ということです。

例えば、リスト3-4-2-5から@演算子の両辺を入れ替えた**リスト3-4-2-6**は、実行すると**図3-4-2-8**のようにエラーとなります。

リスト3-4-2-6●リスト3-4-2-5から、@演算子の両辺を入れ替えた

```
c @ b
```

図3-4-2-8●リスト3-4-2-6を実行するとエラーになった

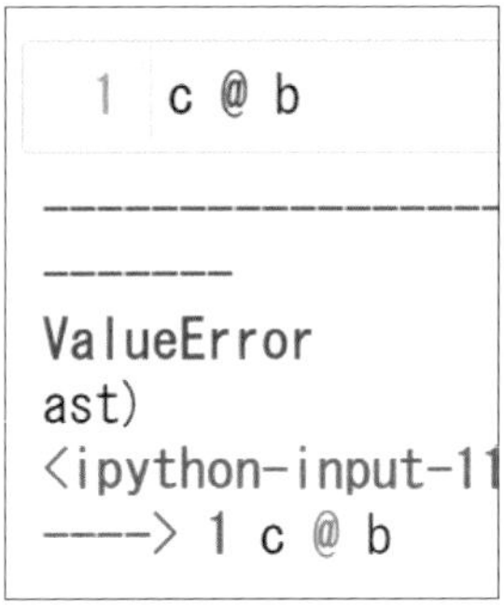

リスト3-4-2-5では、行列bに行列cを@演算子で掛けており（厳密には行列積を求めている)、エラーは出ませんでした。それに対してリスト3-4-2-6は、行列bと行列cの順番を入れ替えただけなのにエラーになってしまいました。

一体なぜでしょうか？

それは、「行列積の計算の仕組み」と「行列の形状」が密接に関係しているためです。

行列積の計算の仕組みは、図3-4-2-1で示したとおりです。その仕組み上、@演算子の左辺の行列（1つ目の行列）の列の数と、@演算子の右辺の行列（2つ目の行列）の行の数が一致していなければ、積和が取れないためにエラーとなるのです。

このことは、積和の対象となる列と行の要素の数は一致させる必要がある、と言い換えることができます。この仕組みは、文章での解説を読むだけではわかりづらいので、**図3-4-2-9**で図解します。

図3-4-2-9●行列積でエラーにならないための条件

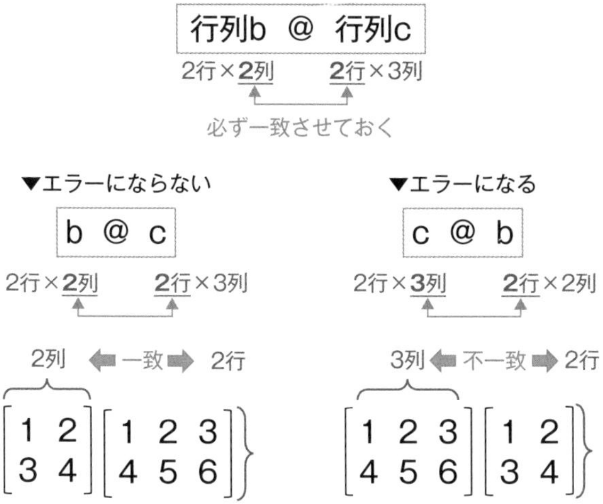

特別な行列の生成

行列の種類には、計算などでよく使われる特別なものがいくつかあります。ここではそうした特別な行列を4種類提示し、それらをNumPyで生成する方法を紹介します。

単位行列

1つ目は、「単位行列」です。左上から右下までの対角線上の要素が1で、残りはすべて0の「正方行列」です。正方行列とは、行と列の要素数が等しい形状の行列のことです。文字通り、正方形のかたちをした行列です。

NumPyで単位行列を生成するには、「numpy.eye」関数を用います。基本的な書式は以下です。

書式

```
numpy.eye(N)
```

引数

N　：　行数・列数

引数Nに、行数・列数を数値で指定します。正方行列のため、行数と列数は等しく、その数値を1つだけ指定します。すると、その数値を行数・列数とする単位行列が生成されます。

例えば、行数・列数が5の単位行列を生成するコードが**リスト3-4-2-7**です。実行結果は**図3-4-2-10**です。引数に5を指定したことで、5行×5列の単位行列が生成されました。このように、行数も列数も引数Nに指定した数値となる単位行列が生成されます。また、小数点が付いていることからもわかるとおり、要素のデータ型は浮動小数点数型（float64）です。以下も同様です。

リスト3-4-2-7●行数・列数が5の単位行列を生成

```
np.eye(5)
```

図3-4-2-10●リスト3-4-2-7の実行結果。5行×5列の単位行列が生成された

```
1  np.eye(5)

array([[1., 0., 0., 0., 0.],
       [0., 1., 0., 0., 0.],
       [0., 0., 1., 0., 0.],
       [0., 0., 0., 1., 0.],
       [0., 0., 0., 0., 1.]])
```

三角行列

2つ目は、「三角行列」です。左上から右下までの対角線より下の要素が1、上の要素が0の正方行列です（厳密には、これを「下三角行列」と言います。0と1が逆になったものを「上三角行列」と言います）。

NumPyで三角行列を生成するには、「numpy.tri」関数を用います。基本的な書式は以下です。

書式

```
numpy.tri(N)
```

引数

N　：　行数・列数

引数Nは、numpy.eye関数と同じく、行数・列数を数値で指定します。

例えば、5行×5列の三角行列を生成するコードが**リスト3-4-2-8**です。実行結果は**図3-4-2-11**です。

リスト3-4-2-8●行数・列数が5の三角行列を生成

```
np.tri(5)
```

図3-4-2-11●リスト3-4-2-8の実行結果。5行×5列の三角行列が生成された

```
1  np.tri(5)

array([[1., 0., 0., 0., 0.],
       [1., 1., 0., 0., 0.],
       [1., 1., 1., 0., 0.],
       [1., 1., 1., 1., 0.],
       [1., 1., 1., 1., 1.]])
```

ゼロ行列

3つ目は、「ゼロ行列」です。すべての要素が0の行列です。

NumPyでゼロ行列を生成するには、「numpy.zeros」関数を用います。基本的な書式は以下です。

書式

```
numpy.zeros(shape)
```

引数

shape　：　形状

引数shapeには、ゼロ行列の形状を「(行数, 列数)」のタプルで指定します（リストでも指定可能）。

例えば、3行×5列のゼロ行列を生成するコードが**リスト3-4-2-9**です。実行結果は**図3-4-2-12**です。

リスト3-4-2-9●3行×5列の要素がすべて0の行列を生成

```
np.zeros((3, 5))
```

図3-4-2-12●リスト3-4-2-9の実行結果。3行×5列のゼロ行列が生成された

```
np.zeros((3, 5))

array([[0., 0., 0., 0., 0.],
       [0., 0., 0., 0., 0.],
       [0., 0., 0., 0., 0.]])
```

なお、numpy.zeros関数と似たような関数に「numpy.zeros_like」関数があります。形状など、既存の行列の属性を引き継いだゼロ行列を生成します。

要素がすべて1の行列

4つ目は、「要素がすべて1の行列」です。NumPyで生成するには、「numpy.ones」関数を用います。基本的な書式は以下です。

書式

```
numpy.ones(shape)
```

引数

shape　：形状

引数shapeには、要素がすべて1の行列の形状を「(行数, 列数)」のタプルで指定します（リストでも指定可能）。

例えば、3行×5列の要素がすべて1の行列を生成するコードが**リスト3-4-2-10**です。実行結果は**図3-4-2-13**です。

リスト3-4-2-10●要素がすべて1の行列を生成

```
np.ones((3, 5))
```

図3-4-2-13●リスト3-4-2-10の実行結果。3行×5列の要素がすべて1の行列が生成された

```
1  np.ones((3, 5))
```

```
array([[1., 1., 1., 1., 1.],
       [1., 1., 1., 1., 1.],
       [1., 1., 1., 1., 1.]])
```

また、「numpy.ones_like」関数では、既存の行列の属性を引き継いだ上で、要素がすべて1の行列を生成します。

特別な行列4種類の生成方法は以上です。

転置行列

「転置行列」とは、もととなる行列の各要素の、行と列を入れ替えた行列のことです。2次元の行列の転置行列は、numpy.ndarrayオブジェクトの「T」属性によって取得できます。

例えば、行列cの転置行列を取得するコードが**リスト3-4-2-11**です。実行結果は**図3-4-2-14**です。同図では、転置する前とあとがよりわかやすくなるよう、すぐ上のセルに元の行列cを再度出力しています。

リスト3-4-2-11●行列cの転置行列を取得

```
c.T
```

図3-4-2-14●リスト3-4-2-11の実行結果(下)。
2行×3列の行列cを転置した結果、3行×2列の行列が得られた

```
c
```

```
array([[1, 2, 3],
       [4, 5, 6]])
```

```
c.T
```

```
array([[1, 4],
       [2, 5],
       [3, 6]])
```

なお、「numpy.transpose」関数を使うと、3次元以上の行列でも転置が行え、かつ、要素を任意の順に入れ替えられます。

逆行列と行列式

正方行列と行列積を取った際に単位行列になる行列のことを、その正方行列の「逆行列」と呼びます。NumPyで逆行列を求めるには、「numpy.linalg.inv」関数を用います。書式は以下です。

書式

```
numpy.linalg.inv(a)
```

引数

a ： 行列

引数aに正方行列を指定すると、その行列の逆行列が得られます。例えば、行列bの逆行列を求めるコードが**リスト3-4-2-12**です。実行結果は**図3-4-2-15**です。

リスト3-4-2-12●行列bの逆行列を求める

```
np.linalg.inv(b)
```

図3-4-2-15●リスト3-4-2-12の実行結果

```
np.linalg.inv(b)
```

```
array([[-2. ,  1. ],
       [ 1.5, -0.5]])
```

逆行列を求める際に注意が必要なのが、行列の要素によっては、逆行列が存在しない場合があることです。

例えば、**リスト3-4-2-13**の行列jのような行列です。行列jを生成し、numpy.linalg.inv関数で逆行列を求めようとすると、**図3-4-2-16**のようにエラーになってしまいます。同画面をスクロールしていくと、「LinAlgError」に続けて「Singular matrix」というエラー名が表示されます。

リスト3-4-2-13●行列jの逆行列を求めようとするとエラーになる

```
j = np.array([[2, 2],
              [1, 1]])

np.linalg.inv(j)
```

図3-4-2-16●リスト3-4-2-13を実行するとエラーになる

```
j = np.array([[2, 2],
              [1, 1]])

np.linalg.inv(j)
```

```
------------------------------
--------
LinAlgError
ast)
<ipython-input-68-f9936f49
      2               [1, 1]
      3
----> 4 np.linalg.inv(j)
```

逆行列が存在する行列は、「正則行列」と呼ばれます。正則行列かどうかは、「行列式」の値がゼロでないかどうかで判定できます。行列式とは、正方行列の対角の要素の数値をそれぞれ掛け合わせ、引き算した値です。

NumPyでは、行列式は「numpy.linalg.det」関数で求められます。書式は以下です。

書式

```
numpy.linalg.det(a)
```

引数

a　：行列

引数aに行列を指定すると、その行列式が得られます。**リスト3-4-2-14**は、行列jの行列式を求めるコードです。**図3-4-2-17**のように0となるので、逆行列が存在しないことがわかります。

リスト3-4-2-14●行列jの行列式を求める

```
np.linalg.det(j)
```

図3-4-2-17●リスト3-4-2-14の実行結果。行列jの行列式は0である

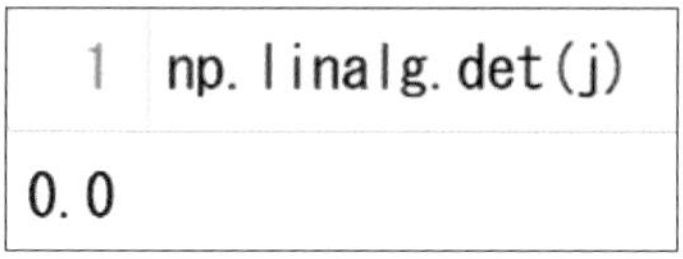

一方、行列bの場合、**リスト3-4-2-15**のように行列式を求めると、**図3-4-2-18**のとおり、0ではない値（約−2.0。小数の計算誤差あり）となります。0ではないので、逆行列が存在することがわかります。

リスト3-4-2-15●行列bの行列式を求める

```
np.linalg.det(b)
```

図3-4-2-18●リスト3-4-2-15の実行結果。行列bの行列式は0ではない

```
np.linalg.det(b)
```

```
-2.0000000000000004
```

行列の形状を変更

行列の形状は、「numpy.reshape」関数を使えば変更できます。基本的な書式は以下です。引数newshapeには、変更後の形状を「(行, 列)」のタプルで指定します。

書式

```
numpy.reshape(a, newshape)
```

引数

```
a         : 行列
newshape  : 変更後の形状
```

例えば、行列bの形状は2行×2列ですが、これをnumpy.reshape関数によって1行×4列に変更するコードが**リスト3-4-2-16**です。実行結果は**図3-4-2-19**です。1行×4列に変わったことがわかります。

リスト3-4-2-16●行列bの形状を1行×4列に変更

```
np.reshape(b, (1, 4))
```

図3-4-2-19●リスト3-4-2-16の実行結果。行列bの形状が変更された

```
np.reshape(b, (1, 4))
```

```
array([[1, 2, 3, 4]])
```

引数newshapeに変更後の形状を指定する際、行列のサイズ（要素の総数）を変更前とそろえないとエラーになります。例えば、行列bは2行×2列なのでサイ

ズは4です。リスト3-4-2-16では、引数newshapeに「(1, 4)」とサイズが4の形状を指定しているため、エラーになりません。もし、「(1, 3)」とサイズが3の形状を指定した場合はエラーになってしまいます。

また、numpy.ndarrayオブジェクトの「reshape」メソッドを使っても、行列の形状を同様に変更できます。

☆　☆　☆

ベクトルと行列に関しての計算をNumPyで行いました。流行の機械学習プログラムでは、NumPyを必ずと言っていいほど使います。機械学習の複雑なプログラムを作成する前に、本書のコードをいろいろ試すことでNumPyに慣れるとよいでしょう。

講座

巻末のこの講座では、Pythonの文法・ルールの基礎について紹介します。プログラミングに詳しくない方に向けた、本書を理解するために必要な最低限の基礎知識です。
コードへの理解を深めるために、お役立てください。

講座

Python基礎1 データの操作方法

数値と文字列

Pythonで扱うデータの種類は、主に「数値」と「文字列」です。数値は、整数や小数をコードにそのまま記述すれば使えます。文字列は「'」(シングルクォーテーション) で囲って記述します。

例えば、「こんにちは」という文字列ならば、以下のように記述します。

```
'こんにちは'
```

「'」の代わりに「"」(ダブルクォーテーション) も使えます。その場合、「"こんにちは"」と記述します。シングルクォーテーションやダブルクォーテーションといった記号や演算子は、半角で記述します。演算子とは、計算などの処理を行うための記号です。

ブール値

数値と文字列のほかに、「ブール値」と呼ばれる特殊なデータの種類もあります。具体的には「True」と「False」の2種類です。

大まかな意味は、Trueが「YES」、Falseが「NO」と捉えれば、実用上は問題ありません。プログラミングの専門用語では、Trueは「真」、Falseは「偽」という意味です。

変数と代入

数値や文字列などのデータは、「変数」に入れて処理に使うことができます。変数とは、プログラミングでの処理において、データを入れる“箱”のようなものです。数値や文字列を“箱”に入れておき、その“箱”に入れたデータを計算などの処理に用いるのです。

変数は、プログラムの中にいくつも作ることができます。それぞれの変数には個別の名前を付けて管理します。

変数の名前(以下、「変数名」)をコードに書くと、その名前の“箱”が用意されます。変数にデータを入れる書式は以下です。

```
変数名 = 値
```

「=」を使い、左辺に変数名、右辺にデータの値(数値や文字列など)を記述します。こうすることで、右辺のデータの値を、左辺の変数(箱)に入れて使えるようになります。データを入れることを「代入」と呼びます。代入に使う「=」は、「代入演算子」と呼びます。

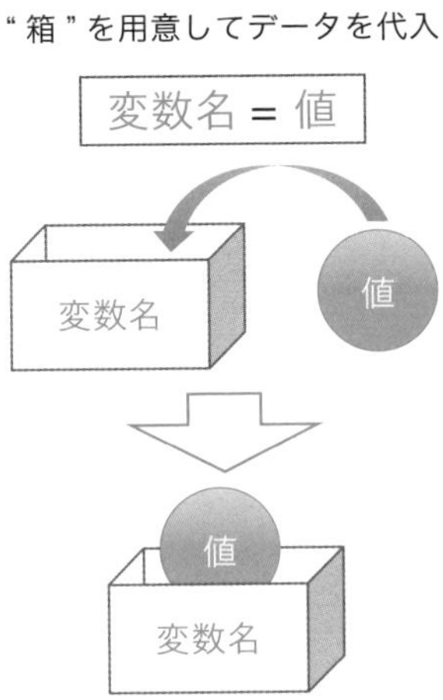

図　Python 基礎 1-01　変数の概念と使い方

一度代入すれば、以降はその変数名を記述することで、代入されているデータをプログラムで使うことができます。データが入っている変数に別のデータを代入すれば、変数の中のデータを変えられます。また、変数を別の変数に代入することもできます。

変数名は原則自由に付けられますが、ルールに従う必要があります。主なルールは以下です。

- 大文字小文字のアルファベットと数字、「_」（アンダースコア）のみが使える。
- 数字は先頭には使えない。
- 「True」や「print」や「if」など、Python の文法等ですでに使われているものと同じ名前は付けられない。

演算子

数値や文字列などは、各種の演算子によってさまざまな処理ができます。数値計算を行う演算子が「算術演算子」です。主には、以下のものがあります。

演算子	意味
+	足し算
-	引き算
*	掛け算
/	割り算
%	割り算の余り

表　Python 基礎 1-01　主な算術演算子

複数の算術演算子を使う場合、コード内の該当箇所をカッコでくくることで、演算の優先度を上げることもできます。

この表以外にも演算子はあります。例えば、「+=」（累算代入演算子）というものがあります。

左辺の変数の現在の値に、右辺の値を足した結果を代入して、変数の値を更新します。その一例が以下です。

```
a = 1
a += 2
```

「a += 2」は、変数aの現在の値である「1」に対して、2を足して、その結果を変数aに代入して更新します。このコードを実行すると、その結果、変数aの値は3になります。

演算子は、数値以外でも使えます。文字列なら、+演算子で連結できます。例えば、2つの文字列「ディープ」と「ラーニング」を連結するコードは以下になります。

```
'ディープ' + 'ラーニング'
```

リスト

「リスト」は、複数のデータをまとめて扱うデータ構造です。「変数が複数集まったもの」というイメージです。リスト内の1つひとつのデータを、「要素」と呼びます。リストを作成する書式は以下です。

```
リスト名 = [ 値1, 値2,……]
```

代入演算子「=」の左辺にリスト名を記述します。右辺は「[ ]」の中に、データを必要な数だけ「,」（カンマ）区切りで指定します。

作成したリストは、以下の書式によって個々の要素を取り出せます。

```
リスト名[ インデックス ]
```

「インデックス」とは、リスト内の要素の順番を示すものです。インデックスには、リストの先頭から何番目の要素を取り出すのかを数値で指定します。先頭の要素(1番目)のインデックスは「0」です。2番目の要素のインデックスが「1」です。プログラミング言語の多くで、インデックスは0から始まります。1から始まるのではないので、間違えないように注意しましょう。

▼要素数が3のリストの例

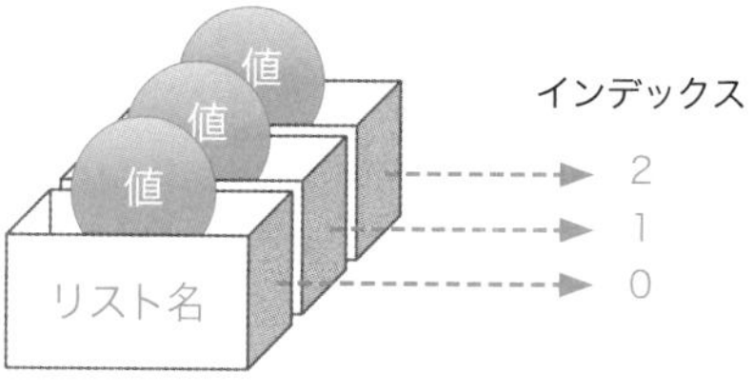

図　Python基礎1-02　インデックス

例として、「fruits」という名前のリストを作ってみましょう。リストfruitsの要素は3つで、文字列の「みかん」「リンゴ」「バナナ」とします。
このリストfruitsの2番目の要素をprint関数で出力するコードは、以下になります。

```
fruits = ['みかん', 'リンゴ', 'バナナ']
print(fruits[1])
```

2番目の要素を取り出すので、インデックスには1を指定しています。実行すると、「リンゴ」と出力されます。
また、リストの要素の値を変更するには、「リスト名[インデックス]」に「=」で新たな値を代入します。

タプル

リストと似たようなデータ構造に、「タプル」があります。タプルを作成する書式は以下です。

```
タプル名 = (値1, 値2……)
```

リストと同様に、個々の要素はインデックスを使って、「タプル名[インデックス]」で取り出せます。
リストと異なるのは、要素の値を変更できない点です。作成済みのタプルに、新しい要素の値を代入しようとすると、エラーになります。値を変更できないなんて使い勝手が悪そうに思えますが、そうでもありません。例えば、勝手に値をいじられては困るようなデータを扱うのであれば、タプルを使う方がよかったりするのです。

同時に複数の値を複数の変数に代入

代入演算子「=」は、同時に複数の値を複数の変数に代入することもできます。「=」の左辺には、変数を「,」区切りで並べます。右辺にはリスト名などを記述します。
先述のリストfruitsを変数a、b、cに代入するなら、コードは以下になります。

```
fruits = ['みかん', 'リンゴ', 'バナナ']
a, b, c = fruits
```

実行すると、リストfruitsの先頭の要素「みかん」が変数aに、2番目の要素「リンゴ」が変数bに、3番目の要素「バナナ」が変数cにそれぞれ代入されます。リスト以外に、タプルなどの値も代入できます。このような代入は、専門用語で「アンパック」などと呼ばれます。

Python基礎2　関数

関数の基本

関数とは、あるまとまった処理を実行するための仕組みです。Pythonには、豊富な種類の関数が用意されています。

関数を呼び出して実行するコードの書式は、以下です。

```
関数名 ( 引数 1， 引数 2…… )
```

「引数」とは、関数の処理の内容を細かく設定するための仕組みです。引数に渡す値をカッコ内に、「,」区切りで決められた順に並べて指定します。引数の種類と数、並び順は、関数ごとに異なります。

例えば、データを出力する「print」関数に、引数として文字列「Hello」を渡すコードは以下になります。

```
print('Hello')
```

実行すると、引数に渡した文字列「Hello」が出力されます。

引数を渡す方法には別のパターンもあります。引数名も一緒に指定する書式です。

```
関数名 ( 引数名 1= 引数 1， 引数名 2= 引数 2…… )
```

引数に渡す値の前に「引数名 =」を記述します。引数名は関数ごとに異なります。この書式であれば、引数を決められた順以外でも並べて指定できます。

また、関数によっては、省略可能な引数（「オプショナル引数」、または「オプション引数」）を用意しているものもあります。省略可能な引数を省略すると、その関数で決められた「既定値」が自動で指定されます。省略可能な引数の種類や既定値は、関数ごとに異なります。

関数によっては、実行すると処理の結果が「戻り値」として得られます。戻り値は通常、同じプログラム内で変数に代入するなどし、以降の処理に用います。どのような戻り値を返すのかは、関数ごとに異なります。

関数のインポート

Pythonの関数は、大きくは「組み込み関数」と「ライブラリ関数」に分類されます。組み込み関数とは、プログラミング言語にあらかじめ用意されている関数のことです。例えば、前述のprint関数などがそうです。特別な操作なしに使えます。

一方のライブラリ関数を使うには、事前にインポートという操作をしておく必要があります。ライブラリ関数は「モジュール」と呼ばれる単位で管理されています。モジュールとは、複数の関数や「クラス」（後半で説明します）を集めて、Pythonで使えるようにプログラムを“部品化”したものです。複数のモジュールを集めたものを「パッケージ」と呼びます。

ライブラリ関数は、そのモジュールをインポートすることで使えるようになるのです。インポートは、「import」文を使い、以下の書式で行います。

```
import モジュール名
```

例えば、「NumPy」というライブラリをインポートするコードは、以下になります。NumPyのモジュール名は「numpy」です。

```
import numpy
```

ライブラリ関数は原則、関数名の前に「モジュール名 .」を付けて記述します。例えば、NumPyの「transpose」という関数なら、「numpy.transpose」と記述します。

import文は「as」キーワードと組み合わせることで、モジュール名を任意の名前で扱えるようにできます。NumPyを「np」という名前で使えるようにするならば、以下のようにします。

```
import numpy as np
```

npという名前でNumPyが使えることで、コードを短く簡潔にできます。Numpyの「numpy.transpose」関数をコードで使う場合、「np.transpose」とモジュール名を短く記述できます。

import文に「from」キーワードを組み合わせると、モジュールの中から指定した関数のみをインポートできます。

```
from モジュール名 import 関数名
```

例えば、「Beautiful Soup」というライブラリ（モジュール名は「bs4」）から、「bs4.BeautifulSoup」関数のみをインポートするコードは、以下になります。

```
from bs4 import BeautifulSoup
```

このようにインポートすると、関数名の前の「モジュール名 .」の記述が不要になります。モジュールが階層構造になっている場合、下の階層のモジュール（サブモジュール）だけをインポートすることもできます。

オリジナルの関数

プログラマがオリジナルの関数を定義して使うこともできます。定義は「def」文で行います。基本的な書式は以下です。

```
def 関数名(引数名1, 引数名2……):
    処理
    return 戻り値
```

「関数名」の命名ルールは、基本的には変数と同じです。関数名に続けて「(引数名1, 引数名2……)」と引数を必要な数だけ並べます。その後ろの「:」（コロン）を書き忘れがちなので注意しましょう。

「処理」の部分には、関数の中身となる処理のコードを記述します。この部分は、必ずインデントして記述します。インデントとは、字下げのことです。ここでは、半角4文字ぶんのスペースで字下げしています。インデントしないと、関数の処理ではなく、関数とは別の処理と見なされてしまうので、注意してください。

処理の最後に、「return」文で戻り値を指定します。戻り値なしの関数なら、return文は不要です。

例として、以下のような関数を定義してみましょう。

```
機能  ： 2つの商品の価格の合計値に消費税10%を加えた金額を求める
関数名： get_tax_price
引数  ： price1  1つ目の商品の価格
         price2  2つ目の商品の価格
戻り値： 2つの商品の価格の合計値に消費税10%を加えた金額
```

この「get_tax_price」関数を定義するコードの例は、以下になります。

```
def get_tax_price(price1, price2):
    sum = price1 + price2
    return sum * 1.1
```

このようにget_tax_price関数をあらかじめ定義しておき、この関数を呼び出すことで、定義した機能（処理）を実行できるわけです。1つ目の商品を600円、2つ目の商品を400円とするなら、次のように記述します。

```
get_tax_price(600, 400)
```

実行すると、戻り値として消費税10%を加えた1100.0という金額の数値が得られます。

Python基礎3 反復と分岐

反復のfor文

指定した処理を繰り返し実行する「反復」（ループ、繰り返し）。Pythonでは反復のための文が何種類か用意されています。ここでは、その代表である「for」文を解説します。基本的な書式は以下になります。

```
for 変数 in 集まり:
    処理
```

inの後ろの「集まり」に指定したものの数だけ、処理を繰り返します。例えば、要素数が3つのリストを指定したら、3回繰り返されます。

「変数」には、処理を繰り返すたびに、「集まり」の中の要素が先頭から順に格納されます。「処理」の部分には、繰り返したい処理を必ずインデントして記述します。この「変数」は、繰り返す処理の中で使えます。上記書式で言うと、「処理」のコードに記述して利用できます。

コードの例を紹介します。前述のリストfruitsを「集まり」に指定します。「変数」には、「a」という変数を指定し、「処理」ではその変数aをprint関数で出力するとします。そのコードは、以下になります。

```
fruits = ['みかん', 'リンゴ', 'バナナ']
for a in fruits:
    print(a)
```

リストfruitsの要素数は3なので、3回繰り返されます。そのたびにリストfruitsの要素が、先頭から順に変数aに格納されます。そして、このfor文で繰り返す処理はprint関数であり、その引数に変数aを指定しています。そのため、繰り返すたびにリストfruitsの要素が順にprint関数で出力されます。

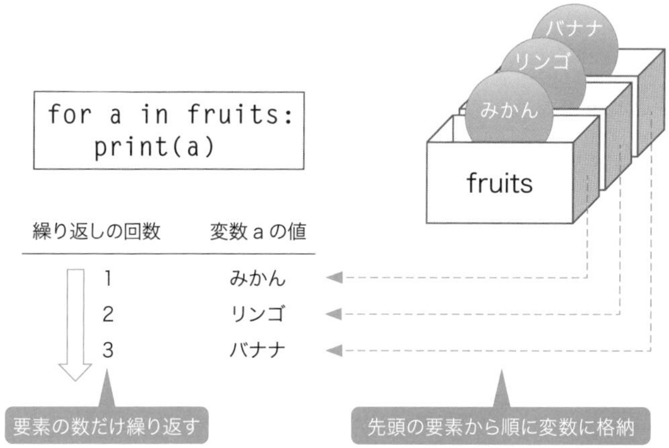

図　Python基礎3-01　for文の例

実行結果は、以下のとおりです。

```
みかん
リンゴ
バナナ
```

「要素の数」で処理を繰り返すのではなく、「指定した回数」で処理を繰り返したいのであれば、「集まり」には「range」関数を使います。range 関数の引数に、目的の回数を指定します。5回繰り返すなら、「range(5)」と記述します。その場合、range 関数は 0 ～ 4 の 5 つの整数を生成するため、5回繰り返すのです。変数には繰り返しのたびに、0 ～ 4 の整数が順に格納されます。range 関数で生成される整数は、0 から始まり、引数に指定した値より 1 少ない数までである点に注意しましょう。

繰り返しを行う方法には、for 文のほかに、「while」文もあります。指定した条件が成立している間、処理を繰り返す文です。

分岐の if 文

指定した条件が成立する／しないに応じて処理を実行できる「分岐」。分岐の文の代表が「if」文です。基本的な書式は以下になります。

```
if 条件式:
    処理
```

条件は式のかたちで、「条件式」の部分に指定します。条件式が成立（True）なら、「処理」が実行されます。「処理」は必ずインデントして記述します。条件式が不成立（False）なら、何も実行されません。

条件式は通常、「比較演算子」を使って記述します。比較演算子は左辺と右辺を比較し、成立するなら True、不成立なら False を返します。主な比較演算子は表のとおりです。

比較演算子	意味
==	等しい
!=	等しくない
>	大きい
>=	以上
<	小さい
<=	以下

表　Python 基礎 3-01　主な比較演算子

例えば、変数 a の値が 10 以上なら文字列「Yes」と出力するコードは以下になります。

```
a = 20
if a >= 10:
    print('Yes')
```

このコードでは、if 文の条件式に「a >= 10」を指定しています。if 文の前で変数 a に 20 を代入しており、値が 10 以上なので、条件式は成立します。よって、「Yes」と出力されます。もし 10 より小さい値を代入したら、条件式は成立せず、何も出力されません。

if 文には発展形があります。上記書式は条件が成立する場合のみに処理を実行しますが、成立しない場合にも指定した処理を実行する発展形があるのです。

```
if 条件式 :
    処理 1
else:
    処理 2
```

条件式が成立しない場合に実行したい処理を、「else:」の下の「処理 2」の部分にインデントして記述します。この書式にさらに「elif」を加えると、複数の条件式で分岐できます。

Python基礎 4 オブジェクトとクラス

オブジェクトとクラスの関係

Python には、「オブジェクト」という仕組みがあります。大まかに言えば、変数と関数をまとめて扱える仕組みです。オブジェクトの変数は「属性」と呼び、関数は「メソッド」と呼びます。属性とメソッドをまとめて扱えることで、「どのような値（変数）を、どのように処理するか（関数を使うか）」をセットにできるのです。

オブジェクトにどのような属性やメソッドを含めるのかは、Python で最初から用意されているものに加え、プログラマが指定することもできます。その場合、オブジェクトを使うための手順は、次のとおりです。

クラスを定義
　↓
オブジェクトを生成

「クラス」とは、オブジェクトの“設計図”のようなものです。クラスを定義すると、そのオブジェクトの“実体”を生成できます。これで、そのオブジェクトに含まれる属性やメソッドが使用可能になります。なお、「クラスメソッド」と呼ぶ特殊なメソッドの場合、オブジェクトを生成しなくても使えます。

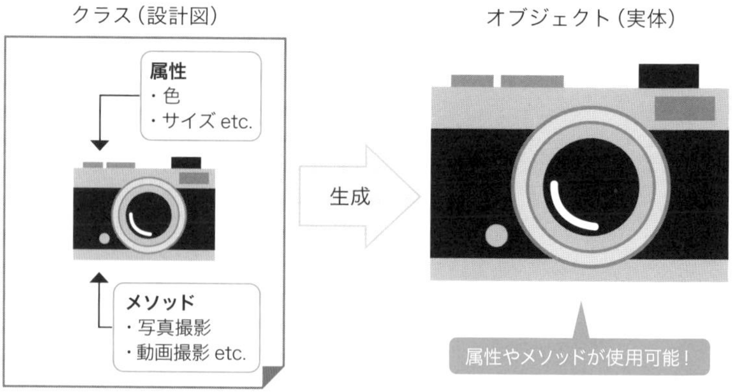

図　Python 基礎 4-01　クラスが“設計図”、オブジェクトが“実体”

なお、厳密にはこの“実体”は「インスタンス」と呼びます。しかし、「オブジェクトとインスタンスは同じもの」という認識で、実用上は問題ありません。

クラスの定義

クラスの定義は「class」で行います。基本的な書式は以下になります。

```
class クラス名：
    def __init__(self, 引数名1, 引数名2……):
        self.属性名 = 初期値

    def メソッド名(self, 引数名1, 引数名2……):
        メソッドの処理
        return 戻り値
```

最初に「class クラス名 :」を記述し、その下にインデントして、メソッドや属性を定義していきます。

メソッドは、関数と同じように def 文で定義します。「self」はクラスの自分自身を意味する特別な引数です。戻り値なしのメソッドならば、return 文は省略します。

「__init__」は初期化のための特殊なメソッドで、オブジェクト（実体）を生成する際に必ず実行されます。ここで、初期化に用いる引数を適宜指定します。

属性は基本的に、この __init__ の中に定義します。「self.」に続けて属性名を指定し、初期値を「=」で代入します。

属性は 1 つのみならず、必要な数だけ定義できます。メソッドも同様です。ただし、__init__ は 1 つだけしか定義できません。

オブジェクトを生成して使う

クラスが定義できました。今度は、そのクラスからオブジェクトを生成するコードを説明します。書式は以下になります。

```
変数名 = クラス名 ( 引数 1, 引数 2……)
```

「クラス名(引数1, 引数2……)」によって、オブジェクトを生成します。この引数は __init__ メソッドによる初期化の処理に使うものです。初期化が必要なら適宜指定します。

生成したオブジェクトは通常、変数に代入し、以降の処理に用います。このように、オブジェクトを生成するには、クラス名をあたかも関数名のように使う形式でコードを記述します。この仕組みを「コンストラクタ」と呼びます。コンストラクタの実体は、前述の __init__ メソッドです。

メソッドの実行は、以下の書式になります。

```
変数名 . メソッド名 ( 引数 1, 引数 2……)
```

上記の「変数名」には、オブジェクトが代入された変数の名前を指定します。

属性は、以下の書式で取得できます。初期値から変更したければ、別の値を代入します。

```
変数名 . 属性名
```

クラスの定義とオブジェクトの生成・使用の例

例として、下記のクラスを定義します。定義するのは、人間のデータを扱う「Person」クラスです。

```
クラス名 ：  Person
属性     ：  name
             名前を格納。初期値は引数で受け取って設定。
メソッド ：  show_name
             name 属性を print 関数で出力。引数、戻り値なし。
```

このPersonクラスを定義するコードは以下になります。

```
class Person:
    def __init__(self, name):
        self.name = name

    def show_name(self):
        print(self.name)
```

講座

__init__ メソッドに引数「name」を用意します。この引数 name に渡された値が初期値として、オブジェクト生成時に name 属性に代入されます。name 属性は「self.」を頭に付けて「self.name」と記述します。属性名と引数名が同じなので、混乱してしまうかもしれませんが、Python ではよくある書き方です。name 属性を show_name メソッドで出力する際も、「self.」を頭に付けて、print 関数の引数に指定します。

Person クラスのオブジェクトを生成するコードは以下になります。ここでは name 属性の初期値として、文字列「Mike」を指定しています。生成したオブジェクトを格納する変数は、ここでは「guest」とします。

```
guest = Person('Mike')
```

これで Person オブジェクトが生成され、変数 guest に格納されました。以降、変数 guest を Person オブジェクトとして使えます。生成の際、引数に文字列「Mike」を指定しているため、__init__ メソッドに渡され、属性 name に代入されます。

例えば、show_name メソッドを実行するなら、以下のように記述します。

```
guest.show_name()
```

show_name メソッドは name 属性を出力するよう定義しているので、実行すると「Mike」が出力されます。

クラスはプログラマが自分で定義するだけでなく、ライブラリなどにあらかじめ用意されたものが多々あります。それらはいちいちクラスを定義しなくても、決められた書式に従ってコンストラクタを記述し、オブジェクトを生成すればすぐに使えます。クラスメソッドの場合、生成しなくても、決められたクラスメソッド名を書けば使えます。

クラスの「継承」

クラスを定義する際、別のクラスの属性やメソッドを引き継ぐこともできます。既存のクラスを基に、新たなクラスを定義できるのです。これを「継承」と呼びます。継承する場合は、クラス名の後ろに「(親クラス名)」を追加します。この「親クラス」は、基になるクラスです。

```
class クラス名 ( 親クラス名 ):
        .
        .
        .
```

これで、親クラスの属性やメソッドを継承した、新しいクラスが定義できます。さらに、このクラス独自の属性やメソッドを追加していきます。「super」を使うと、親クラスの __init__ メソッドで初期化できます。また、親クラスのメソッドの中身を上書きして変更することもできます。

おわりに

本書では、Pythonの主要なライブラリから、代表的な関数および代表的なクラスのメソッドや属性について、基本的な使い方を解説しました。それらを適宜組み合わせてプログラムを作れば、仕事で役に立つ自動化プログラムや、本格的な機械学習／AIのプログラムのコードをPythonで書けるようになるでしょう。

本文中で何度か触れたように、本書で取り上げた関数やメソッドの引数は、基本的なものだけをピックアップしています。それらの関数やメソッドの多くは、ほかにもさまざまな省略可能な引数（オプショナル引数）を備えています。本書で基本をマスターしたのち、オプショナル引数について調べて、コードを書いてみてください。

そして、本書で取り上げられなかった関数やメソッド、属性、クラスも、たくさんあります。また、本書で解説していないライブラリの中にも、便利なものは多々あります。次のステップとして、それらにもぜひチャレンジしてみてください。

本書を出発点として、これからもPythonのライブラリをぜひ堪能していってください。

索引 INDEX

著者プロフィール

立山 秀利　Hidetoshi Tateyama

フリーライター。1970年生まれ。筑波大学卒業後、デンソーでカーナビゲーションのソフトウエア開発に携わる。退社後、Webプロデュース業を経て、フリーライターとして独立。プログラミング関係の著書多数。日経ソフトウエア本誌でPythonやExcel VBAの記事を多数執筆。

主な著書

「ディープラーニングAIはどのように学習し、推論しているのか」（日経BP）
「入門者のPython」（講談社）
「図解！ Pythonのツボとコツがゼッタイにわかる本 "超" 入門編」（秀和システム）
「図解！ Pythonのツボとコツがゼッタイにわかる本 プログラミング実践編」（秀和システム）
「入門者の Excel VBA」（講談社）
「図解！ Excel VBAのツボとコツがゼッタイにわかる本 "超" 入門編」（秀和システム）
「図解！ Excel VBAのツボとコツがゼッタイにわかる本 プログラミング実践編」（秀和システム）
「プログラミングを、はじめよう」（インプレス）
「実務で使えるExcel VBAプログラミング作法」（技術評論社）

公式サイト

http://tatehide.com/

本書の活用にあたって

本書で使用するサンプルプログラム（ソースコード）は、サポートサイトからダウンロードできます。下記のサイトのURLにアクセスし、本書のサポートページにてファイルをダウンロードしてください。また、訂正・補足情報もサポートページにてお知らせします。

サポートサイト
https://nkbp.jp/nsoft_books

Python ライブラリの教科書

2023年3月20日　第1版第1刷発行

著　　者　立山 秀利
発 行 者　中野 淳
編　　集　久保田 浩
発　　行　株式会社日経BP
発　　売　株式会社日経BPマーケティング
〒105-8308　東京都港区虎ノ門4-3-12
装丁・制作　JMCインターナショナル
表紙写真　E+/Getty Images
印刷・製本　図書印刷

ISBN　978-4-296-20160-0